금융 사이버 보안 리스크 관리

금융 사이버 보안 리스크 관리

금융기관의 사이버 보안 취약점 이해와 분석 관리

폴 로마이어 · 제니퍼 바유크 지음   이진호 · 박모현 · 김현민 옮김

i!i
에이콘

금융 산업의 모든 기술 분야
리스크 관리 담당자에게 깊이 공감하며,
이 책을 바칩니다.

추천의 글

금융 서비스 산업에서 강력한 사이버 보안 태세를 준비하는 데 있어 주요 장애물은 시스템과 민감 정보에 관련된 위험을 이해하고 관리할 수 없다는 것이다. IT 보안 책임자는 최근 대규모 침해 사고와 새로 정립된 사이버 보안 규정이 자신의 조직에 직면한 위협을 대처해야 한다고 CEO와 이사회가 경각심을 갖기 시작했다는 것을 잘 알고 있다.

스티븐스공과대학교 정보 시스템 석사 프로그램 책임자 폴 로마이어 박사와 사이버 보안 연구원이자 전직 사이버 보안 책임자 제니퍼 바유크 박사는 기업 차원에서 위험을 관리하는 귀중한 지침을 제공한다. 특히 거버넌스와 문화를 포함해 각종 금융기관이 직면하고 있는 도전 문제를 구체적으로 다룬다.

이 책은 금융 서비스 업계의 위협 환경뿐만 아니라 기술과 사람의 취약점을 이해하는 것이 얼마나 중요한지 철저히 조사하고 분석한다. 직장에서 모바일 디바이스를 많이 사용하고 비즈니스 전자메일BEC, Business E-mail Compromises의 침해 빈도가 늘어난 점을 취약점의 예로 들 수 있다. 최근 포네몬연구소Ponemon Institute의 연구*에 따르면, 연구에 참여한 기업 중 79%가 지난 12개월 동안 피싱이나 업무용 전자메일 침해 같은 심각한 데이터 유출 문제나 사이버 공격을 경험했을 가능성이 있다고 말했다. 연구에 참여한 응답자의 53% 이상 BEC를 중지하는 것이 매우 어렵다고 말했다.

---

*   Email Impersonation Attacks: A Clear & Present Danger, 포네몬연구소 수행 및 발리메일(Valimail) 후원, July 2018

이 책에서는 가치가 높은 자산을 대상으로 하는 데이터 유출의 결과에 관해서도 논의한다. 포네몬연구소의 연구 결과[**]는 이러한 자산을 보호하지 않으면 심각한 결과를 초래할 것이라는 두 저자의 의견과 일치한다. 연구에 따르면 가치가 높은 자산에 대한 공격 복구 비용은 평균 680만 달러에 이를 수 있다.

위험을 이해하려면 우선 "어떻게 관리하는가?"라는 질문을 제기해야 한다. 저자의 설명에 따르면 의사 결정자는 전략을 지원하기 위해 기술을 활용하는 방법과 강력한 사이버 보안 태세를 달성하기 위해 기업 거버넌스 기능을 활용하는 방법을 이해하고 의사소통을 해야 한다. 이 책에서는 개선된 고객 경험을 제공해줄 신기술과 금융 서비스 산업의 조사를 강화하는 새로운 표준이 사이버 보안 분야에 끼칠 수 있는 영향을 추론한다. 사이버 보안을 최우선 과제로 삼아야 하므로 재정적인 데이터 유출이나 사이버 공격을 방지하기 위해 금융기관이 장기적 관점에서 인력부터 절차, 기술을 투자해야 하는 핵심 요소는 금융 사이버 위험 관리다. 나는 IT 보안 전문가뿐만 아니라 이사회와 CEO에게도 이 책을 적극 추천한다.

– 래리 포네몬(Larry Ponemon) 박사
포네몬연구소 회장이자 설립자

[**] The Second Annual Study on the Cybersecurity Risk to Knowledge Assets, 포네몬연구소 수행 및 킬패트릭 타운센드(Kilpatrick Townsend) 후원, April 2018

지은이 소개

폴 로마이어Paul Rohmeyer

정보 시스템 관리, IT 감사, 정보보안, 업무 연속성 계획BCP 및 공급업체 관리 등 폭넓은 분야에서 경력을 쌓았다. 스티븐스공과대학교 경영대학원 교수이며 정보보안, 의사 결정 및 업무 연속성에 관해 발표하고 출판해왔다. 지난 20년 동안 위험 관리, 정보보호 및 네트워크 보안 분야에서 수많은 금융 기관의 경영진에게 지침을 제공했다. 컨설팅 경력을 시작하기 전 악사 파이낸셜AXA Financial IT 담당 이사, SAIC/Bellcore의 IT 아키텍처 계획 담당 이사로 일했다. 스티븐스공과대학교 정보 관리 석사 및 박사 학위를 보유하고 있으며, 세인트조셉대학교 금융 MBA 과정을 마친 다음 럿거스대학교에서 경제학을 전공했다. CGEIT, PMP 및 NSA IAMUS National Security Agency Information Assurance Methodology(미국 국가안보국 정보 보증 방법론) 자격증을 취득했다.

제니퍼 바유크^{Jennifer L. Bayuk}

디시전 프레임워크 시스템^{Decision Framework Systems}사의 사이버 보안 실사 전문가이자 CEO이다. 글로벌 금융 서비스 기술 위험 관리 책임자, 월스트리트 최고 정보보안책임자^{CISO}이고 정보 위험 관리 컨설턴트, 정보 기술 내부감사 책임자, 보안 설계자, 벨연구소 보안 소프트웨어 엔지니어, 시스템 보안 공학 교수, 개인 사이버 보안 전문가이며 감정인, 스티븐스공과대학교 사이버 보안 위험 관리 컨설턴트이자 부교수다. 정보보안 관리, 정보 기술 위험 관리, 정보보안 도구 및 기법, 사이버 보안 포렌식, 기술 관련 개인정보 보호 문제, 물리 및 정보 시스템 감사, 보안 인식 교육 및 시스템 보안 측정 지표를 다룬 수많은 책을 펴냈다. 컴퓨터 과학과 철학 석사 학위, 시스템 공학 박사 학위를 보유하고 있다. CISSP, CISA, CISM, CGEIT 자격증과 뉴저지 주의 사립 탐정 면허증도 갖고 있다.

감사의 글

이 책을 완성하기까지 아낌없는 지원과 지도를 해주신 수많은 동료, 학생, 업계 전문가 그리고 친구들에게 감사의 인사를 드린다.

폴의 감사 인사

아내 제니퍼 로마이어^{Jennifer Rohmeyer}와 아이들, 어거스트^{August}, 테렌스^{Terence}, 레니 ^{Leenie}, 가브리엘^{Gabriel}에게 감사를 전한다. 사이버 보안 위험 관리에 관해 오래 탐험을 떠나는 동안 정중하게 인내해준 것에 감사를 표한다.

제니퍼의 감사 인사

남편 마이클 바유크^{Michael Bayuk}의 끊임없는 지지와 격려에 감사를 드린다.

이 책에서 쉽게 찾아볼 수 있는 훌륭한 삽화를 제작하기 위해 여러 복잡한 요구 사항을 처리해준 로리 아일스^{Lori Ayres}에게 감사하며, 부지런히 편집하고 유용한 제안을 해준 제인 나톨리^{Jane Natoli}에게도 감사를 전한다.

옮긴이 소개

이진호(ezno.pub@gmail.com)

성균관대학교 컴퓨터교육과를 졸업한 후 기업은행과 금융결제원을 거쳐 금융보안원에서 일하고 있다. 보안 이외에도 사람들에게 지식을 전달하는 일에 관심이 많으며, 보안 관련 정보를 공유하고자 번역을 시작했다. 에이콘출판사에서 출간한 『*OS internals Vol.3』(2018), 『디펜시브 시큐리티 핸드북』(2018), 『사물인터넷 시대를 위한 보안 가이드』(2017), 『iOS Application Security』(2017), 『파이썬 모의 해킹과 침투 테스팅』(2015)을 번역했다. 링크드인(https://www.linkedin.com/in/pub-ezno/)에서 만나볼 수 있다.

박모현(mohyunpark@gmail.com)

서울대학교 컴퓨터공학과를 졸업하고 금융결제원을 거쳐 현재 금융보안원에서 보안 관제 및 정보 공유 업무를 수행하고 있다. 보안 관제뿐만 아니라 침해 사고 대응 분야에도 관심이 많으며, 보안 업무에 최신 기술을 적용하기 위한 연구를 하고 있다. 제15회 해킹방어대회(HDCON) 2018에서 우승을 차지했으며, 에이콘출판사에서 출간한 『실전 포렌식 증거 수집』(2018)을 번역했다.

김현민(hyunmini85@gmail.com)

코스콤에서 포렌식 및 침해 사고 대응 업무와 금융결제원에서 취약점 분석 평가 업무를 수행했으며, 현재 금융보안원에서 모의 해킹 업무를 수행하고 있다. 2009년부터 보안 카페(SECUHOLIC)와 블로그를 운영 중이다. 주요 관심 분야는 취약점 분석과 버그 헌팅이다. 『윈도우 시스템 해킹 가이드』(SECU BOOK, 2016)를 썼다.

옮긴이의 말

IT 기술을 활용한 금융 서비스가 점점 늘어나면서 그에 대한 보안 리스크도 확대됐다. 이에 따라 금융 보안 문제는 점점 핵심 과제로 부상하고 있다. 금전적 이득을 목적으로 하는 그룹의 해킹 공격은 갈수록 수준이 고도화되고 은밀해지고 있으며, 개인의 금융 정보를 악용한 사이버 범죄가 발생할 가능성은 점점 높아지고 있다. 이러한 상황에서 이 책은 금융 분야의 사이버 보안 리스크 관리를 처음으로 다루고 있어서 번역하게 됐다. 앞으로는 규제 개혁을 바탕으로 한 혁신적인 금융 서비스가 속속 등장할 것이며, 새롭게 등장하는 금융 분야의 사이버 리스크에 관한 대응은 점점 중요해질 것이다. 이 책이 금융 분야에 종사하는 리스크 관리 담당자, IT 보안 담당자에게 작은 보탬이 되길 바란다.

차례

시리즈 편집자의 서문

"항상 마지막 전쟁을 준비하고 있다"라는 군 기획자들의 상투적인 표현은 금융 업계 담당자에게도 적용할 수 있다. 2008년 금융 위기는 과도한 레버리지와 자산 가치 평가로 인해 촉발됐고 그 결과 규제 강화, 자본 요구 확대, 엄격한 스트레스 테스트, 가치 평가 및 위험 모델링 등으로 은행 산업을 강화하는 데 초점이 맞춰졌다. 그러나 신용, 유동성, 시장 위험과 같은 기존의 위험 요소만이 모델링됐다. 스트레스 테스트는 경기 침체, 유가 충격, 인플레이션 등의 표준 거시 경제 시나리오에 중점을 뒀다.

그러나 다음 위기를 초래하는 위험이 전혀 다른 방향에서 비롯된다면 어떨까? 특히 증권거래소 또는 주요 은행을 대상으로 침해 공격을 하거나 신원정보와 금융 자산을 대규모로 훔칠 가능성이 있는 공격처럼 금융 시스템의 핵심 구성 요소를 대상으로 하는 사이버 공격이 성공해 다음 위기가 촉발된다면 어떻게 될까? 전 세계적으로 빠른 속도로 확산될 수 있는 공격이 고도로 통합되고 자동화된 지금의 시장에서 발생한다면 어떨까? 이는 대비하지 못한 미래의 전쟁에 해당할까?

이 가정이 실제로 일어날 가능성이 있다고 암시하는 수많은 경고 메시지가 있다.

- 매초 6건의 신종 멀웨어 프로그램(연간 1억 2100만 개)이 발견되고 있다.[*]
- 일부 소식통에 따르면 현재 전 세계적 스마트 가전제품(카메라, DVR, 주방 가전)의 40%가 침해돼 봇넷 공격에 사용되고 있다.[**]

---

[*] Adam Janofksy, "How AI Can Help Stop Cyberattacks", 「The Wall Street Journal」, September 19, 2018

[**] Sarah Murray, "When Fridges Attack: Why Hackers Could Target the Grid," 「The Financial Times」, October 17, 2018

- 보잉 757 항공기와 같은 안전한 시스템조차도 해킹돼 '사이버 납치'가 가능할 수 있다.[*]
- 2018년 미국에서 30만 개 이상의 사이버 보안 일자리가 있었으며, 이는 위협에 준비되지 않은 상황을 나타낸다.[**]

이런 상황에서는 용어 해석에도 혼란스럽다. "사용자 친화적"은 "해커에게 친화적"과 동의어가 되고, 네트워크는 "전염"의 통로가 되고 "안전한"은 "스스로만 안전하게 생각하는" 것으로 해석될 수 있다.

폴 로마이어와 제니퍼 바유크는 현대 금융 시스템의 취약점을 이해하고 대응 방법에 관심을 갖는 공공 및 민간 부문의 기획자와 의사 결정권자에게 초석이 될 만한 책을 썼다. 이는 시의적절한 결단이다. 사이버 보안은 원래 국방 및 국가 보안 분야에서 규범으로 등장했지만, 금융 시스템에서 사이버 범죄로 인한 위험이 더 커질 수 있다는 우려가 확산되고 있다. 비즈니스 모델의 성격상 본질적으로 더욱 개방적이고 상호 연결되도록 발전했기 때문이다. 은행 강도 윌리 서튼[Willie Sutton]이 말한 것처럼 "돈이 있는 곳에 강도가 나타날 것이다."

이 책은 이러한 문제를 포괄적으로 다루는 첫 번째 책이다. 다양한 독자를 대상으로 금융기관이 직면하고 있는 진화하는 사이버 위협 매트릭스를 도입, 특성화하고 효과적인 대응책을 개발하고 배치하기 위한 건전한 경영 원칙을 설명한다. 정책 수립 담당자와 수행 담당자 모두에게 매력적일 것이다.

이 책은 스티븐스공과대학교에서 편찬한 콴티타티브 파이낸스[Quantitative Finance] 출판물 시리즈의 두 번째 책이다. 오늘날 금융 산업은 자본 시장을 변화시키고 기존의 사업 모델을 뒤엎고 학문적 커리큘럼을 다시 정립하는 기술 및 규제 혁명의

---

[*]   Peggy Hollinger, "Aircraft Face Remote Hijacking Risk," 「The Financial Times」, October 17, 2018

[**] Janaki Chadha, "Wanted: Cybersecurity Skills," 「The Wall Street Journal」, September 19, 2018

시대에 있다. 그 어느 때보다 금융 산업은 "알려지지 않은 불명확함"을 초래하는 기술적 변화로 위험 범주가 확장되고 있다. 세계화된 전자 산업에서 자동화 에이전트 간의 상호 연결 수준이 크게 향상된 결과, 시스템적인 현상 특히 강화된 네트워크 영향 또는 "전염"의 위험에 직면하고 있다. 갑자기 모든 것이 가속화되는 산업이다. 오래된 수동 시장과 관계 기반의 네트워크는 거버넌스 구조와 관리 기능을 넘어설 것으로 예측되는 첨단 기술과 초고속 시스템으로 대체되고 있다. 금융 산업의 최신 기술은 그 어느 시점보다 중요하다. 새로운 교육 과정이 필요한 산업이다. 이 시리즈의 목표는 새로운 교육 과정을 업계에 제공하는 것이다.

10년이 넘도록 스티븐스공과대학교는 빠르게 발전하는 양적 금융 분야의 요구 사항을 해결하기 위해 새로운 학술 프로그램을 개발해왔다. 우리는 뉴욕/뉴저지 금융 센터의 혜택을 입었다. 금융 센터에서 이러한 변화에 직접적으로 대처하고 있는 실무자를 만날 수 있었으며, 교육 과정에 업계의 요구 사항을 반영할 수 있도록 도움을 받았다. 우리는 실무가 이론을 선도하는 역사적인 시기 중 하나라고 확신한다.

그래서 교수진으로 합류하기 이전에 수년 간의 경력을 보유한 폴 로마이어와 제니퍼 바유크의 관점은 굉장히 가치가 있다.

스프링거 네이처^{Springer Nature}와 에이프레스^{Apress} 출판사와의 협업을 통해 이 시리즈는 '새로운 금융'의 기초가 되는 학습 과정과 지적 자산을 얻어갈 수 있도록 설계됐다. 오늘날 금융업계에서 일하고 있는 실무자와 금융 프로그램에 관련된 학생과 교수진을 대상으로 제작했다. 연구원, 정책 입안자, 분석가, 컨설턴트, 법률 및 회계 전문가를 포함해 업계의 새로운 규제 프레임워크를 개발하고 구현하는 종사자에게도 유용할 수 있다. 독자는 복잡한 주제를 다루는 데 동기부여를 받아 명확하고 손쉽게 이해할 수 있을 것이다.

이 시리즈의 목표는 금융 시스템의 복잡성을 반영하고 금융 시스템의 지원 기술에 초점을 맞춰 독자들에게 실용적이고 유용하며 설득력 있는 표현법을 찾는 것이다. 특정 도구, 기술 또는 문제를 숙달하기 위한 고수준의 구체적인 기술을 중점적으로 다룬 책부터, 금융 사이버 분야를 다룬 이 책처럼 실무 분야를 포괄적으로 조사한 책까지 다양하게 준비했다. 일부 내용은 일반적인 교재 기준에 만족할 것이다. 다른 중요한 실용적인 문제를 좀 더 효율적으로 설명하기 위해서 실무, 연습 및 문제로 이뤄진 교과서적인 보충 자료가 필요할 것이다. 일부는 금융 분야에서 다른 관점이나 규범 간의 골치 아픈 차이점에 초점을 맞출 것이다. 분석, 데이터 과학 및 고차원적 데이터(금융 애플리케이션을 위한 빅데이터)를 다루기 위한 통계의 증가와 같은 광범위한 추세를 다룰 것이다. 또한 복잡한 주제를 규제 당국(규제 대상자)에게 적합한 지침으로 해석할 수 있는 정책 중심의 입문서를 계획 중이다. 간단히 말해서 주제와 형식 모두에 맞춰 다양한 계획을 세우며, 업계의 독자들을 위해 항상 정확하고, 이해하기 쉽고, 최신이며, 고급스럽고, 다양한 부문을 다루는 유용한 책을 출판하는 것이 목표다.

스프링거 네이처와 에이프레스의 협업이 유용한 점은 스프링거링크^{SpringerLink} 채널을 통해 모든 전자책을 배포하기 수월하다는 점이다. 또한 시리즈 타이틀 중 일부는 에이프레스 오픈^{ApressOpen}이라는 개방형 구독 모델로 출시될 예정이며, 누구나 무제한으로 전자책을 다운로드할 수 있고 무료로 제공될 계획이다. 금융업계와 마찬가지로 출판업계는 전통적인 하드 카피 인쇄 양식이 디지털 미디어와 오픈소스 모델에 더욱 의존하게 되면서 자체적으로 기술 주도적인 혁명을 겪고 있다. 스프링거 네이처와 에이프레스의 공동의 목표는 혁신적인 콘텐츠 배포와 새로운 기술로 가능해진 광범위한 유통 기회를 적극적이고 상상력을 발휘해 대응하는 것이다.

콴티타티브 파이낸스의 스티븐스 시리즈가 현재와 미래의 현대 금융 종사자를 위한 고유하면서도 가치 있는 자료가 되기를 희망한다. 이를 위해 gcalhoun@ stevens.edu에 의견과 제안을 보내주시기를 바라며, 여러분의 관심과 지원에 미리 감사드린다.

— 조지 칼훈(George Calhoun)
콴티타티브 파이낸스 프로그램 책임자
스티븐스공과대학교

우리가 두려워하는 것은 무엇일까?

금융 산업은 고도로 복잡한 기술 환경을 필요로 하는 기관, 시장, 서비스 제공자 및 고객과의 상호 연결에 의존하고 있다. 진화하는 글로벌 금융 시스템 아키텍처의 특성으로 인해 끊임없이 경영 문제가 발생하고 있다. 사이버 보안 위험은 기술, 인력 및 프로세스 영역, 기업 아키텍처 전반에 걸쳐 존재하기 때문에 실질적인 위험 관리 문제를 야기한다. 어떤 위협이 다가올지 모르며 새롭고 복잡한 시스템에 다양한 공격을 통해 핵심적인 시스템과 중요 정보에 접근할 수 있다.

위협 환경 이해하기

1장에서는 금융기관과 시장에서 일반적인 사이버 보안 위협의 성격과 정도를 알아볼 것이다. 우리는 다양한 방면에서 모습을 드러내는 전 세계적인 현상을 목격하고 있다. 지난 몇 년 동안 공격자의 기술 수준은 발전해왔으며, 공격은 더욱 정교해지고 있다. 공격자의 전술은 급속히 발전해 이전의 공격 경로^{attack vector}를 대상으로 하는 공격이 지속적으로 증가했다.

© Paul Rohmeyer, Jennifer L. Bayuk 2019
P. Rohmeyer and JL Bayuk, Financial Cybersecurity Risk Management,
https://doi.org/10.1007/978-1-4842-4194-3_1

효율적인 사이버 보안 아키텍처를 제대로 개발하려면 위협에 관한 상세한 지식을 보유하고 있어야 한다. 이러한 지식에는 다양한 유형의 위협 행위자와 각각의 동기를 이해하는 것과 일반적인 전술도 포함된다. 위협을 인식하는 것은 위협을 방어하기 위해서일뿐만 아니라 적절한 방어를 위한 예산 조달의 필요성을 입증하기 위해 필수적이다. 실제로 기관에 영향을 미치는 자원 배분의 결정을 내리기 위해 사이버 보안 위협에 관한 깊이 있는 지식을 기업주와 공유해야 한다. 보안 솔루션 제공자가 사이버 보안 제품과 서비스를 판매하기 위해서 두려움과 불확실성 거기다 의심을 부풀리며 기업주에게 그 부풀려진 회의론만을 받아들이도록 만드는 것은 올바르지 않다. 위협의 개념을 숙달하고, 위협의 전반적인 동향을 지속적으로 모니터링하면서 현재의 실제 위협을 효과적으로 관리하면 적절한 대응이 필요한 시점에 도움을 받을 수 있다.

위험 전망 개요

사이버 위협은 전사적 아키텍처의 임의의 영역 내에서 통제에 실패해 잠재적으로 빌생하거나 영향을 줄 수 있는 운영상의 위험으로, 조직에 영향을 미친다. 여기에는 고의 여부와 관계없이 시스템과 프로세스의 장애로 인한 중단 가능성이 포함된다. 운영 위험은 모든 시스템과 프로세스, 금융 활동에 존재하며 궁극적으로 재정과 기타 유형의 위험 이벤트로 이어질 수 있다. 기업 지배 구조^{enterprise governance}는 운영 위험의 다양한 측면을 처리할 수 있는 플랫폼을 제공할 수 있을 것으로 기대를 받는다. 그러나 사이버 보안 위험은 다른 유형의 운영 문제와 차별화되는 상대적으로 고유한 특성이 있다.

금융 산업에서 운영 위험은 대개 기술과 연관돼 있다. 직접 위험에는 의도적이거나 우발적인 오용 또는 설계상의 결함으로 인한 기술적 실패 가능성이 포함된다. 기업은 배치된 기술에 의존하기 때문에 간접적으로 위험이 발생한다. 간단히 말해 기술 솔루션 배치에 성공한 기업은 아키텍처의 모든 측면에서 새로운 기술을 통합시킬 것이기 때문에, 갑작스럽게 기술이 중단되거나 사용이 불가능하게 되면 악영향을 받을 수 있다. 최근 기술 동향은 이러한 고유한 위험을 만들어냈다. 이러한 위험에는 모바일 디바이스를 통한 정보 기술의 광범위한 사용 또한 포함된다. 휴대 가능한 모바일 디바이스의 특성과 도난 또는 분실이 가능성으로 인하여 이동성mobility은 무결성, 기밀성, 가용성에 관한 위협으로써 부정적인 영향을 미칠 수 있는 새로운 위험을 초래할 수 있다.

공격자 알아보기

경영 컨설턴트 회사 맥킨지Mckinsey의 존 다우디John Dowdy는 사이버 공격 관련 정보가 불충분하기 때문에 사이버 공격에 대한 인식이 전반적으로 부족하다고 설명했다.[1] 지금까지 정보가 부족한 이유는 정부와 민간 부문의 사이버 위협의 대응 담당자로부터 상세한 사이버 정보를 공유받지 못했기 때문이다. 즉, 사이버 보안 전문가는 위협의 정도를 충분히 파악하고 있지만, 대중은 즉각적인 위협에 대한 구체적이고 확실한 증거를 알아보지 못한다. 또한 위협 정보가 없으면 위험에 처한 정보 자산의 가치를 과소평가하는 결과를 초래한다. 부적절한 정보는 사이버 위협의 본질과 규모를 배우려는 사람들에게 불확실성을 야기하는 근본적인 문제점이 있다. 정보의 부족은 앞으로도 당분간 난제로 남을 것으로 예상되지만, 공공 영역에서는 사이버 공격의 본질에 관한 유용한 지침을 제공하는 주요 세부 사항이 있다. 따라서 완전하지 않지만 이용 가능한 정보는 중요한 위협 특성의 이해를 돕는 데 중요한 단서를 제공한다.

사이버 위협은 의도적이거나 혹은 의도하지 않은 행동으로 인해 발생할 수 있다. 시스템 개발과 품질 향상을 위한 노력은 확인되지 않은 시스템 결함이나 사용자의 능력 부족으로 인해 생기는 의도치 않은 위협을 사전에 방지하거나 감소시키기 위한 것이다. 이러한 유형의 위협을 식별하고 대응하는 과정은 잘 알려져 있고, 예전부터 품질 보증, 위험 평가, 통제 배치 및 주기적 통제 테스트는 지배 구조 과정에 포함돼 있다. 그러나 악의적인 공격자인 '해커'는 시스템 설계자와 소유자에게 가장 심각한 문제를 제시하고 있다. 해커는 귀중한 조직 자원의 도난이나 붕괴에 목표를 두고 있으며, 유사한 전술을 사용함에도 스파이 행위나 정보 유출과 같은 다양한 공격 동기가 있을 수 있다. 고의적이고 의도적인 사이버 위협을 표출하는 개인이나 집단을 '공격자'로 지칭할 수 있다. 다양한 방식으로 사이버 공격자를 설명할 수 있다.

가장 중요한 특징 가운데 하나는 내부자 대 외부자의 관점이다. 외부자는 기업의 구체적인 지식이 거의 없거나 전혀 없는 상태에서 어느 곳에서나 등장할 수 있다. 그러나 조직 내부에서 활동하는 공격자들은 중요 자원에 일정 수준의 접근 권한을 부여받아 신뢰를 받는 지위를 활용해 공격을 시도한다. 일단 내부로 들어오면 기업 내부를 탐색해 접근 권한이 부여되지 않은 자원을 획득할 수 있다. 내부자는 초기 보안 접근 경로를 성공적으로 통과한 개인에 대해 상대적으로 감시가 소홀하며, 외부 경계의 보안을 강조하는 조직에 고유의 문제를 제기한다. 내부자 위협을 해결하는 방법으로 대개 (1) 접근 허가 시 보안 검색screening 강화와 (2) 아키텍처 내에서 개인의 (사이버 및 물리적) 행동의 지속적인 모니터링의 조합을 중심으로 이뤄진다. 이 방법들은 효과적인 통제가 아니므로 대부분의 조직에서 내부자의 취약성은 상당히 큰 편이다.

또 다른 위협 특성은 위협 행위자threat actor에 속하는 공격자의 유형이다. 이러한 개인 행위자에는 보안을 연구하거나 시도하는 과정에서 법을 위반하거나 비정형 접근 방법을 취하는 이른바 '그레이 햇grey hat' 또한 포함된다. 일반적으로 명백하게 악의적인 의도를 갖는 것으로 여겨지며, 불법적인 전술을 사용할 가능성이 있는 블랙 햇black hat도 있다. 이러한 집단의 유형에 수준의 조정을 통해 다양한 그룹을 포함시킬 수 있다. 여기에는 금전적 이득을 추구하는 범죄 기업 또는 궁극적으로 재정적으로 이익을 얻기 위해 영향력을 갖는 집단이 포함된다. 정치적 테러리스트 조직은 특정 정당의 지지를 이끌어내거나 반대파의 사기를 꺾기 위한 행동을 할 수 있다. 이는 국가 조직까지 확대될 수 있다. 마찬가지로 핵티비스트 hacktivist는 항의를 표출하기 위한 방법으로서 공격을 할 수 있다. 기업체가 기업 스파이 활동을 수행하기 위해 정보 기술 전략을 활용하려는 경우 이는 새로운 위협으로 등장할 수 있다.

오픈 웹 애플리케이션 보안 프로젝트OWASP, Open Web Application Security Project2는 위협 행위자의 일반적인 특성(예: 기술 수준, 동기, 기회 및 규모)을 식별했다. 각 특성의 차이로 인해 각각의 위협 행위자는 특정한 전술이나 공격 패턴을 선호할 수 있다. 기술 수준에 있어 상대적으로 낮은 기술력을 보유하지만 사전에 정의된 스크립팅 공격을 수행할 수 있는 충분한 역량을 갖추고 있는 초보자부터 경험이 풍부하고 숙련된 공격자까지 다양할 수 있다. 앞에서 설명한 것처럼 동기는 다양할 수 있지만 위협 행위자는 특정 행동을 통한 단기 이익을 고려하기 때문에 개별 공격의 동기는 단기적인 보상에 집중될 것으로 예상할 수 있다. 공격 기회는 접근 제한뿐만 아니라 자원 이용 가능성 및 요구 사항과 같은 요소를 고려하면 굉장히 다양해질 수 있다. 마지막으로 규모는 간단하게 위협의 규모를 확장시킬 수 있는 중요한 요소다. 자동화된 봇넷botnet의 경우와 같이 비교적 단순하지만 대규모의 공격자는 단일의 숙련된 공격자와 유사한 위협 수준으로 인식할 수도 있다.

금융기관의 위협 범주

최근의 공격 동향과 침해 사건 검토를 통해 금융기관에 대한 일반적인 위협을 확인할 수 있다. 전술은 다양하지만 침해 시도의 원인은 일반적으로 세 가지 목표 중 하나에 해당한다. 자금 도난, 정보 유출, 또는 혼란을 야기하는 것이다.

돈이 있는 곳에 도둑이 있다

자금 도난을 시도하는 고액의 침해 사고가 일주일을 넘기지 않고 꾸준히 발생하는 것 같다. 이러한 사건들의 금전적 동기를 이해하면 간단하다. 바로 은행이 있는 한 도둑질은 계속된다는 것이다. 기술적인 정교함과 혁신의 수준이 높아짐에 따라 전략은 변화하고 있다. 하지만 돈이 있는 곳에서 돈을 훔치는 목표는 변함이 없다. 자금은 개인의 이익(단순한 절도 동기)을 추구할 수 있지만, 더욱 강력한 공격 기능을 갖추기 위해 막강한 아키텍처를 구축하기 위한 자금을 모으려는 것일 수도 있다.

보안 통제가 개선됨에 따라, 공격자는 직접적 방법뿐만이 아니라 간접적 방법 또한 전술로 선택하고 있다. 전형적인 침입break-in 즉, 해킹은 범죄자가 네트워크, 시스템 및 자금에 접근하기 위해 비교적 눈에 잘 띄지 않는 약점에 관한 직접적인 공격 방법으로 간주될 수 있다. 간접 공격은 상대적으로 탐지하기 어려운 전략을 포함하지만 동일한 목적을 추구한다. 여기에는 공격자가 개인을 공격해 공격자가 일정 수준의 접근 권한을 부여받고 악의적인 공격을 가하는 방식인 사회공학social engineering이나 전자메일 피싱e-mail phishing과 같은 접근 방법이 사용된다. 간접 공격에는 공격 지속 시간뿐만 아니라 눈치채기 어려운 미묘한 행동을 포함한 중요한 측면들이 있다.

개별적으로 특이하게 보이지 않을 수 있는 신중한 소규모의 단계를 거쳐 공격을 진행하기 때문에 공격의 탐지가 어렵다. 이러한 공격 방법은 기관에서 겉보기에 무해한 행동을 인식할 수 있는 공격 패턴으로 그룹화할 수 있는 광범위한 관찰을 할 수 없다면 일반적인 탐지와 통제 기법을 무용지물로 만든다. 간단히 말해 일반적인 기업 통제 환경은 이러한 공격을 탐지하거나 차단하기 위해 효과적으로 구축돼 있지 않다. 이와 유사하게 공격 지속 시간은 측면은 소위 지능형 지속 공격APT, Advanced Persistent Threat의 등장과 관련돼 있다. APT의 주요 차이점은 공격자가 접근 권한을 얻은 후 오랜 기간 동안 돈을 이체하는 것과 같은 전략을 지연시키려 한다는 점이다. 상세한 정찰, 기업 금융 시스템을 통한 자금 흐름을 파악하거나 유리한 공격 시기를 선정하는 등 이를 위해 공격 시점을 연기할 수 있다.

정보는 권력이다–데이터 절도

정보는 모든 조직 내에 다양한 형태로 존재하며 가치에 따라 크게 달라질 수 있다. 정보의 가치는 일반적으로 비즈니스의 중요성이나 민감성과 관련해 고려할 수 있다. 그러나 정보는 기업에 정보의 의미와 관련성의 차이를 반영하는 데이터, 정보 및 지식의 연속체continuum에 따라 추가로 특징지을 수 있다(표 1-1).

표 1-1. 정보 연속체

데이터	정보	지식
외부	관련성	내부
명시적	목적	암묵적
쉽게 복사됨	비즈니스 맥락	쉽게 복사되거나 관찰할 수 없음

관찰된 사실과 세계의 상태는 데이터로 특징지을 수 있다. 데이터는 일반적으로 명확하며 모호하지 않다. 피터 드러커Peter Drucker가 설명한 것처럼 데이터는 관련성과 목적이 부여될 때 "정보가 된다."[3] 특정 비즈니스 거래transaction에 적용된 데이터는 더욱 의미 있다. 정보가 개인에게 더욱 내재화되고 조직 문화에 녹아들어 갈수록 점점 더 지식으로 특징지어질 수 있다.

조직과 환경에 관한 심도 있는 이해에 해당하는 독점적인 설계, 방법, 시장 이해, 고객 기록 및 기타 데이터는 지식으로 간주될 수 있는 요소다. 정보 도용에는 다양한 잠재적인 동기가 있다. 예를 들어 자금을 절도하거나 기관이나 개인을 혼란에 빠트리거나 더 많은 정보를 도용하기 위한 기능을 구축하는 것 등이 있다. 동기와 관계없이 위협은 가치에 대한 잠재적 공격을 나타낸다. 정보를 도용하려는 동기는 다양할 수 있지만 일반적으로 개인 또는 경쟁 우위를 위해 기업 가치를 훔치고 잠재적으로 피해자를 혼란을 주기위한 의도로 수행된다. 때로는 데이터 자체로 직접 상업적 가치를 지닐 수 있다. 2005년의 유명한 사례에서, 투자 회사의 기업주는 고객 정보를 교환하는 대가로 수많은 은행 직원에게 돈을 지급한 것으로 밝혀졌다. 고객을 손쉽게 조사하기 위한 데이터 자원을 확보하기 위해 돈을 지불한 것이다.[4]

금융 자산이나 물리적 자산의 가치는 일반적으로 명확하고 정량화될 수 있지만 다양한 형태의 정보 가치를 측정하는 것은 더욱 어렵다.

공격자는 고객 ID 또는 특정 거래의 세부 정보와 같은 데이터를 노리거나, 고객이 특정 서비스나 제품을 사용하는 방법 등의 정보를 공격 대상으로 삼을 수 있으며, 이와 유사하게 분석 모델과 해당 분석 모델의 활용 방법에 대한 관측을 포함한 지적 재산 요소의 수집 등의 지식을 공격 목표로 삼을 수도 있다. 정보 연속성을 고려해볼 때 공격자가 데이터, 정보 또는 지식 중 공격 목표를 선택하는 것에 따라 전술이 크게 달라질 수 있다. 따라서 데이터의 도난은 피해 조직의 데이터를 신속하게 제거하는 직접 공격이 가능하지만 정보와 지식을 훔치는 것은 오랜 기간이 필요하기 때문에 공격자는 전송 중인 데이터뿐만 아니라 데이터를 사용하는 방법을 몰래 훔쳐보는 전략을 사용해야 한다.

정보 도용은 일반적으로 데이터 복제로 수행되거나 합법적인 사용자가 시스템이나 데이터에 접근하지 못하도록 조치한 결과 일반적으로 정보 도용을 통해 자산의 소유자로부터 정보를 빼앗아 올 수 없기 때문에 독특하다. 이와는 대조적으로 물리적 자산의 절도는 실제로 소유주로부터 자산의 가치를 빼앗는 것이다. 결과적으로 정보 도용에 대한 가치 손실의 특징은 물리적인 절도 사건처럼 직접 눈으로 확인할 수 없다. 간단히 말해 재래식 소매점의 소유주가 재고를 절도당했다면, 적절한 자산 기반을 회복할 때까지 핵심적인 사업은 제 기능을 하지 못한다. 그러나 공격자가 고객 정보 파일을 복사하더라도 은행은 공격 이후에도 정상적인 기능을 할 수 있다. 실제로 물리적 자산 절도의 피해자가 쉽게 파악할 수 있는 것과는 달리, 은행에서는 정보가 도난당한 사실을 알아차리지 못할 수도 있다. 또한 이러한 독특한 측면으로 인해 정보 도용을 조직원 일부가 파악할 수 있지만 경영진, 이사회 또는 고객에게 공개되지 않을 수 있다.

작업 방해-작업 중단 위협

시스템 사용자가 자원을 사용할 수 없도록 만들기 위해 시스템 또는 데이터를 중단시키는 다양한 공격 전술을 사용할 수 있다. 여기에는 사람이나 재산의 물리적인 위협과 장악한 '드론drone' 호스트를 강력하고 분산된 공격군으로 전환시키는 봇넷 환경 구축, 전원 차단과 같이 최첨단 기술을 활용한 고도의 공격 전략 또한 포함된다.

이러한 공격의 공통적인 목표는 고객이 서비스를 사용하지 못하게 하거나 직원이 정상적인 직무를 수행하는 것을 막는 것과 같이 조직을 혼란스럽게 만드는 것이다. 이와는 대조적으로 공격자가 혼란스럽게 만들려는 이유는 굉장히 다양할 수 있다. 상업적 환경에서 경쟁업체가 다른 회사들을 상대로 위협을 가할 가능성이 있다고 생각하는 것은 당연하다. 통제가 불가능한 거래 알고리즘으로 주가를 폭락시킨 '나이트 캐피털Knight Capital 사건'은 처음엔 많은 사람들이 의도적인 사이버 공격으로 생각했다. 이러한 시장 혼란은 의도된 전략으로서, 경쟁업체가 상품이나 서비스를 제공할 수 없도록 만들 수 있으며 단장기적인 영향을 미칠 수 있다. 단기적인 관점에서 볼 때 고객이 경쟁자로부터 물건을 구입할 수 없게 되면, 공격을 감행한 경쟁업체에서 구매하기로 선택할 가능성이 있다. 중요한 것은 경쟁업체가 잠재적 구매자에 응대를 할 수 없기 때문에 파괴적인 공격은 경쟁업체의 평판에 손상을 입힘으로써 이익을 취할 수 있다. 또한 혼란은 부당한 취득과 기타 대가성 지불ransom payment을 손쉽게 만들기 위해 사용되는 전술일 수도 있다. 기업은 비즈니스 혼란을 피하고 시스템 침해의 영향을 최소화하기 위해 인질로 잡힌 데이터의 몸값ransom을 지불해야 하는 의사 결정을 내려야 할 수도 있다.

기업에 불만을 품은 기업 내부자가 혼란을 일으킬 수도 있다. 시스템 및 데이터 자원에 관한 접근 권한이 있는 공격자는 강탈이나 인질로 잡은 대상에 파괴적인 공격을 시작하는 데 유리한 위치에 있을 수 있다. 내부자는 기분이나 태도의 변화의 반응으로 부정적인 행동을 취할 때 특히 중대한 문제를 야기할 수 있다. 2016년 7월 시티은행Citibank 데이터 센터에서 근무 중이던 한 불만 많은 직원이 중요 라우터 구성 정보를 의도적으로 삭제했으며, 이로 인해 광범위한 네트워크가 중단됐다. 그 결과 해당 직원은 21개월 형을 선고받았다. 이러한 사건은 대개 직원이 형편없는 성과 평가를 받았을 때 촉발된다.[5] 정치적, 사회적 행동주의는 혼란을 야기할 수 있다. 2016년 5월 그리스 은행 웹사이트는 금융 비리로 인해 어나니머스Anonymous 그룹에게 공격을 받은 것으로 알려졌다.[6] 마찬가지로, 더 강력한 영향을 미칠 수 있는 위협은 인지된 적과 경쟁자에게 혼란을 주려는 국가 권력자로부터 시작될 수 있다.

고려해야 할 다른 잠재적인 동기가 있다. 공격자는 공격을 속임수로 사용하려 할 수 있으며, 명백하게 발생한 한 사건에 관심과 자원을 집중시키는 동시에 또 다른 공격을 수행할 수 있다. 또한 공격자는 탐지될 가능성이 높은 집중적인 탐지 과정을 피하기 위해서 기만적인 주의 분산 전략을 선택할 수 있다. 마지막으로 실험 가능성 또한 고려해야 한다. 공격자들이 꾸준히 지식을 학습하고 새로운 공격에 활용하기 위해 사물 인터넷IoT, Internet of Things을 활용하는 등 다양한 접근 방식을 악용하는 것은 전혀 놀라운 일이 아니다.

직면한 위협

금융기관에 대한 사이버 위협은 복잡하고 다양하며 잠재적인 영향력이 크다. 이에 기업의 사이버 보안 정책, 운영 계획 및 궁극적인 전략의 기반을 형성하기 위해 심층적인 분석이 필요하다. 위협 모델링을 통해 지속적인 위협 요소의 지속적인 식별과 주기적 재평가에 대한 포괄적인 접근 방식의 기초를 마련할 수 있다.

모든 조직이 사이버 위협 환경의 현실에 대응할 수 있는 기회를 갖추기 위해 두 가지 프로그램인 위협 인텔리전스threat intelligence와 위협 모델링threat modeling이 필요하다. 위협 인텔리전스는 이벤트, 전술 및 잠재적 대응 메커니즘에 관한 통찰력을 포함해 지배적인 사이버 문제와 활동 정보를 수집하는 것이다. 이는 외부 관점을 나타내며, 기업 외부의 사이버 사건과 활동을 관찰할 수 있는 기능을 기업에 제공한다. 두 번째 프로그램인 위협 모델링을 통해 발생할 수 있는 위협 시나리오를 조직의 환경에 적용하기 위한 것이다. 그럴듯한 위협 시나리오는 위협 인텔리전스로 식별할 수 있지만, 침입에 대한 조직의 탐지 및 시도된 공격과 관련된 데이터의 탐지를 통해서도 식별할 수 있다. 또한 조직은 미래의 목표와 전술로 사용될 가능성이 높은 공격자의 실패한 전술의 분석을 통해 통찰력을 얻을 수 있다.

위협 인텔리전스

공개 출처open source로 간주되는 위협 인텔리전스OSINT에는 가치 있는 다수의 채널이 있을 가능성이 있다. 여기에는 발표된 연구 보고서, 보도자료, 웹 페이지, 블로그, 비디오 등 쉽게 이용할 수 있는 정보가 포함된다. OSINT는 비교적 가용성이 높은 동시에 정보를 쉽게 이용할 수 있다. 그러나 양적인 측면에서 고려해야 할 문제가 있다. 빅데이터big data가 유입되는 오늘날 오픈소스 모니터링과 관련된 자원 요구 사항이 그 규모가 증가함에 따라 상당한 문제가 발생했다. 소셜미디어 시스템에 저장된 정보의 증가로 인해 소셜미디어 인텔리전스SOCMINT, Social Media Intelligence라는 새로운 유형의 OSINT가 등장했다. SOCMINT는 게시물이 위협 데이터의 기초에 맥락과 풍성한 정보를 더해주는 측면이 있어 위협 정보로서 높은 잠재적인 가치를 지닌다. 예를 들어 공격자가 전술, 기술 및 운영 목표 관련 글을 게시하면 보안 분석가에게 개선된 통제 및 대응책의 기반으로 활용할 수 있는 단서를 제공할 수 있다. 그러나 이 문제는 지속적으로 업데이트해야 하는 데이터의 규모가 문제로 남아 있다.

그러나 기업에 통찰력을 제공하기 전에 잠재적인 위협 정보를 대량으로 검색하는 제삼자 서비스는 물론 고급 분석 기능을 비롯해 오픈소스 데이터를 탐색하고 수정하는 데 도움이 되는 방법과 도구가 등장하고 있다.

위협 모델링

위협 모델링 활동은 일반적으로 자산이라고 하는 조직의 가장 가치 있는 기업 시스템과 정보 자원을 식별하는 것으로 시작된다. 종이 또는 전자와 같은 각각의 양식을 포함해 수많은 자원의 속성을 식별해야 한다. 디바이스 또는 저장 시설뿐만 아니라 지리적 위치와 관련해 자원의 위치를 식별해야 한다. 시스템과 정보 자산의 인벤토리 및 특성이 수집되면 조직은 네트워크 경계, 애플리케이션, ID 및 인증 시스템, 디바이스 구성 등과 같은 현재 아키텍처 특성을 반영하는 다양한 공격 경로를 식별, 고려하고자 대화형 워크숍을 수행해야 한다. 기업 차원의 아키텍처에 인적 영역(예: 시스템 사용자, 연계 파트너 및 지원 인력 등) 및 정보 자산과 시스템 인프라의 가동 혹은 정지 상태 여부, 위치 및 성격을 파악하기 위해 사업 운영 절차 아키텍처 이외에도 기술 아키텍처를 완전히 포함시키는 것이 중요하다. 이는 모든 조직에서 간단한 작업이 아닐 것이다.

산디아국립연구소^{Sandia National Laboratories} 연구원들은 "위협은 일반적으로 기술하는 것보다 목록을 작성하는 것이 훨씬 쉽고, 측정하는 것보다 기술하는 것이 훨씬 쉽다. 결과적으로 많은 조직에서 위협 요소 목록을 작성하고 있다. 유용한 용어로 기술하는 경우는 드물며 의미 있는 방법으로 측정하는 경우 또한 여전히 드물다."[7] 이러한 도전 문제의 일부는 위협의 상대적 복잡성에 기인할 수도 있지만 앞서 설명한 위협 기본 사항과 관련한 일반적인 이해가 부족하기 때문일 수도 있다 (그림 1-1). 산디아 보고서는 핵심 위협 특성을 공격자의 결과물commitment과 자원 및 관련된 위협 특성을 식별하는 실용적인 관리 체계framework로 세분화했다. 공격 의 강도 또는 지속성, 잠행의 사용 유무 및 계획 또는 실행을 위해 투자한 시간을 통해 결과물을 확인할 수 있다. 자원 속성에는 기술 인력의 가용성과 기술, 지식 및 접근이 포함된다. 위협 승수multiplier는 자금으로의 접근, 공격 프로그램을 지원 하는 자산 및 기술 기반과 같은 요소를 포함하며 식별 가능하다. 속성attribute은 직 간접적으로 탐지할 수 있으며, 위협 모델의 품질과 유용성을 향상시키는 위협 지 표의 기반을 만들 수 있다.

그림 1-1. 사이버 위협

구현 방법

미국 국립표준기술연구소^{NIST, National Institute of Standard and Technology} 표준 초안 SP 800-154, 데이터 중심 시스템 위협 모델링 가이드^{Guide to Data-Centric System Threat Modeling}에서는 데이터 자원 보안에 중점을 둔 기업 위협 모델링 프로그램의 기반을 제공한다. 이 가이드에는 다음과 같은 단계가 요약돼 있다.

1. **관심 있는 시스템과 데이터를 확인하고 특성을 파악하자:** 각각의 데이터 요소에 대해 상세하게 설명해야 한다. 여기에는 저장돼 있는 데이터베이스 및 호스트 시스템에 관한 설명을 포함해 '정지 상태'인 데이터의 성격 요약이 포함돼야 한다. 처리 중에 호스트 구성원에 데이터가 존재하는 방법에 관한 일부 지표를 설명해야 한다. 마찬가지로 모델은 데이터가 '전송 중'일 때 데이터를 기술해야 한다. 이는 데이터가 기업 내외로 전송될 수 있는 잠재적인 수단을 나타낸다. 또한 디바이스/키보드 데이터 입력뿐만 아니라 이전 시스템과의 통합을 포함해 데이터 유입 메커니즘과 관련한 설명이 있어야 한다. 이 산출물은 데이터가 시스템을 통해 전달되는 방식, 보안 목표에 대한 인식 및 권한이 부여된 사용자에 대한 통찰력을 기반으로 기술해야 한다.[2]

2. **모델에 포함될 공격 경로를 식별하고 선택한다:** 공격 경로는 공격자가 시스템에 공격을 시도할 수 있는 잠재적 경로다. 잠재적 경로의 범위는 광범위하며, 따라서 모델링 실무에 포함시킬 실제와 유사한 공격 경로를 식별하는 것이 중요하다. 과거의 공격 이력과 SOCMINT에서 언급했던 전술 및 공격 동기를 기반으로 가능성을 판단하는 것이 잠재적인 공격 경로의 목록을 만들 때 유용하기 때문에, 위협 인텔리전스의 가치를 인정받는다.

3. **공격 경로의 보안성을 향상시키기 위한 보안 통제의 특성을 설명하자:** 다음 단계는 파악된 공격 경로와 고안된 위험 처리 방법을 연결시키는 것이다. 위험은 사건의 가능성을 줄이거나 영향을 줄이기 위해 통제를 도입한다든가 사

이버 보험을 통해 다른 당사자에게 위험을 이전^{transfer}하거나 아키텍처상의 결정을 통해 회피^{avoidance}하거나 기업이 위험을 인지했지만 잠재적 부정적인 결과에도 계획을 추진하기로 선택한 경우, 위험을 수용^{acceptance}한 것으로 처리할 수 있다. 이 단계의 결과는 모든 공격 경로에 대비한 위험 처리를 식별하는 것이다.

4. **위협 모델을 분석하자:** 이 연습의 마지막 단계는 적절하게 처리되지 않아 주의가 필요한 공격 경로를 나타내는 '차이 분석$^{gap\ analysis}$'의 형태로 간주될 수 있다. 조직에서 간단히 설명하기 어려운 공격 경로의 존재하지 않는 위험을 식별하는 경우와 같이 명백하게 부적절한 위험 처리의 사례가 있을 수도 있다. 그러나 대부분 통제를 배치시키며, 그 결과 배치된 대응 방안이 충분하거나 효과적인지 평가하기 위한 분석은 더욱 복잡하다. 공격 경로에 심각도 점수나 가중치를 할당하고 위험 처리의 등급 지정을 통해 완성할 수 있다. 이상적인 분석은 정량적, 정성적 관점을 동시에 취한다.

NIST 표준에 기술된 위협 모델링은 위험 평가에 관한 기존의 접근 방식과 상당히 일치한다. 그러나 위협 분석의 중요한 차이점은 실제로 발생했거나 굉장히 가능성이 높은 구체적인 공격 시나리오를 고려한 것이라는 점이다. 전통적인 위험 평가는 위반의 위협 같은 일반적인 위협을 확인할 수 있지만 위협 평가는 심층적인 수준의 분석과 세분화된 접근 방법을 이끌어낼 수 있다. 이는 기업이 만든 위험 처리 선택을 좀 더 현실적으로 평가할 수 있게 한다.

더 알아보기

금융기관의 사이버 보안 위험 관리 문제는 복잡하다. 위험 평가에 관한 기존 접근 방식과 위협 모델링을 비교할 때 위협과 위험의 근본적인 차이를 고려하는 것이 중요하다. 랜드^{RAND}연구소에서 설명한 것처럼 위협은 전략적 목표를 달성하는 방식으로 행동할 수 있는 행위자를 나타낸다. 위협은 전략적 목표를 달성하는 방식으로 행동할 수 있는 행위자를 나타낸다. 반면 위험은 시스템 취약성과 잠재적 결과의 추정치를 포함한다.[9] 위협 모델링의 결과, 근본적인 질문인 "허용 가능한 잔여 수준으로 위험을 효과적으로 감소시킬 것으로 예상되는 통제의 배치 여부"에 대답할 수 있는 방안을 마련할 수 있어야 한다. 2장에서는 현재의 도전 과제 범위와 성격 그리고 범위를 분석하기 위한 위험 기반 접근 방법을 구축할 것이다. 조직이 취약한 곳을 고려해 잠재적 사이버 보안 취약점을 탐색하는 과정을 다룬다.

참고 문헌

1. Dowdy, J. (2012) Securing Cyberspace: A New Domain for National Security, Chapter 5 The Cybersecurity Threat to U.S. Growth and Prosperity. (Washington, DC: The Aspen Institute, 2012). https://www.jstor.org/stable/j.ctt19x3h93

2. OWASP (2017) OWASP Risk Rating Methodology. https://www.owasp.org/index.php/OWASP_Risk_Rating_Methodology.

3. Drucker, P. (1988) The Coming of the New Organization. Harvard Business Review. Harvard University. January–February 1988, pp. 45–53

4. Marlin, S. (2005) "Former Bank Employees Are Charged In Data Heist." InformationWeek. http:// www.informationweek.com/former-bank- employees-are-charged-in-data-heist/d/d-id/1032976?

5. DOJ (2016) "Former Citibank Employee Sentenced to 21 Months in Federal Prison for Causing Intentional Damage to a Protected Computer." https://www.justice.gov/usao-ndtx/pr/former- citibank-employee-sentenced-21-months- federal-prison-causing-intentional-damage

6. Uzonovic, A. (2016) "Anonymous Target Bank of Greece Website with Massive DDoS Attack." https://www.hackread.com/anonymous-ddos-attack-bank-greece-website-down/

7. Mateski, M., et al. (2012) Cyber Threat Metrics. SANDIA REPORT SAND2012-2427. Unlimited Release. Printed March 2012.

8. Souppaya, Scarfone (2016) NIST SP 800-154 Guide to Data-Centric System Threat Modeling. National Institute of Standards and Technology. U.S. Department of Commerce.

9. Neil Robinson, Luke Gribbon, Veronika Horvath, Robertson Cyber-security threat characterization - A rapid comparative analysis. (Cambridge: Rand Europe, 2013).

2장

취약점은 어디에 있을까?

위험은 모든 시스템에 존재한다. 이는 혁신적인 도전을 수행하는 중 자연적으로 발생하는 특성이기 때문에 새로운 시스템이 개발되기 전과 개발 중 그리고 개발된 이후를 예상해야 한다. 일반적으로 금융 시스템에서 취약점을 찾아볼 수 있으며, 조직에서는 위험을 파악하고 위험 처리 과정을 실시하고 잠재적인 결과를 파악하기 위해서 다양한 방법과 기법을 적용할 수 있다. 배치된 기술, 기업 프로세스 아키텍처 및 인력을 비롯해 금융 시스템 아키텍처의 모든 측면에서 위험이 존재한다. 상호 연결성interconnectedness은 연결된 기업 전체를 대상으로 새로운 취약점을 만들고 단계적인 영향을 미칠 가능성을 만들어낸다.

사이버 보안 취약점

취약점 평가는 시스템 취약점의 성격과 정도를 결정하는 시작점이며 기술적인 측면과 비기술적 측면의 균형과 같은 요인을 기반으로 다양한 형태를 취할 수 있다. 특정 취약성 평가는 해당 시스템의 고유한 특성을 반영해야 한다. 가장 폭넓은 의미에서 '시스템'이라는 용어를 고려하면 기술, 프로세스, 인적 영역이 포함된다. 배

© Paul Rohmeyer, Jennifer L, Bayuk 2019
P, Rohmeyer and JL Bayuk, Cybersecurity Risk Management,
https://doi.org/10.1007/978-1-4842-4194-3_2

치된 기술의 상대적 정교함, 프로세스 혁신의 정도 또는 최신 기술 프레임워크의 지원과 같은 요소는 모두 취약점 평가의 범위에 큰 영향을 미쳐야 한다.

기술적 취약점

사이버 보안 위협은 공개된 기술적 취약점의 공격 방법을 활용하고 미공개된 취약점을 발견하는 방법을 찾고 있기 때문에 끊임없이 변화하고 있다. 취약점은 모두 기술적인 부분에서 발생한다. 고려해야 할 가장 중요한 변수 중 한 가지로 시간이 있다. 다음은 기술의 취약점 수명주기Vulnerability Life Cycle의 시간 흐름을 요약했다.

1. 누군가가 시스템 내의 취약점을 발견한다.

2. 익스플로잇 코드가 개발된다. 결함을 통해 보안상의 침해가 가능하거나 결함을 입증하기 위한 자체 소프트웨어를 제작한다.

3. 공격 코드가 배포된다. 자체 제작 소프트웨어가 목표 시스템으로 전달된다.

4. 취약점을 악용한 공격이 시작됐다. 새로운 익스플로잇 코드를 실행하고 공격에 성공한다.

5. 공격을 받은 측에서 공격당한 것을 발견한다. 피해자(사용자 또는 벤더 vendor)가 공격을 당한 것을 알아차리고 조사를 시작한다. 이 단계에서 새로운 취약점이 잠재적인 공격자와 피해자 모두에게 공개적으로 드러난다.

6. 공격 시그니처signature를 식별한다. 탐지 가능한 공격 패턴을 식별하고 침입 탐지 및 멀웨어 방지 시스템으로 모델링한다.

7. 결함 수정fix을 개발한다. 각 시스템 내에서 결함을 수정하는 방법은 일반적으로 소프트웨어 패치, 설정 변경 또는 두 가지의 조합을 통해 설계된다.

8. 수정 사항을 배포한다. 수정된 소프트웨어는 취약한 시스템의 모든 인스턴스instance에 설치된다(즉, 패치가 적용된다).

9. 자동화 스캐닝이 가능하다. 취약점 검색 소프트웨어 도구는 업데이트돼 정기적으로 재실행돼 결함이 수정되지 않은 인스턴스를 탐지한다.

이러한 단계들 사이에 불확실한 시간차가 있기 때문에 취약점 조사와 분석을 포함, 직접적인 관찰로 탐지가 가능하다. 시스템 결함이 발견되면 주기가 시작된다. 일단 취약점이 알려지면 공격자들이 새로 발견된 결함을 이용하기 위한 익스플로잇 코드를 개발하는 것은 시간 문제일 뿐이다. 즉, 시스템 제조업체나 사용자가 결함이 있는 것을 알기 전에 공격자가 익스플로잇을 배포하면 공격자는 사용자 시스템에 탐지되지 않고 문제없이 접근할 수 있을 것이다. 이러한 시나리오를 '제로 데이zero day' 공격이라고 한다. 그러나 기술업체가 공격자나 사람들보다 먼저 결함을 발견하면 공격자가 공격을 시작하기 전에 소프트웨어 패치 같은 기술적 수정 사항을 개발할 수 있다. 물론 시스템 사용자는 공격자를 저지하기 위해 패치를 적용해야 한다.

따라서 공격자에게는 성공적인 침입을 위한 두 가지 유형의 기회가 있다. 첫 번째는 아무것도 모르는 사용자가 공격자의 전술을 대비하거나 인지하지 못할 때 발생하는 제로 데이 공격이다. 두 번째 유형의 기회는 제조업체가 결함을 인지하고 수정된 코드를 사용할 수 있게 했음에도 시스템 사용자가 시스템을 수정하기 위해 신속한 조치를 취하지 않을 때 발생한다.

록히드 마틴Lockheed Martin사에서 기술한 사이버 킬 체인Cyber Kill Chain에서는 APT의 특징과 굉장히 유사하게 다음의 단계로 식별했다.[1]

1. **정찰**Reconnaissance: 공격자가 대상 환경을 탐색해 취약점을 식별한다.

2. **무기화**Weaponization: 공격자가 공격 목표의 약점에 맞게 악성코드를 제작한다.

3. **전달**^{Delivery}: 공격자가 멀웨어를 공격 대상 네트워크에 전달한다.

4. **공격**^{Exploitation}: 공격자의 계획에 따라 내부적으로 멀웨어를 실행한다.

5. **설치**^{Installation}: 공격 대상 환경에 멀웨어를 설치한다.

6. **명령 및 제어**^{Command and Control}: 멀웨어가 공격자의 시스템과 통신한다.

7. **목표를 대상으로 공격 수행**^{Action on Objectives}: 멀웨어가 데이터 유출과 같은 공격자의 목표를 달성한다.

여기에 제시된 모델 간의 근본적인 차이점은 취약성 환경의 중요한 특성을 보여준다. 사이버 킬 체인은 특정 공격 대상을 목표로 하는 APT 공격을 의미 있게 설명했다. 이 취약점은 식별된 대상에 관한 독특한 행동을 반영한 반면, 앞에서 설명한 취약점 수명주기는 일반 환경을 대상으로 좀 더 기회 중심적이고 특정한 표적을 두지 않는 특성을 반영했다. 취약점 수명주기는 새롭게 발견된 결함이 공격에 취약한 것으로 발견됐을 때, 다양한 공격 목표에 대해 새로운 전략을 실행에 옮기려는 공격자들 사이에서 정보가 공유됨에 따라 발생하는 긴급한 사건의 흐름을 반영했다.

또 다른 차이점은 사이버 킬 체인이 취약점 발견과 공격을 결심한 고도로 숙련된 공격자가 익스플로잇 개발(무기화)을 묘사했으며, 일반화된 취약점 발견^{Vulnerability Discovery}은 공격자가 잠재적으로 공격 가능한 범위 내에서 가능성이 높은 방식으로 새로운 익스플로잇을 적용할 것이라는 사실을 반영했다. 이는 일반화된 취약점 수명주기를 이용할 수 있는 숙련도가 떨어지는 공격자일지라도 공격할 가능성이 있다는 것을 의미한다. 결과적으로 금융 시스템의 대다수의 공격이 취약한 공격 목표를 대상으로 '따라 하기^{copy-cat}(이전에 성공한 공격의 반복)'를 시도할 것으로 예측할 수 있다. 이는 "운이 좋은" 공격자가 공격 대상의 공개된 취약점을 발견하기 이전에 신속한 보완 조치를 취해야 하는 필요성과 시점의 중요성을 강조한다.

2017년에 일어난 에퀴팩스^{Equifax} 침해 사고는 공개된 취약점을 수정하기에 허용된 시간은 짧으며, 심지어 점차 줄어들 가능성이 있음을 보여줬다. 또한 소프트웨어 취약점을 관리하는 문제가 얼마나 복잡한지 증명했다. 다음의 논평은 아파치 프로젝트 관리 위원회가 Apache.org 웹사이트에 게시한 내용이다.

> 우리는 아파치 스트럿츠(Apache Struts) 프로젝트 관리 위원회로서, 개발 팀이 제작하는 소프트웨어를 안전하게 만들고 보안을 강화하기 위해 엄청난 노력을 기울이고 있으며 언제나 문제를 해결하기 위한 것에 관심을 두고 있다.
>
> 아파치 보안 정책에 따라 가능성이 있는 보안 문제를 통보받으면 보고한 주체와 개인적으로 협력해 문제를 재현하고 수정한 뒤 발견된 취약점을 해결한 릴리스(release)를 배포한다. 그런 다음, 문제의 설명과 해결 방법을 공개적으로 발표한다. 익스플로잇 코드가 공개됐을지라도 스트럿츠 프레임워크 사용자가 소프트웨어 제품을 패치하기 위한 시간을 최대한 길게 잡기 위해 실제로 공격이 발생하기 전에 해당 정보의 공개를 몇 주 동안 보류한다. 그러나 취약점 탐지 및 공격은 전문적인 사업이 됐기 때문에 문제의 취약점을 수정하는 코드를 역공학하거나 아직 알려지지 않은 취약점을 스캐닝해 공격 벡터(attack vector)가 대중에 공개되기 이전에 취약점을 발견해 공격을 시도할 가능성은 언제나 높은 편이다.[2]

조직에서 취약점 발견과 취약점 공격의 끝없는 반복 과정을 추적해야 하는 복잡한 문제를 해결하는 데 도움이 될 만한 다양한 관리 기술이 있다. 그러나 에퀴팩스의 사례는 기술적인 복잡성을 입증하는 동시에 도구만으로는 문제를 해결할 수 없음을 의미한다. 즉, 취약점 관리는 기술은 물론 사람과 프로세스를 비롯한 모든 기업 아키텍처 요소를 활용하는 일관되고 포괄적인 방법으로 접근해야 한다(그림 2-1).

그림 2-1. 소프트웨어 업데이트

신기술

혁신은 기술 프로젝트의 일반적인 동인이다. 이와 같이 모든 프로젝트에는 신기술의 사용, 사용 중인 기술의 변화, 조직의 변경 혹은 세 가지 조합에 따른 위험이 존재한다. 전 세계(또는 조직)에 최신 기술을 적용할 때 조직의 환경에 신규 취약점을 추가하는 부작용을 가져올 수 있다. 신기술 도입을 추진하는 경우, 경쟁 우위를 확보하고자 관련 위험 요소를 완전히 파악하기 전에 신기술을 도입해야 하는 경우가 있다.

'캐즘chasm' 이론을 만든 제프리 무어Geoffrey Moore는 일반적인 기술 채택 수명주기를 다음과 같이 설명했다. 무어는 신기술을 신속하게 받아들일 수 있는 선도적인 혁신가와 비전가로부터 시작하는 기술 채택 프로세스를 관찰했다. 불확실성과 지연의 기간(캐즘)을 거친 이후 신기술은 열광적인 전파와 흥분의 광풍과 함께 폭넓게 받아들여진다. 결과적으로 새로운 기술은 널리 보급되는 '주류 시장으로의 편입Main Street' 단계에 들어서고, 뒤늦게 기술을 받아들이는 사람들이 일반적인 대중에 편입돼 결국에는 완전히 동화된다고 무어는 말했다.[3]

우리는 무어의 '기술 수용 이론theory of technology adoption'을 위험한 시각에서 바라볼 수 있고 사이버 보안에 새로운 기술이 미치는 영향을 참고할 수 있다. 혁신가와 비전가는 상대적으로 고수준의 위험을 수용하고 있으며, 시장에서 이익을 얻기 위해 기꺼이 이러한 방식의 행동을 하는 것을 알고 있다. 다른 조직은 신기술의 가능성을 인정하지만 조직에 따라서 위험 성향risk appetite이 다르기 때문에, 다양한 수용 요소의 불확실성이 사라질 때까지 기다릴 것이다. 다시 말해 위험은 무어의 캐즘 단계를 통과하는 개념에서 중요한 역할을 한다. 따라서 기능적 특성과는 별개로 특정 신규 기술과 관련해 유효하고 효과적인 위험 처리 방식을 인지하는 것은 경쟁 우위를 확보하기 위한 핵심적인 제한 요소다. 일단 위험을 해결할 수 있다고 판단되면 본격적으로 기술을 받아들이는 토네이도 단계가 시작될 수 있다.

따라서 사이버 보안은 신기술 채택 주기의 핵심 구성 요소다. 열성적인 사업 관리자는 신기술의 새로운 위험 요소에 관한 이해 없이 사업을 진행할 수 없다는 것을 알고 있다. 또한 신기술의 위험 관점은 각 조직의 위험 성향에 비춰 고려돼야 한다.

규제 지침은 신기술 채택 주기의 일부로서 기술 위험 평가의 필요성을 오래전부터 알고 있었다. 미국 통화감독청OCC, Office of Comptroller of the Currency 공시 1998-3은 1998년에 발간됐으며 다음 내용이 명확히 서술돼 있다.

> 신기술 채택 여부 또는 기존 시스템 업그레이드 여부를 고려할 때, 은행은 전반적인 전략 목표와 시장의 맥락에서 해당 기술을 어떻게 사용할 것인지 평가해야 한다.[4]

신기술 유입이 위험의 발생 원인임을 인지한 이후 이를 후속 지침으로 포함했다. 많은 금융기관에서 중요한 신기술 도입 이전에 사전 구현 위험 평가를 수행하고자 정책 결정을 통해 이러한 요구 사항을 구현했다.

그렇다면 1998년 이후로 무엇이 달라졌을까? 변화의 속도, 금융 시스템의 복잡성, 기관과 시장 간의 상호 연관성 등 긴급함이 요구되는 사항이 추가됐다. 그 결과 위험 사건이 지속적으로 증가하고 이에 따른 위험 부담이 훨씬 커졌다. 신기술을 통해 새롭게 취약점이 발생할 가능성도 지속적으로 높아지고 있다.

인적 영역의 취약점

인적 요소가 취약점이 되거나 취약점이 될 수 있는 가능성이 있는 것은 분명하다. 모든 조직에서 신뢰할 수 있는 내부자 역할의 특성은 사이버 보안의 핵심 문제 중 한 가지를 만들어낸다. "올바른" 시점에 "올바른" 사람들에게 "적절한" 수준의 접근 권한을 제공해야 한다. 접근 권한을 부여하는 시점과 같이 복잡한 문제로 인해서 나중에 위협이 될 수 있는 직원의 배경 조사처럼 어려운 문제가 생길 수 있다. 또한 시스템과 데이터에 접근하려는 개인은 굉장히 위협적이지만 단서가 없기 때문에 인가받은 시스템 사용자인 것처럼 보일 수 있다. 최신 위협을 반영한 보안 교육을 받지 않은 직원은 새로운 공격 패턴에 대비가 되지 않아 의도하지 않았지만 취약할 수 있다. 사이버 보안 지도자들 사이에 널리 퍼진 배경 조사의 효과에 관한 억측을 자제해야 하는 이유가 바로 여기에 있다.

배경 조사가 중요하지 않다는 말이 아니다. 오히려 내부자의 사이버 보안 위험을 줄이거나 예방하기 위한 결정적인 통제에 해당한다. 그러나 앞에서 설명한 시점 요소와 같은 관점을 처리할 수 있는 탐지나 대응의 장점을 제공할 수 있는 보완 통제가 전무하며 배경 검사의 의존도가 굉장히 높은 것을 알 수 있다. 따라서 통제 설계에 개별 위험 처리의 연속적 계층화를 포함하도록 사이버 보안의 인적 관점과 관련된 문제는 프로그램 방식으로 검토해야 한다. 예를 들어 배경조사는 위험을 줄이거나 예방할 수 있으며, 권한을 보유한 계정 사용의 모니터링을 통해 탐지가 가능하며, 내부자를 조사하기 위한 특화된 단계를 통해 대응 방안을 안내해줄 수 있다.

내부자와 관련한 또 다른 중요한 개념은 의도적인 요소와 의도하지 않은 요소를 모두 고려하는 것이다. 그동안 의도적으로 적대적인 행동을 하려는 내부자 시나리오에 많은 관심을 기울여왔다. 적대적인 내부자는 기업 내에서 일종의 잠복 간첩sleeper cell 역할을 할 수 있으며, 접근 권한이 유효한 시점까지 합법적인 수단을 통해 접근하고 악성 행위를 수행하기 위해 접근 권한을 적절하게 활용할 수 있다. 신원이 보증된 은행 직원이 신분 도용을 용이하게 하기 위해서 고객 데이터를 유출시켰던 수많은 사례를 예로 들 수 있다. 내부자의 악성 행동의 원인으로 잠재적인 금전적 이득을 꼽을 수도 있지만, 불만을 품은 직원의 감정적인 행동일 수도 있다. 동인과 관계없이 접근 권한이 부여된 이후에 보완적인 탐지 및 대응 통제 없이 조사하는 것은 적절한 계획이 아니라는 문제가 남아 있다.

의도하지 않은 취약점은 일반적으로 내부자의 지식이나 이해 부족 때문에 발생한다. 기본적인 지식 요구 사항은 시간이 흐름에 따라 변화하기 때문에 지속적인 교육과 훈련이 필요하다. 프로세스와 시스템 환경에 관한 이해와 준비가 부족한 직원은 다양한 기술과 사회 공학 전술을 갖춘 공격자의 주요 공략 대상이 된다.

마찬가지로 취약한 업무 절차business process 설계는 취약점을 만들 수 있다. 종종 내부 감사 및 통제 감독은 통제 설계 평가와 통제 운영 효과에 중점을 둔다. 그러나 절차에서 발견되지 않은 취약점의 형태로 더 큰 문제가 존재할 수 있다. 예를 들어 직무 분리SOD, Segregation of Duties는 업무 절차 설계의 기본 통제 전략으로 구축되는 경우가 많다. 직무 분리에 의존하는 것은 금융기관 내에서 보편적이다. 미국 공인회계사협회AICPA는 직무 분리를 적용하지 않은 환경의 취약점을 다음과 같이 설명했다.

> 핵무기 시스템의 열쇠, 자물쇠, 코드가 모두 한 사람의 손에 맡겨진다면 어떤 일이 벌어질지 상상해보자! 감정, 강요, 협박, 사기, 사람의 실수 혹은 잘못된 정보를 통해서 돌이킬 수 없는 값비싼 결과를 야기할 수 있다. 또는 감독, 품질 보증 또는 접근 권한 인증 없이 코드를 실제 환경으로 옮길 수 있는 권한을 갖춘 소프트웨어 엔지니어를 생각해보자.[5]

직무 분리는 오래전부터 중요한 통제 전략으로 간주돼 왔다. 그러나 여러 유형의 금융 사기와 같은 원치 않는 행동을 궁극적으로 초래하는 여러 담당자의 협력에 해당하는 공모collusion에는 위험 통제가 효과적이지 않다. 이러한 문제는 굉장히 현실적이며 신뢰할 수 있는 내부자 간의 공모는 정기적으로 발생할 수 있다. 이를 무시하거나 "공모를 통제할 수 없다"고 생각하는 기존의 통제를 답습하기에는 현재 환경에서 공모는 굉장히 간단하다. 이는 앞서 제안한 보호, 탐지 및 대응 통제의 계층화된 환경의 필요성을 보여준다. 또한 부정행위 탐지를 위한 노력은 내부 통제 환경의 일부 또는 보완 수단으로 간주해야 한다. 기업이 침해당했다고 표현하는 부정적인 이벤트를 탐지하기 위한 철조망과 같은 역할을 하기 때문이다.

실제 예제: 비즈니스 전자메일 침해

비즈니스 전자메일 침해의 빈도와 그 심각성의 증가는 다양한 형태의 취약점의 누적 효과를 생생하게 보여준다. 비즈니스 전자메일 침해는 새로운 현상이 아니며 기술적 관점에서도 상당히 정교하다. 그러나 사람의 다양한 취약점을 극대화시키는 것은 관리가 잘 이뤄지는 조직에서 대량의 자금을 빼내는 데 굉장히 효과적인 것이 입증됐다. 다양한 대상에게 수십억 달러의 손실을 입혔으며, 조직을 노리는 공격의 비율은 약 90%에 달한다.[6] 비즈니스 전자메일 침해는 단일 공격 내에서 사람과 프로세스, 기술 취약점을 악용하려는 위협이다.

FBI는 비즈니스 전자메일 침해 공격에서 다음과 같은 공통적인 단계를 식별했다.[7]

1. **목표 식별**: 웹사이트와 연례 보고서를 포함한 공개 자료를 통해 수행할 수 있다.

2. **공격 대상 정리**: 공격자는 스피어피싱spear-phishing 또는 긴급 전화와 같은 사회 공학 기법을 사용해 종종 금융 및 기타 금융 거래를 수행할 수 있는 권한을 지닌 직원을 설득하고 위협할 수 있다. 이 단계는 며칠, 몇 주 또는 몇 달이 걸릴 수 있다.

3. **정보 교환**: 일단 효과적으로 정리됐다고 판단되면 공격자는 공격 대상의 조직에서 공격자에게 자금을 보낼 것을 요청하는 것과 같은 합법적인 금융 거래로 분류될 만한 행동을 할 것이다.

4. **전신 송금**wire transfer: 공격자는 공격 대상이 전자적으로 자금을 공격자의 1차 계좌로 이체하도록 설득할 것이다. 일단 공격자의 기본 계좌에 자금이 이체되면 공격자는 2차 계좌로 자금을 옮길 것이다.

비즈니스 전자메일 침해 가운데 악용되는 취약점의 특성을 고려할 때, 취약점의 전체적인 흐름의 복잡성을 고려해야 한다. 악의적인 코드 링크를 포함하는 사기성 전자메일 또는 피해자가 메시지를 열 때 악의적인 코드를 전달하는 등의 기술적인 요소가 있다. 인적 영역에서도 마찬가지다. 정신이 산만하거나 준비가 안 된 직원은 무의식적으로 비즈니스 전자메일 침해의 희생양이 될 수 있다. 프로세스 차원도 명확하다. 피해자의 전자메일 계정이 유출되면 공격자는 승인 단계가 부적절한 경우와 같은 프로세스 통제상의 약점을 신속하게 식별할 수 있기 때문에 절차상의 결함을 악용하는 기만적인 방법을 개발할 수 있다. 비즈니스 전자메일 침해 시나리오에서 볼 수 있는 취약점을 줄이기 위한 잠재적 위험 처리 방법은 분명히 있다. 그러나 일반적인 취약점을 굉장히 잘 파악하고 있으며, 돈을 훔치기 위해서 직원을 속이는 것이 최선의 방법이라고 결심한 위협 행위자를 저지하기 위해 일관되고 효과적이며 믿을 만한 통제 방법을 많이 배치하는 것은 어렵다.

결과의 이해

'침해breach'라는 용어는 신뢰 위반, 신념 위반 또는 약속 위반과 같은 위배의 성향을 띤다. 사이버 보안에서 침해는 금융기관에 대해 훨씬 더 부정적인 관련성을 갖는 또 다른 의미를 전달한다. 이는 또한 갭gap을 나타낼 수도 있다. 문자 그대로 침해 또는 갭은 하나 이상의 사이버 보안 통제만을 의미할 수 있으며, 여기서 통제란 비즈니스 운영의 관리 통제를 의미한다. 더욱이 사이버 보안 문맥은 기술 통제, 특히 관리가 기술을 통제할 수 있게 해주는 기업 통제의 하위 집합을 의미한다. 따라서 사이버 보안 침해의 가능성은 데이터를 보호하고 보존하기 위한 '예방적' 기술 통제에 의존하는 모든 사업에서 중요 관심사다. 사이버 보안 통제는 데이터의 기밀성, 무결성 또는 가용성에 대한 침해를 방지하거나 감소시키기 위한 것이다. 이러한 통제가 무너졌을 때 경영진이 금융 운영을 제공하기 위해 사용하는 기술을 완전히 통제하지 못하는 것을 의미한다.

사이버 보안 침해에 관한 금융업계의 우려는 다양한 부정적인 결과가 발생할 가능성으로 인해 나타난다. 최소한의 영향을 미치는 작은 침해일지라도 관리 상태에 근본적인 우려가 생길 수 있다. 금융기관의 비즈니스 모델은 경영진이 금융 거래의 무결성을 유지하고 금융 자산을 보호하거나 보존할 수 있다는 신뢰를 기반으로 한다. 모든 금융 자산은 컴퓨터 시스템에서 관리하기 때문에 규모와 상관없이 사이버 보안 침해는 즉각적이고 중대한 평판 위험을 만들어낼 수 있다.

예방적 통제의 실패를 탐지하고 침해부터 복구하기 위해 설계된 정보보안 통제가 있지만, 탐지 및 복구 메커니즘이 사이버 공격에서 공격 대상이 되는 주요 통제가 아니라는 점을 이해하는 것이 중요하다. 이러한 탐지 및 복구 통제를 활용하고 가치를 극대화하기 위해 예방 통제를 위반하는 일이 발생했다. 따라서 즉시 탐지 및 교정되지 않는 사이버 공격은 즉각적으로 교정되는 것보다 훨씬 더 큰 우려를 야기할 수 있다. 모든 통제 위반은 사이버 공격으로 인해 발생한 결과가 아닌 점을 이해하는 것도 중요하다. 예방 통제는 사람의 과실로 인해 위반이 발생할 수 있으며, 이와 같은 탐지와 복구 통제가 효과적일 것으로 예상할 수 있다. 그러나 이번 논의의 목적상 정보보안 예방 통제가 악의적인 공격자로부터 데이터의 기밀성, 무결성 또는 가용성을 보호하지 못하는 상황에 대해서만 언급하는 사이버 보안 침해와 관련한 좁은 범위의 정의를 채택할 것이다. 즉, 금융기관의 사이버 보안 위반을 데이터 관리 통제의 붕괴로 정의한다.

미 연방금융회사검사위원회US Federal Financial Institutions Examination Council가 설명한 것과 같이 통제 약점으로부터의 잠재적 악영향은 다음과 같이 발생할 수 있다.[8]

- 인가받지 않은 개인에게 정보 유출
- 서비스 사용 불가 또는 성능 저하
- 정보 또는 서비스의 도용 또는 도난

- 시스템 또는 정보의 수정 혹은 파괴

- 시기가 적절하지도, 정확하지도, 완전하지도 않거나 또는 일관성이 없는 기록

이러한 영향은 정보 유실(기밀성 통제 위반), 계정 탈취 사기(무결성 통제 위반) 또는 금융 서비스 중단(가용성 통제 위반)에 이르기까지 침해 사항의 성격에 따라 다르다. 세 번째 경우인, 효과적인 공격에서 대해서만 해당 침해 사항이 공개될 것이다. 이러한 이유로 많은 금융기관은 사이버 보안 침해 사건을 영향과 관련된 다른 우연한 사건 유형으로 분류하려고 한다.

예를 들어 소비자의 신용카드 데이터가 침입자에 의해 도난당한 다음 침입자가 사기성 구매로 사용하는 사이버 보안 침해인 "카드 미 제시"는 사기, 전화 또는 인터넷을 통해 구매하는 일반적인 경우가 아니기 때문에 판매자는 카드 소지자의 카드 소지 여부를 확인할 수 없다. 이러한 유형의 사기는 지갑을 잃어버렸을 때 일어날 수 있기 때문에, 이 범주는 근본적인 원인으로 사이버 공격의 성공을 언급하지 않는다. 영향을 받은 고객은 기밀성 통제가 잘못됐다고 의심할 수 있지만, 헤드라인 뉴스가 되지는 않을 것이다. 평판 위험을 회피하는 것은 금융 산업에서 '고객의 대규모 이탈^{run on the bank}'의 두려움으로 촉발된 본능적인 반응이다. 즉흥적인 대응이 언제나 임시적인 대응에 해당하는 것은 아니지만 은행이 사이버 보안 접근 통제를 유지할 수 없다면 잔액 무결성 및 계정 가용성과 같은 다른 예방 통제 또한 유지할 수 없을 것이라고 논리적으로 생각할 수 있다.

금융기관의 사이버 보안 침해에 관한 정의에 주목해보자. 데이터 관리 통제의 붕괴는 해당 기관에서 적절한 통제를 받지 않은 것을 의미하며 어떻게든 우회된 것이다. 기술에 대한 비즈니스 요구 사항의 일부로서 적절한 통제 계획은 정보 기술을 위한 자체적인 통제 목표다. 표 2-1은 정보시스템감사통제협회^{ISACA, Information Systems Audit and Control Association}가 위험 고려 사항을 기술 계획 프로세스에 통

합시키는 방법을 제시했다.[10] 사이버 보안 위반 위험은 침해될 가능성이 있는 세 가지 공통적인 통제 목표인 정보의 기밀성, 무결성 및 가용성으로 나눌 수 있다. 하지만 금융 서비스가 이러한 기본 통제에서 침해 사고가 발생하면 다양한 영역에서 영향을 받을 것이다. 표 2-1은 기술 관리의 모든 측면에서 보안 고려 사항이 보편적인 것을 보여준다.

표 2-1. 사이버 보안 위험에 ISACA 프로세스 대응[9]

프로세스 영역	사이버 보안과 관련된 통제 원칙
평가, 직시 및 모니터링	위험 최적화 보장
정렬, 계획 및 구성	보안 관리
구축, 획득 및 구현	요구 사항 정의 관리, 변경 관리, 자산 관리, 구성 관리
제공, 서비스 및 지원	서비스 요청 및 사건 관리, 연속성 관리, 보안 서비스 관리
모니터링, 심사 및 평가	내부 통제 시스템 모니터링, 심사 및 평가

이는 단순히 긴급하거나 내부 혹은 외부에서 처리하는 것과 관계없이 기술 인프라 내에서 사이버 보안 통제 환경이 필요하다는 메시지를 금융기관에 전달한다. 계획된 경우에는 정보 기밀성, 무결성 및 가용성이 사이버 위협으로부터 보호되는 범위를 파악하지 못했어도 알 수 있는 것은 있다. 알려진 것known과 알 수 있는 것knowable은 계획에 따라 구현된 정보 기술 통제 환경의 속성을 측정하는 것으로 구분할 수 있다. 그러나 계획되지 않은 경우 정보가 보호되는 범위를 실제로 알 수 없으며, 정보가 취약할 가능성이 굉장히 높다. 현명한 사람들이 급변하는 환경에 세심한 주의를 기울이는 오늘날에도 사이버 보안 통제를 유지하고 감시하기란 쉽지 않다. 중앙 보안 그룹에 책임을 위임해 주의를 기울이지 않을 경우 반드시 통제가 위반되는 것은 아니지만, 통제가 없을 경우는 상황이 전혀 달라진다. 이런 상황에서 전문적인 평가는 때때로 통제가 "취약하다"고 결론을 내릴 것이다.

보안 문제가 미치는 영향을 이해하는 가장 좋은 방법은 사이버 보안 통제가 한계까지 확장될 수 있는 잠재적인 위험 시나리오를 식별하고 근본 원인으로 간주되는 시나리오의 산출물을 이끌어낼 수 있는 결과를 결정하는 것이다. 근인近因, proximate cause이라는 단어는 사이버 보안 사건으로부터 일반적으로 가정할 수 있는 결과를 향해 나아가는 근본적인 원인으로서 확인하기 위한 것이다. 예를 들어 근본 원인으로 간주되는 멀웨어 공격은 모든 데스크톱을 사용할 수 없는 중간 소프트웨어 프로세스의 장애가 발생한 가정으로 이어질 수 있다. 그러나 특정 금융기관에 대한 사이버 보안 침해의 근본적인 원인으로 간주되는 멀웨어 공격에 관한 일반적인 지식으로는 충분하지 않다. 기관에서 취약했던 멀웨어 표본 관련 샘플의 운영, 해당 멀웨어 샘플이 최초의 내부 디바이스에서 로드된 방법, 금융기관의 환경에 설치된 이후 잠재적인 후속 결과에 관해 더 많은 것을 파악해야 한다.

멀웨어 공격은 1980년 이후부터 상세히 분석된 정보가 많기 때문에 좋은 예제에 해당한다.[11] 앞에서 설명한 록히드 마틴사의 사이버 킬 체인은 일련의 순차적 단계를 설명함으로써 공격자가 사용하는 멀웨어 시나리오 분석 기반으로 사용할 수 있다.[12]

시나리오 분석을 통한 취약점 평가는 공격 단계를 조사하고 공격 시나리오 전문가(멀웨어 분석가)와 브레인스토밍을 진행하며, 가능성이 있는 완벽한 공격 벡터 집합을 작성하는 작업이 필요하다. 멀웨어 시나리오에서는 내부 운영체제와 호환되는 악의적인 소프트웨어, 금융기관 또는 유사 기관을 공격하려는 동기를 지닌 공격자 및 내부 사용자가 쉽게 사용할 수 있는 정보에 초점을 맞출 수 있다. 이것은 금융업계가 오래전부터 내부로부터 공격이 시작됐으며, 금융기관의 시나리오 분석 실무와 관련해 확산 중인 산업 스파이 사고가 증가할 가능성이 있다고 가정하는 것이 중요하다. 간단히 말해 내부 네트워크 이용자가 이용할 수 있는 모든 정보는 이미 공격자의 수중에 있다고 가정해야 한다. 공격자가 인터넷 포트

스캔 및 직원, 계약자, 고객의 소셜미디어 게시글을 공격 정찰 단계에서 대량으로 수집할 수 있기 때문이다.

멀웨어 시나리오 분석에서 기관이 취약한 기술 공격 벡터를 표 형식으로 작성해 공격의 각 단계를 저지할 수 있는 통제가 있는지 판단한다. 표 2-2는 마이크로소 프트 데스크톱, 리눅스 웹 서버 및 메인 프레임 데이터베이스를 사용하는 3계층 기술 아키텍처를 보유한 교육 기관의 예제에 해당한다.

표 2-2. 멀웨어 공격 벡터의 예

킬 체인 단계	공격 1	공격 2	통제
정찰 (reconnaissance)	인터넷 스캔을 통해 내부 IP와 소프트웨어를 확인한다.	인터넷 스캔을 통해 전자메일 원격 접속 서버의 버전을 확인할 수 있다.	없음
무기화 (Weaponization)	웹 서버 취약점을 위한 내부 네트워크를 스캔하는 멀웨어를 제작한다.	원격 액세스 전자메일 클라이언트의 받은 편지함에 접근하기 위해 직접 첨부하는 멀웨어를 제작한다.	없음
전달 (Delivery)	웹 서버 관리자에게 웹 벤더로부터 소프트웨어 업데이트 알림으로 위장한 멀웨어 전자메일 링크를 전송한다.	메인 프레임 데이터베이스를 사용하는 것으로 파악된 내부 사용자의 전자메일 주소로 가짜 쇼핑 링크를 보낸다.	인바운드(inbound) 스팸 및 피싱 전자메일 필터
익스플로잇 (exploit)	관리자는 공격 프로그램(weapon) 다운로드를 시작하는 링크를 클릭한다.	사용자가 공격 프로그램의 다운로드를 시작하는 링크를 클릭한다.	관리자용 프록시 샌드박스, 피싱 전자메일을 피하기 위한 사용자 교육
설치 (Installation)	브라우저 스크립트가 백그라운드 서비스로 관리자 데스크톱에 멀웨어를 설치한다.	전자메일 클라이언트는 내부 전자메일 클라이언트 자동 실행 기능을 익스플로잇해 내부 브라우저에 설치되는 데스크톱으로 원격으로 접속 가능한 스크립트를 로드한다.	일부 데스크톱 안티 바이러스, 관리자용 프록시 샌드박스

킬 체인 단계	공격 1	공격 2	통제
명령 및 통제 (Command and Control)	공격자는 멀웨어가 스캔을 실행하도록 지시하고, 웹 서버를 찾고, 웹 소프트웨어 취약점을 이용해 사용자 데이터를 탐색하고, 공격자가 다시 사용하기 위해 웹 서버에 남겨 둔다. 브라우저가 시작될 때마다 데이터를 보내고 다음 명령을 검색하기 위해 공격자의 사이트에 접속한다.	시간이 지나고 메인 프레임 데이터베이스를 식별하고, 데이터베이스 클라이언트를 설치하고, 사용자 데이터를 검색하고, 파일 공유 사이트로 전송한다.	민감한 데이터는 안전하게 파일 위치를 제한하며, 인가받지 않은 위치에서 접근하는 것을 탐지하기 위해 주기적으로 검사를 수행한다.
목표를 대상으로 실행 (action on Objectives)	공격자가 웹 서버에서 데이터를 획득한다.	공격자는 파일 공유 사이트에서 데이터를 가져온다.	일부 알려진 공격자 사이트와 일부 파일 공유 사이트를 차단한다.

시나리오 분석은 일반적으로 시스템에 대한 익스플로잇 테스트를 포함하지 않는 대신 시스템의 주제 전문가가 시스템이 제시된 대로 시나리오에 대응하는 방법에 관한 정보를 자원해 제공하기 때문에 일종의 '탁상 훈련tabletop exercise'으로 간주할 수 있다. 이러한 측면에서 사이버 보안 시나리오는 기존의 정보보안 통제 자체 평가와 굉장히 유사하다.[13] 하지만 몇 가지 차이점이 있다. 그중 한 가지는 기존의 정보보안 자체 평가가 관심을 갖는 하나의 시스템에 초점을 맞추고 있다는 점이다. 사이버 보안 시나리오 분석에서 특정 시스템이 해당 위협에 취약할 수 있는지를 식별하기 위해 모든 시스템에 대해서 하나의 특정한 유형의 위협에만 초점을 맞춘다. 또한 전통적인 정보보안 통제 자체 평가에서는 온전히 기술 통제에만 초점을 맞추고 있다. 사이버 보안 시나리오 분석에서 잠재적인 홍보, 법적 및 인적 자원 대응을 포함한 영향, 반응 및 대응의 모든 측면을 고려할 수 있다. 시나리오 분석은 시나리오 개발에서부터 시나리오 선택 과정에서 다양한 전문 지식을 열거한 다음 선발된 전문가들과 함께 합동 토론으로 진행된다. 이 토론은 탁상 훈련에 해당하며 참석자는 탁상 훈련의 참가자다. 시나리오 분석 실무의 탁

상 훈련에 초대된 참가자는 시나리오 자체를 검토하고 주석을 달고 현재 환경의 통제로 인해 기관이 공격자를 탐지할 수 있는지 의견을 말한다. 즉, 사후 통제 취약점의 정도를 보여준다. 시나리오 토론을 유도하는 질문은 실제 보안 사건이 있는 경우 이러한 주제 전문가가 묻는 질문과 같다. 표 2-3은 시나리오 분석을 용이하게 하기 위한 토론 논점의 예시다.

표 2-3. 토론의 요점: 시나리오 분석[14]

처음 문제를 어떻게 탐지했습니까?
언제 누가 탐지한 것입니까?
영향을 받는 환경에 있는 보안 인프라 구성 요소가 있습니까? (예: 방화벽, 안티 바이러스 등)
어떤 사람들이 사건을 알고 있습니까?
그들의 이름과 그룹 또는 회사 소속은 어디입니까?
해당 작업과 관련해 비즈니스 결정을 내릴 수 있는 권한을 부여받은 사람은 누구입니까?
사고를 처리할 때 팀에서는 어떠한 기법을 사용합니까?
내부(또는 외부)의 주기적인 진행 상황 업데이트 담당자는 누구이며 어떠한 일정을 채택합니까?
법률, 임원, 홍보 및 기타 관련 내부 팀과의 상호작용은 누가 담당하고 있습니까?
어떤 인프라 구성 요소(서버, 웹사이트, 네트워크 등)를 사용하고 있습니까?
해당 사건의 직접적인 영향을 받을 수 있습니까?
영향을 받는 IT 인프라 구성 요소를 사용하는 애플리케이션과 데이터 처리에는 무엇이 있습니까?
사건과 관련해 준수 의무 또는 법적 의무가 있습니까?
규정 준수에 관한 책임은 누구에게 있습니까?
영향을 받는 시스템에서 실행해야 하는 명령 또는 도구는 무엇이 있습니까?
기존 보안 인프라 구성 요소에서 생성되는 경고는 무엇이 있습니까?
특정 사고 대응 지침이나 지시가 있습니까?
그들은 어떠한 가치를 부여합니까?
인접한 IT 자원에 미치는 영향을 최소화하고 필요한 경우 복구 과정 중에 손상된 아티팩트(artifact)를 제거하기 위해 사고를 담당할 책임이 누구에게 있습니까?

이러한 특정 기술 및 시나리오의 운영 측면에 관한 논의 과정에서 통제상의 약점이 식별되고, 공개된 위협을 해결하기 위한 새로운 통제가 설계될 수 있다. 이 논의에서 벗어나는 것은 금융기관의 내부 담당 전문가는 금융기관이 사이버 공격에 취약한 것을 알고 있지만 폭로 및 취약점 조치에 대한 안전하고 신중한 접근법이 없을 경우 해당 정보를 자발적으로 제공할 가능성이 낮다는 것이다. 통제약점이 체계적으로 드러나면 경영진은 이를 수정하기 위해 적절한 조치를 취할 수 있다. 체계적인 발견 메커니즘이 없는 경우, 공격이 실제로 발생할 때까지 담당 전문가가 해커 행동을 연구할 가능성은 높지 않다.

사이버 보안 통제 약점은 기술 관리의 반영일 뿐만 아니라 거래, 전략, 명성 그리고 컴플라이언스 위험의 근본적인 원인이 될 수 있다. 이는 금융 상품 소유주, 위험 관리자, 홍보 및 기업 변호사에 이르는 광범위한 경영 책임을 포괄한다. 표 2-4에서는 기술적인 실패로 인해 발생했으며 사이버 보안 침해를 초래할 수 있는 기밀성, 무결성 그리고 가용성에 관한 몇 가지 해로운 영향을 나열했다.

표 2-4. 사이버 보안 통제 약점의 잠재적 영향

통제 카테고리	통제 약점의 잠재적 영향
기밀성	인터넷으로부터 개별 사용자의 데이터를 볼 수 있는 고객, 조직적인 범죄에 고객의 개인정보를 판매하는 직원, 해커가 브라우저에서 계정 번호를 변경해 다른 계정의 데이터를 볼 수 있다.
무결성	부적절한 고객 잔액을 초래하는 잘못된 명령문으로 제작된 거래 실행, 직원의 부적절한 원천징수세 계산, 비즈니스 애플리케이션에 의해 생성된 보고서에서 오류가 발생한 것을 보고하는 직원들의 전화가 헬프데스크에 압도적으로 많아졌다.
가용성	브로커, 고객 서비스 센터 전화 상담 직원은 데스크톱 없이는 업무를 수행할 수 없다. 취약점 수정에 필요한 패치를 다운로드하기 위해 인터넷에 접속할 수 없는 시스템 개발자, 글로벌 통신 서비스로부터 차단된 국가

표 2-4에 열거된 사건 중 하나라도 대중에 공개될 경우 금융기관의 평판에 치명적인 영향을 줄 수 있다. 수십 년 전까지만 해도 이러한 사건의 근본적인 원인은 사람들의 실수였고, 뱅킹 시스템의 공포를 퍼뜨리는 것을 악행으로 간주해 언론

에서 잘 다루지 않았다. 그러나 오늘날 금융기관에서 사건이 발생하면 약점을 통제하지 못해 발생했다는 의혹이 항상 제기되고 있으며, 언론에서 사건을 덮어주는 호의를 바랄 수 없다. 원인과는 상관없이 보안 관련 사고가 발생하면 담당 업무가 보안이 아님에도 영웅적인 기술 엔지니어가 고위 경영진의 눈에 띄기 전에 문제를 해결해줬다. 많은 기술적인 업무가 아웃소싱됨에 따라 이러한 영웅은 점점 줄어들게 될 것이다. 더 많은 사이버 보안 작업이 핵심 기술 운영에서 분리될수록 엔지니어는 시스템을 보호하기 위한 사이버 보안 통제에 관한 이해도가 낮아질 것이다. 사이버 보안은 더 이상 자신의 업무가 아니라고 결론을 내린 기술 관리자는 침해 사고 발생 시 회사로부터 집중적인 조사 대상자 중 한 명이 될 것임을 알게 되면 놀랄 것이다.

더 알아보기

표 2-4에 요약돼 있는 기밀성, 무결성 및 가용성의 위반으로 인한 잠재적 영향은 다양한 혼란과 여러 부정적인 영향을 야기할 수 있다. 경영에 미치는 영향을 표현하려면 이러한 영향을 정량화해야 한다. 여기에는 서비스 가용성 및 대응 활동과 같은 운영 지표를 포함할 수 있다. 이러한 요소들은 재무적인 용어로 표현해야 한다. 3장에서는 침해로 인해 얼마나 많은 비용을 지출하게 되는지 그 문제점과 가능성이 높은 접근 방식을 알아볼 것이다.

참고 문헌

1. Lockheed Martin Cyber Kill Chain. https://www.lockheedmartin.com/en-us/capabilities/cyber/cyber-kill-chain.html, 2018.

2. Apache.Org Statement on Struts Vulnerability Following Equifax 2017 Breach. http://blogs.apache.org/foundation/entry/apache-struts-statement-on-equifax

3. Moore, Geoffrey, Crossing the Chasm, 3rd Edition, (New York: Harper Business Publishing, 2014).

4. Office of the Comptroller of the Currency (1998) OCC Bulletin 1998-3, https://www.occ.gov/news-issuances/bulletins/1998/bulletin-1998-3.html

5. AICPA (2018). Segregation of Duties. https://www.aicpa.org/interestareas/informationtechnology/resources/auditing/internalcontrol/value-strategy-through-segregation-of-duties.html

6. Muncaster, P. (2017) BEC Attacks Jumped 17% Last Year. Infosecurity Magazine. https://www.infosecurity-magazine.com/news/bec-attacks-jumped-17-last-year/

7. Federal Bureau of Investigation (2018) Business Email Compromise. https://www.fbi.gov/news/stories/business-e-mail-compromise-on-the-rise

8. Federal Financial Institutions Examination Council (FFIEC), FFIEC Information Technology Examination Handbook-Information Security Booklet, 2016.

9. EDP Auditors Association (EDPAA), Control Objectives (Handbook), EDPAA, 1977.

10. Information Systems Audit and Control Association (ISACA), COBIT5: Enabling Processes, 2012, see www.isaca.org.

11. For a walkthrough of the history, see Schmidt, Howard, Patrolling Cyberspace, (Blue Bell, PA: Larstan Publishing, 2006).

12. Cloppert, Mike, (2009), https://digital-forensics.sans.org/blog/2009/07/23/, July 23, 2009, subsequently presented at Evolution of APT State of the ART and Intelligence-Driven Response. US Digital Forensic and Incident Response Summit http://computer-forensics.sans.org, 2010.

13. Woody, Carol, "Applying OCTAVE: Practitioners Report," Software Engineering Institute Technical Note: CMU/SEI-2006-TN-010, Carnegie Mellon University, May 2006.

14. 예제는 www.zeltser.com에서 인용했으며, 저자 Lenny Zeltser와 Jack McCarthy와 Patrick Nolan에게 감사하다. "Initial Security Incident Questionnaire for Responders,"(1/6/2018) 의 문서에서 검색했다.

3장 —

침해 비용은 얼마나 될까?

사이버 사건이 미치는 영향과 결과는 상당히 크고 복잡할 수 있다. 인력, 기술적 구성, 기술 운영, 업무 추진 과정, 대고객 피해나 규제 노출뿐만 아니라 업무 정상화와 관련된 수많은 요소로 인해 비용이 증가할 수 있다. 최근 관심을 끌었던 침해 보고서에서 묘사된 대응 방법들은 침해의 실제 영향도를 측정하는 여러 가지 조직적인 접근 방법을 귀띔하고 있다. 여러 보고서에 의하면 침해 비용은 피해 기업들의 사전 예측을 훨씬 벗어나는 수준까지 높아진다. 경제적 영향은 측정하기도 어렵고 사건의 특성이나 업계 상황에 따라 달라지며 상당한 기간에 걸쳐 지속될 수 있다. 비용은 굉장히 현실적인 개념이며 그 규모도 상당할 수 있다.

© Paul Rohmeyer, Jennifer L. Bayuk 2019

P. Rohmeyer and J. L. Bayuk, Financial Cybersecurity Risk Management,
https://doi.org/10.1007/978-1-4842-4194-3_3

위험의 정량화

실제 침해 비용을 계산하려고 할 때 가장 중요한 점은 측정 단위를 적절히 선택하는 일일 것이다. 단위 선택에서 화폐 단위는 중요하지 않다. 오히려 어떤 일을 비용으로 계산할 것인지가 중요하다. 대부분의 운영 위험 관리 정책은 침해가 발생하지 않았다면 발생하지 않았을 지출로 손실을 정의한다. 이것은 측정 단위를 기관에서 빠져나가는 자금으로 한정시킨다. 이렇게 잘 정의된 기준에도 비용이 분류되는 방법에 따라서는 침해에 의한 지출 증가가 포함되지 않는 경우가 있다. 특정 사건에만 해당하지 않는 운영 비용에 대해 조직이 일정 금액을 추가적으로 할당하는 상황이 발생하기 때문이다. 일례로 대부분의 금융기관은 24시간 사고 대응 역량을 보유하고 있다. 사이버 보안 침해가 발생하고 나면 기술 인력들이 사고 대응, 복구와 포렌식 활동 등에 전념할 수 있다.

때로는 바로 이 인력들이 일상적인 업무 운영을 담당하는 직원이기도 하다. 이들은 침해와 관계없이도 어차피 일을 하고 있을 것이기 때문에 운영 비용으로 계산되며 개별적인 침해의 추가 비용으로 계산되지 않는다. 좀 더 논란의 여지가 있는 예시를 들자면 대부분의 금융기관이 침해에 영향을 받은 고객을 위해 신원 도용 보호를 위한 보험에 가입하는 경우가 있다. 어떤 기관에서는 이런 고객의 신원 도용 보호 비용이 침해에 의한 운영 손실 비용으로 고려되는 대신, 총계정 원장에 대고객 영업으로 분류된다. 사이버 보안 종사자들이 실제 침해 비용이 과소평가되고 있다고 말하는 이유에는 이러한 이면이 있다.

다시 말하자면, 금융기관이 사이버 보안 침해와 직접적으로 연관된 손실이 상대적으로 적었다고 주장하는 것은 언제나 사이버 보안 전문가에게 놀라운 일이었다. 이는 은행이 운영 비용을 오직 침해의 결과로 발생하는 직접적인 지출만을 운영 손실로 기록한다는 점을 반영한 것일 수 있다. 이런 지출은 고객의 계좌로 자금을 이체하거나 하드웨어나 소프트웨어 손실을 복구하기 위해 청구서가 발행되는 경우에만 기록으로 남는다.

반면 기존 직원을 활용한 비상 대응 관련 비용은 기본적인 운영run-the-bank 비용이다. 이 개념은 업계에서 신규 개발change-the-bank 비용과 구분하기 위해 사용된다. 운영 비용은 현재 업무를 지원할 수 있는 부동산 시설, 전력, 조명과 사무용품 같이 안정적이고 예측 가능한 비용을 말한다. 신규 개발 비용은 금융 서비스를 개선하거나 현재의 운영 통제를 강화할 수 있도록 고안된 결과물이 있는 프로젝트를 말한다. 은행 운영 직무를 맡은 직원들이 비상 상황 복구로 역할을 전환할 때 그 비용은 여전히 운영 비용으로 분류된다. 게다가 소프트웨어 엔지니어와 같이 프로젝트에 전념하던 직원이 사이버 보안 사건을 조사하기 위해 투입될 때에도 프로젝트 초과 비용으로 흡수된다. 결과적으로 이 비용은 엄밀하게는 운영 비용이 아니지만, 여전히 금융 회계 차원에서는 사이버 보안 사건과 관련이 없다.

사이버 보안의 비용을 계산할 때 침해 수습을 위해 일하는 사람들이 기술 혁신을 위해 일하지 않아 프로젝트가 지연된다는 사실은 고려되지 않는다. 계좌를 다른 은행으로 옮기는 고객으로 인한 사업 손실 역시 마찬가지다. 이것들은 아직 실현될 수도, 안 될 수도 있던 신규 사업 즉, 기회비용으로 실제 발생한 지출은 아니다. 이런 측정 단위는 특정 데이터 침해와 직접적으로 연결되지는 않을 것이다(그림 3-1).

그림 3-1. 현실의 침해 영향도 분석

침해 비용 계산의 이해에 있어 두 번째로 중요한 점은 어떤 최고의 답이라도 예측일 뿐이라는 점이다. 궁극적으로 침해 비용은 업무 영향도에 의존하겠지만, 이 값은 침해가 실제로 발생하기 전까지는 예측하기 어렵다. 신용 위험 전문가들은 고객에게 제공된 신용이 상환되지 않을지 알 수 있는 지표들을 식별하기 위해 지난 수십 년 간 과거 소비자의 행동을 수집해왔다. 신용 채무 불이행의 결과는 화폐 단위로 수치화된 거래의 금융 영향도로 계산된다. 반면 사이버 보안 위험 사건은 태생적으로 다양하며 그 결과들은 금전적 거래에만 국한되지 않는다. 게다가 영향받는 거래를 기반으로 계산되지 않을 수도 있다. 사이버 보안 침해 조사에는 종종 지연 시간 변수가 있어서 영향받는 거래들의 집합을 알고 있지 않거나 알 수 없는 상태에 빠지는 경우가 있다. 금융기관은 주기적으로 비대면 거래를 이용한 신용카드 사기로 인한 손실을 겪는데, 고객의 인증 정보가 특정 침해를 통해 유출된 것인지 알 수 없는 상황이 종종 있다.

사업 손실 계산은 자산 가치나 시장 가치와 같은 유형 자산에 고정돼 있는 것이 사실이다. 그에 비해 사이버 보안 침해 비용은 컴퓨터 자산이나 시장 데이터 흐름 같은 사이버 서비스 비용과 직접적으로 연관돼 있지 않다.[1] 사이버 보안 사건은 영향을 받은 자산이나 서비스의 즉시 교체로도 복구될 수 없는 급작스런 시스템 운영 중단을 일으킬 수 있다. 물리적인 자산이나 서비스를 즉각 교체하도록 준비했다 하더라도 침해 영향을 완화시키기 위해서는 금융 시스템과의 통합 작업이 필요하다. 이 대응은 사전에 계획돼 있어야 하며, 만약 그럴 일이 있다고 해도 특정 침해 비용으로 편입하지 않고 일상적인 운영 비용에 부과되곤 한다.

침해 비용 예측의 핵심은 사이버 위험 사건이 있을 때 기술적인 영향을 받을 수 있는 업무 시스템을 분석하는 것이다. 침해 영향을 결정하는 체계적인 접근 방법의 전제 사항은 업무 시스템 인벤토리business systems inventory다. 업무 시스템 인벤토리는 잠재적인 사이버 공격자가 목적을 달성하기 위해 어떻게 시스템을 악용할 수 있는지 판별하고, 발생 가능한 사이버 위험 사건에 어떤 것들이 있는지 예상 목록을 작성하는 데 도움이 된다. 이 목록을 이용하면 개별적인 사건들과 그 사건들의 패턴을 분석해 사람, 프로세스 그리고 기술에 어떤 변화가 벌어질지 이해하고, 거기서부터 그 상황의 잠재적인 영향을 추정할 수 있다. 이 정보는 손실 추정을 위한 측정 단위의 선택을 도울 것이고, 그렇게 된다면 그림 3-2와 같이 침해 비용 추정치를 결정할 수 있다.

그림 3-2. 침해 영향도 추정치 계산 절차

시나리오 생성

물론 모든 기술적인 오용이나 문제들을 잠재적인 사이버 보안 사건으로 취급해서는 안 되며 사이버 보안에만 적용되는 위험과 연관도가 있는지를 따지는 학문적 구분은 필요하다. 운영 리스크 관리에 관한 국제결제은행[BIS] 바젤은행감독위원회 지침은 은행들이 유사한 원인에 의해 발생한 사건들을 묶어 분석할 때 모든 운영상의 위험을 고려할 것을 권고한다. 구체적으로 다음과 같이 손실을 분류한다.[2]

- 직원이 행하는 내부 사기

- 연고가 없는 범죄자들에 의한 외부 사기

- 채용 관행과 고용 안전

- 고객, 제품과 사업 관행

- 물리적 자산의 피해

- 업무 중단과 시스템 장애

- 무단 접근이나 경쟁자의 성과 등을 포함한 집행, 전달, 처리 절차 관리에 관한 위험

사이버 보안 사건은 이 가운데 어느 분류에든 해당하는 위험의 근원이 될 수 있으며, 실질적인 손실을 가져올 수 있는 모든 업무 절차를 고려해 그에 해당되는 시나리오를 선택해야 한다. BIS의 지침은 근본 원인을 분류별로 취합해 보고할 것을 권고한다.[3] 이로써 자본 배분을 위해 관측된 위험을 사업 단위와 기관들 간에 비교할 수 있게 된다. ISACA^{Information Systems Audit and Control Association}(정보시스템감사통제협회)의 권고에 따르면 전반적인 기업 목표를 하향식으로 바라보고 가장 관계 있고 가능성이 높은 위험 시나리오를 고려해야 한다.[4]

BIS의 분류를 참고해 시나리오를 선택하면, 사이버 보안 위험 사건들을 넓은 범위로 고려할 수 있기에 추상적인 수준에서 완전성을 충족할 수 있다. 사기로 분류되지 않은 사이버 보안 손실은 전통적으로 "업무 중단과 시스템 장애"나 "실행, 배포 및 프로세스 관리"의 위험 분류 안에 포함돼 왔다. 이 목록은 2003년 알려졌는데, 규제 당국은 그 이후 사이버 보안이 최고 수준의 위험으로 고려돼야 한다는 것을 명확히 밝히고 있다. 금융기관이 개별적인 손실 사건들을 여러 범주로 분류해 운영기관 간 비교를 하는 일은 일반적이다.

운영 위험의 맥락에서 시나리오라는 단어는 예술 용어라는 점을 알아두자. 운영 위험 평가는 일반적으로 위험 사건들을 분류 수준에서 정의한다. 이를테면 송금 사기로 인한 자금 도난이 있다. 추상적인 단계에서 어디가 가장 심각한 영향을 받을지 이해하는 데에는 이 분류들이 도움을 주지만, 가상의 사건이 구체적으로 정의되기 전까지는 어떤 시스템이 정확히 영향을 받는지 알아차리거나 해당 시스템 데이터를 사용해 손실을 추정하는 일은 불가능할 것이다. 사이버 보안 침해를 포함한 운영 위험 사건의 비용을 추정하는 가장 실용적인 접근 방법은 위험 분류와 사업 목표를 이용해 금융기관에 영향을 미칠 수 있는 가능성이 가장 높은 위험 사건을 분류하고 실제 가능성이 높은 시나리오를 정의한 후 개별 시스템에 파고들어 잠재적인 영향을 정량화하는 것이다. 시나리오라 함은 위험 사건 이전, 도중 그리고 그 이후의 행위에 관한 설명을 말한다.

다음 장의 그림 3-3은 시나리오 생성에 관한 체계적인 접근 방법의 예시를 제공한다. 1장에서 소개한 위협 유형을 이용하면 사이버 보안 위험 사건들을 분류할 수 있다. 각 목표는 두 개의 변수와 연결된다. (1) 목표를 이루기 위해 사용될 수 있는 기술과, (2) 그 기술을 이용해 목표를 달성할 수 있는 접근 프로필들이다. 공격자들은 서로 다른 접근 프로필을 가진 모임으로 분류된다. 이 단순한 분류에서 유의할 점은 접근 프로필이 그 프로필에 승인된 방식으로만 사용된다는 법이 없단 점이다. 이 분류는 각각의 접근 프로필이 공격자의 목표를 달성하기 위한 기술적인 환경들과 연결돼 있다는 사실만을 인정하고 있을 뿐이다. 접근 프로필에 승인되지 않은 방식으로 이용이 가능하다면, 그 정보를 통해 앞으로 발생할 상황을 식별해볼 수 있다. 이것은 내재된 위험으로 평가돼야 한다. 관리 통제가 목표 달성을 적절히 제한하지 못해 공격자가 성공한 결과이기 때문이다. 그러나 이것은 통제가 전혀 없다고 가정하는 것과는 다르다. 오히려 통제가 있음에도 공격자가 어떻게든 목표를 달성할 가능성이 있음을 인정하는 것이다.

공격자의 목표	기술 범위	공격자의 접근	결과
자금 탈취	핵심 뱅킹 시스템	내부	예금 손실
정보 탈취	모바일 뱅킹	내부	데이터 노출
중단	기업 시스템	권한 있는 계정의 탈취	사용자의 업무 애플리케이션 사용 불가

그림 3-3. 사이버 보안 시나리오 생성에 관한 접근 방법 예시

주어진 통제하에서 특정 공격이 가능한지를 따지고 들지 않는다면 이 통제를 담당하는 운영자들을 명시적으로 비판하지 않고서도 잠재적인 영향을 식별할 수 있다. 운영자들은 사이버 보안 전문가가 분석을 완료하기 위해서 반드시 의존해야하는 사람들이다. 즉, 공격자의 성공이 가져오는 잠재적인 결과에 대한 평가는 후속 분석의 우선순위를 정하게 된다. 파괴적인 결과가 발생할 수 있는 기법은 더 정밀한 분석이 필요하기 때문이다. 운영 시스템 접근만을 이용했을 때의 결과 추정은 이후 재정적인 영향을 추정하기 위한 시나리오 개발 작업의 우선순위를 정해주며, 개발의 다양한 단계에서 대안 시나리오들을 비교하는 데 사용할 수 있다.

예시가 어쩔 수 없이 제한돼 있지만, 실제 환경에서의 분석은 모든 시스템을 포함해야 하고 가치를 제공하고 있는 시스템과 잠재적인 공격 커뮤니티의 접근 프로필이 서로 다른 정도까지 기술 범위를 세분화해야 한다. 만약 공격자가 프로필을 변경한다면-다시 말해 제삼자 접근 권한을 가진 공격자가 공격 도중 내부 접근 권한을 획득한다면-그 시나리오의 잠재적인 영향은 내부 접근 시나리오에서 예상되는 영향으로까지 확장될 수 있다. 내부 사용자가 최종 사용자 권한으로부터 관리자 권한을 획득한 경우에도 동일한 방식이 적용된다. 공격자가 접근 단계를 넘나드는 일 자체도 어느 시나리오의 개발에서나 고려돼야 한다.

그림 3-3은 '자금 탈취', '정보 탈취', '중단' 등 사이버 보안의 위험에 해당하는 사건에 관한 예방 통제가 없어 공격이 성공했을 때의 영향을 요약하고 있다. 사이버 보안의 역사를 통해 우리가 배운 것은 어떠한 통제라도 관리 통제를 벗어난 기술적, 시스템적 취약점으로 인해 동작하지 않을 수 있다는 점이다. 따라서 그림 3-3의 각 행은 해당 사이버 보안 위험 분류의 사건이 실제 일어날 수 있는 확률이 존재한다고 가정한다. 확률 계산은 잠시 미뤄두고 그림 3-3이 사이버 보안 위험의 존재를 설명하고 있음을 이해하는 일이 중요하다. 이 사실에 대한 동의 없이는 주주들이 영향도 추정을 심각하게 받아들이기 어렵기 때문에 침해 비용을 파악하는 다음 단계로 넘어가기 전에 시나리오 개발 참여자들 사이에서 이 문제를 해결해야 한다.

시나리오 선택

다음은 실제 현실 사이버 위협 시나리오에 가깝게 다가가는 단계다. 업무 영향도를 신뢰도 있게 서술하기 위해 (BIS에서 발행한 지침을 사용해) 이론화된 위험 사건들과 운영 손실 유형에 민감한 실제 업무 프로세스를 비교하게 될 것이다. 한마디로 실제 시스템이 동작하는 방식을 이해하고 위험 사건이 발생하는 세부 시나리오를 만들어야 한다. 시스템은 사람, 절차와 기술로 이뤄져 있기에 이 이해에는 적어도 공격자의 행동 유형, 소프트웨어 취약점 유형, 기술 통제 유지의 어려움, 업무 사용자의 행위나 행동이 포함돼야 한다.

그림 3-3의 '정보 탈취' 시나리오는 피싱메일이나 워터 쿨러water cooler 기법을 이용해 최종 사용자 플랫폼을 목표로 하는 일반적인 악성코드 공격으로부터 시작할 수 있다. 이 공격은 인터넷 접근이 가능한 금융 전문가들이 링크를 눌러 그들의 권한으로 소프트웨어를 설치하도록 유도하고(시스템 공격자의 행동 유형), 최종 사용자 권한에서 관리자 권한에 접근할 수 있도록 권한을 상승하는 해당 소프트

웨어의 일반적인 취약점을 찾는다(소프트웨어 취약점 유형). 특정 조직에 맞춰 변경된 시나리오는 어떤 플랫폼이 그 취약점을 갖고 있을지 정확히 분별한다. 이 시나리오는 (알려진 유지 보수 이슈들로부터) 악성코드가 플랫폼에 가한 여러 변경점을 식별하고 그로부터 데스크톱 소프트웨어 프로세스 및 데이터에 부정적인 영향을 주는 부분을 알아낸다. 일례로 소프트웨어 성능이 저하되거나 데이터에 접근할 수 없게 될 수 있다. 그렇게 되고 나면 업무 담당자는 헬프데스크에 전화를 걸게 된다(업무 사용자 행위). 이 시나리오 설명은 업무, 기술 및 위험 전문가로 구성된 팀이 세부 영향도를 산출하기에 충분한 정보를 제공할 것이다.

이 시나리오는 더 심층적인 시나리오 생성에 관한 체계적인 접근 방식을 세부적으로 설명하기 위해 사용될 수 있는 잠재 위험 중 하나일 뿐임을 유의하자. 시나리오는 4개의 요소로 요약할 수 있다.

- **행위자**: 동기, 기술력과 자원을 갖춘 이론적인 공격자
- **전술**: 공격자의 목표를 달성하기 위해 고안된 기술적인 업무 절차
- **목표**: 행위자가 전술을 펼치기 위해 악용해야 하는 특정 기술 요소
- **취약점**: 전술을 가능하게 하는 인간 행위자, 기술 또는 업무 절차의 노출

앞선 시나리오에서의 주요 요소를 설명하면 다음과 같다.

- **행위자**: 핵티비스트
- **전술**: 피싱을 통해 유포된 악성코드
- **목표**: 기업 데스크톱
- **취약점**: 운영체제 보안

모든 시스템의 위험을 체계적으로 분석하기 위해 이 요소들을 사용할 수 있다. 위험 분석 과정에서 이들을 이용하면 조직이 개발한 위험 분류별 예시 사건의 전반적인 위험 분석을 분할 정복*할 수 있다. 이와 더불어 중요한 사실은 각 요소의 잠재적 가치가 시간에 따라 변할 수 있어, 항상 현재의 위협 정보를 반영해야 한다는 점이다.

예를 들어 또 다른 행위자, 전술, 목표와 취약점의 집합은 대체 시나리오 선택을 제시할 수 있다. 내부 최종 사용자의 접근 권한이 사용된 기업 기반 시설의 혼란에 의해 사용자 생산성 손실, 업무 통신 중단과 데스크톱 중단이 초래되는 경우를 가정하자. 여기서 파생된 또 다른 잠재적 시나리오는 다음과 같다.

- **행위자**: 국가

- **목표**: 네트워크 라우터

- **취약점**: 난방, 환기 및 에어컨HVAC 공급업체 접근 네트워크를 통해 기업 기반 시설 내에 네트워크 라우팅 명령을 입력할 수 있음

- **전술**: HVAC 벤더에 침투해 유지 보수 연결을 이용해 국가 소유의 도메인으로 모든 네트워크 트래픽을 전달, 전파하도록 기본 라우팅 경로를 삽입

이 대체 요소를 기반으로 만든 시나리오는 자금 지원이 풍족한 전문 범죄 조직이 HVAC 디바이스를 목표로 하고 HVAC 공급업체의 방화벽 취약점을 악용해 내부자에게서 얻은 내부 기업 네트워크 취약점에 관한 정보를 사용하는 상황을 가정한다. 실제 시나리오 활동들은 논쟁의 여지가 있지만 모든 이해관계자가 그럴듯한 것으로 여겨야 한다. 그렇지 못한다면 합의가 이뤄지지 않아 이해관계자가 영향도 평가를 심각하게 받아들이기 어려울 수 있다. 시나리오를 통한 비용 분석을 위해 이 통제에 관한 믿음을 중단하는 일이, 강력한 통제 정책에 자부심을 갖고

---

* 분할 정복: 알고리즘 용어로, 그대로는 해결할 수 없는 큰 문제를 작은 요소로 쪼개서 그 각각을 해결함으로써 전체 문제를 해결하는 방식 – 옮긴이

있는 조직에게는 특히 어렵다는 점에 유의하자. 가능한 위험 유형별로 최소 한 가지의 시나리오씩 분석이 완료됐다면 발생 확률이 낮은 각각의 시나리오들은 생략될 수 있다.

또 유의할 점은 강한 통제에 의해 어떤 시나리오의 가능성이 낮게 점쳐질 수 있고, 그 반대도 가능하다는 것이다. 앞선 예시에서 자금 지원이 풍부한 공격자가 시나리오에서 제시된 단일 벤더 취약점을 통해 내부 네트워크의 취약점을 공격할 수 있는 가능성이 있다. 조직 내 동적 라우팅 아키텍처의 보급은 그 가능성을 더욱 증가시킨다. 이와 같이 시나리오 분석의 비용 계산의 결과로 손실 회피를 위해 네트워크 통제를 추가하는 경우가 나타날 수 있다.

그림 3-4는 앞서 소개한 구두점 목록의 4개 요소를 기반으로 또 다른 대체 시나리오들을 제공한다. 최종 사용자에 의한 기업 기반 시설에 대한 위협보다는 내부 사용자에 의한 핵심 뱅킹 시스템에 대한 위협을 고려할 수 있다. 기업이 잠재적인 사고에 관해 비용을 계산하기로 할 때에는, 시나리오 선택에 앞서 이런 잠재적인 대안들을 준비하는 것이 좋다. 수많은 사례는 의심이 많은 사람에게 적어도 하나의 시나리오는 가능하다고 설득하는 역할을 한다. 어느 시나리오가 더 가능성이 있는지 논의는 팀이 목표 환경을 이해하고 있다는 확실한 실제 사실에서부터 시작할 수 있다. 참고로 네 가지 기술 시나리오 대안 중 하나만이 핵심 뱅킹 시스템 자체를 목표로 한다. 기술 자산보다 금융 자산에 초점을 맞추면, 공격자의 기술적 공격 수단에 대한 잠재적 가능성을 좀 더 창의적으로 추측할 수 있게 된다.

행위자	목표	취약점	전술
핵티비스트	마이크로소프트 오피스 애플리케이션	데스크톱 제로데이 취약점	핵심 뱅킹 시스템 사용자들의 데스크톱에서 실행된 매크로가 애플리케이션 세션과 이메일을 기록해 핵티비스트 사이트로 전송
조직 범죄	BYOD 디바이스	BYOD 샌드박스의 허점으로 프록시되지 않은 웹 접근을 허용	악성코드에 의해 원격 제어되는 데스크톱 (외부 공격자에서 내부 공격자로의 전환에 유의하라)이 핵심 뱅킹 시스템 정보를 찾기 위해 네트워크를 탐색하고 벌크 파일 전송을 위해 정보 축적
국가	핵심 뱅킹 시스템 데이터베이스	클라우드 벤더 방화벽 접근 결함	국가 기반 공격자가 클라우드 벤더를 침투해 핵심 뱅킹 시스템에 데이터베이스 쿼리를 통해 접근할 수 있고, 직원을 매수해 클라우드에서 사용하는 관리자 연결 문자열을 획득(결함과 내부자 협력을 통한 서드파티에서 내부 위협으로의 전환에 유의)
개별 사기꾼	네트워크 공유 파일	이메일 콘텐츠 필터가 이미지 파일을 읽을 수 없음	개인 내부 사용자가 권한 있는 접근을 이용해 파일 공유 내 고객 문서 스캔 파일에 접근하고, 이 파일들을 첨부해 신분 도용에 악용된 외부 이메일 주소로 이메일 발송

그림 3-4. 사이버 보안 시나리오의 대안 요소

비용 추정

사이버 보안 침해 비용에 관한 대부분의 책들은 '정보 탈취' 시나리오에 중점을 둔다. 금융기관은 일반적으로 정보가 유출된 고객의 신원 도용 보험이나 신용 동결에 관한 비용을 지불한다. 또한 고객들에게 침해가 발생했으며 이러한 구제 수단이 제공 가능함을 알리는 데 법적 비용도 든다. 금융기관에게는 각 고객별 구제 수단의 비용을 정확히 이해하는 것이 중요하다. 이런 고객당 비용은 여러 조직에서 일상적으로 조사하고 있다. 가장 널리 알려진 것은 포네몬연구소에서 수행하는 조사다.[5] 포네몬연구소의 조사 내용은 사이버 보안 침해를 당한 회사의 경영진과의 인터뷰를 통해 고지 비용과 법적 비용뿐만 아니라 추정하기 어려운 변수도 정량화한다. 여기에는 고객 이탈이나 침해 비용을 감소시키기 위한 특정 대응 활동의 효과도 포함된다. 그런 다음 침해의 전체 비용을 유실된 고객 기록

의 건수로 나누고 이 수치들을 산업, 국가 및 연도별로 비교한다. 2017년 포네몬 연구소에서 조사한 고객 기록당 통합 평균 비용은 141달러였고, 미국이 (225달러로) 가장 높았으며 인도가 (64달러로) 가장 낮았다. 이 연구는 통계적인 유효성을 주장하지는 않았기에 각 회사의 입장마다 다를 수 있다. 그러나 데이터는 어느 정도 참고해 봄 직하다.

분석할 수 있는 실제적이고 구체적인 사건이 없는 경우, 경영진은 그 대안으로 관련 경험이나 추론된 분석을 바탕으로 비용을 추정해야 한다. 대부분의 사이버 보안 시나리오는 일정 범위로 정량화돼 최선 혹은 최악의 경우에 사건을 식별하고 복구하는 데 걸리는 시간을 사건의 지속 시간으로 예측한다. 헬프데스크에서 이뤄진 최초의 통화를 기반으로 뒤따라야 할 일련의 사건들과 헬프데스크가 사건을 이관할 기술 운영 인력, 관리자와 엔지니어들의 행동을 결정하는 데 현재의 기술 절차를 이용할 수 있다.

일반적으로 사건 관련 절차와 지난 시고 자료들을 검토하는 것은 거버넌스 전문가의 역할이다. 이 검토를 통해 예상 시나리오의 최상 혹은 최악의 경우에 대해 효율적인 사고 대응과 해결에 드는 지속 시간을 결정한다. 이러한 일에서 검사하는 정보는 다음의 내용을 포함하지만 반드시 여기에 국한되지는 않는다.

- 침해에 의해 영향을 받은 전체 디바이스 집합의 시스템 인벤토리
- 사이버 보안 공격에서부터 복구하기 위해 일반적으로 관리자들이 시스템 복구 업무에 얼마나 걸리는지 나타낼 수 있는 관리자 작업 기록이나 업무 복구 테스트 결과
- 개발자, 엔지니어, 아키텍트와 같이 일반적으로는 다른 직무를 맡고 있는 컨설턴트와 직원 등, 기술 자원을 사건 이관 절차로 재배치하는 데 걸리는 시간

- 시간과 자재 기반으로 작업하는 벤더들을 포함시키는 데 드는 시간
- 시스템 가용성을 유지하는 데 필요한 새로운 장비나 소프트웨어를 설치하는 데 걸리는 시간

각각의 사고에 대한 대응 절차가 상세히 정의돼 있지 않다면, 초기 대응 단계부터 이후 조사 단계까지 불확실성이나 혼란의 정도를 계측하기 위해 별도의 시간을 할당해야 한다. 만약 내부에 관련 선례가 없다면 해마다 발간되는 「Verizon Data Breach」라든가 「Investigations Report」[6]와 같은 간행물을 이용해 업계 데이터를 최대한 조사할 수 있다.

모든 대응 절차가 제대로 이뤄지고 있는 것처럼 보이는 경우에도 직원이나 벤더의 가용성, 벤더가 취약점 패치 제작에 걸리는 시간 등 일부 불확실한 변수가 있을 수 있다. 따라서 영향을 정량화하고 나면 반일, 전일, 또는 3일로 계산될 수 있다. 이상적으로 모든 절차를 따라간다면 다음과 같이 그 시간 동안 일어나야 할 행동들의 목록을 얻을 수 있어야 한다.

- 헬프데스크 사건의 지속 시간 동안 주요 자원들을 다른 업무에서 배제하기에 빠르게 과부하될 수 있다.
- 사이버 보안 팀은 포렌식 분석에 모든 시간을 쏟는다.
- 기술 운영 팀은 사고 대응 컨퍼런스 콜을 주관해 엔지니어와 경영진이 대응 역량을 조율하는 데 시간을 할애한다(몇 시간마다 연락을 한다).
- 애플리케이션 지원 팀은 데스크톱 애플리케이션의 긴급 테스트를 수행한다.
- 데스크톱 관리자는 긴급 패치를 설치한다.

이는 최소한으로 필요한 기술 비용을 설명한 것이다. 이 모든 활동은 침해로 인한 것들이며 침해 비용의 일부로 정량화될 수 있다. 즉, 이 노동의 비용이 침해 비

용 산정 단위로 인정받는다면 말이다. 그렇다고 가정했을 때의 조직 소요 비용은 그림 3-5와 같이 추정할 수 있다.

	인원 수	인원 등급	사건 지속 기간(시간)		
			6	24	60
1 헬프데스크 특별 팀	2	낮음	$600	$2,400	$6,000
2 사이버 보안 포렌식	2	중간	$900	$3,600	$9,000
3 기술적 사고 대응					
지원 인력	2	낮음	$600	$2,400	$6,000
운영	2	중간	$900	$3,600	$9,000
엔지니어	2	높음	$1,500	$6,000	$15,000
관리자	2	관리	$2,400	$9,600	$24,000
4 애플리케이션 지원 인력	2	중간	$900	$3,600	$9,000
5 데스크톱 관리자	4	낮음	$1,200	$4,800	$12,000
6 컨설턴트와 벤더 비용	2	관리	$2,400	$9,600	$24,000
7 새 장비와 소프트웨어 비용			$50,000	$50,000	$50,000
기술 활동 비용 합계			$61,400	$95,600	$164,000
대규모 조직의 비용(10배로 계산)			$614,000	$956,000	$1,640,000

그림 3-5. 최초 침해 비용 추정: 기술 활동

그림 3-5는 24시간 서비스 수준에 대한 요구 사항이 있는 최소 규모 조직을 가정하고 비용을 계산한다. 3교대로 단일 직무를 완전히 수행하려면 일반적인 기술 기업에서는 해당 직무가 가능한 직원이 6명에서 8명은 있어야 한다. 그림 3-5는 사이버 보안 침해의 지속 시간 동안 이들 중 두 명이 이 침해에 전념할 것이라고 가정한다. 또한 직원들의 총 인건비를 다음과 같이 가정했다. 지원 인력은 시간당 50달러, 더 숙련된 기술자는 75달러, 엔지니어는 125달러 그리고 관리자는 시간당 200달러. 중소기업 활동에 대한 전형적인 관리와 컨설턴트 참여 역시 이 가상 분석에 포함됐다. 조직 규모 또한 관련된 비용과 다른 가정에 영향을 미친다.

만약 여기에서 사고가 발생한다면 업무 자체에도 영향을 미칠 것이다. 조직에서 설정 관리 데이터베이스를 유지해 기술 디바이스를 업무용 애플리케이션과 연결

하면 이 데이터베이스를 통해 업무용 애플리케이션 사용자 목록을 얻을 수도 있다. 이 목록은 잠재적인 업무 프로세스 영향을 식별하는 데 유용할 것이다. 거대 기업 가운데는 영향도 식별을 위해 사용자에게 설문 조사를 수행하는 경우도 있다. 반면 경영진이 업무 애플리케이션의 처리량 단위와 측정 기준을 보유하기도 하는데, 이를 침해의 예상 지속 시간과 결부시키면 사이버 보안 침해의 비용을 추정할 수 있다. 많은 업무 처리량이 하루에도 수시로 바뀌기 때문에, 하루 중 어느 때인지도 정의하는 것이 중요하다.

예시에서는 주식 판매 중개인이 데스크톱이 없어 그들의 업무를 수행할 수 없다고 가정할 것이다. 그 결과 생산성과 잠재적인 업무의 손실이 발생한다. 고객의 주식 매매 지시를 처리할 수 없게 되고, 이를 거래 단위로 정량화한다고 가정하자. 이제 거래 개수를 침해 영향도의 단위로 사용해 침해로 인한 수수료 손실액을 추정할 수 있다.

유휴 노동에 지불된 달러와 수수료 측면에서의 수익 손실, 두 가지 중 하나 또는 모두를 침해 비용 추정의 단위로 사용할 수 있다. 앞의 기술 사례와 마찬가지로 특정 시나리오의 업무 영향은 일정 범위로 정량화될 수 있다. 사건의 예상 지속 시간과 플랫폼 고객의 사용 이력을 통해 영향을 받는 사용자 거래의 숫자를 계산할 수 있다. 완료되지 않은 거래의 업무 영향은 손실된 수익과 이미 접수된 주문을 실행하지 않아 발생하는 잠재적 책임 측면에서 정량화된다. 만약 측정 단위에 기회비용이 포함된다면 손실된 수익과 잠재적 책임 모두 침해 비용에 포함된다. 만약 측정 단위가 실제로 발생한 손실에만 해당한다면 후자만이 계산된다.

그림 3-6은 업무 거래의 규모가 24시간 동안 어떻게 변화하는지에 관한 예시다. 이른 아침에는 거래량이 시간당 약 200건에 불과하다. 오전 8시와 정오 사이에 평균치가 최대에 달하고, 하루가 끝날 때 가장 낮은 시간당 거래량에 도달한다. 침해 지속 시간의 범위값이 6, 24와 60시간으로 선택됐지만, 오전 8시에 오후 8시

까지 12시간의 요금을 보면 60시간짜리 사건이 두 개의 24시간짜리 사건과 한 개의 12시간짜리 사건의 합임을 알 수 있다. 우리의 분석은 거래당 10달러의 고정 수수료와 기회비용으로는 거래량 변화별로 손실이 발생할 수 있는 거래의 직접적인 배수를 가정한다.

그림 3-6에서 거래량은 이미 접수된 주문을 수행하지 않아 발생할 수 있는 잠재적 책임을 계산하기 위한 기초값으로 간주되기도 한다. 오후 8시와 오전 8시 사이에 들어간 주문이 곧바로 접수되는 대신 계약상 익일 개장에 맞춰 처리하기로 동의했다고 하자. 거래 수치에 따르면 하룻밤 새 300개의 거래가 오전에 처리되지 못하고 사건 복구 이후에야 처리되기 때문에 잠재적 책임에 해당한다. 이 300개의 거래 중 일부는 시장이 회사에 좋게 작용해 처리가 지연된 고객이 재정적으로 이익을 얻을 수도 있지만 반대로 손실이 발생할 수도 있다.

사건 발생 시각	시간당 주식 판매 수치				사건 지속 기간(시간)		
	12am–8am	8am–12pm	12pm–8pm	8pm–12pm	6	24	60
	200	800	500	100	거래 수수료 기회비용		
8am–2pm	0	3200	1000	0	$42,000		
8am–8am	1600	3200	4000	400		$92,000	
1일.8am–3일.8pm	3200	9600	12000	800			$256,000
업무 생산성 손실(인력 5명 @150달러/시간):					$4,500	$18,000	$45,000
업무 거래 수수료 면제(전일 밤):					$20,000	$20,000	$20,000
업무 거래 영업 비용:					$7,500	$15,000	$22,500
업무 거래 책임 비용:					$75,000	$150,000	$225,000
총 업무 거래 비용:					$149,000	$295,000	$568,500

그림 3-6. 침해 비용 추정: 업무 거래 비용

그림 3-6은 모든 야간 거래의 수수료가 면제된다고 가정해 기회비용으로 나타난다. 고객 피해에 따라 회사가 고객에게 완전한 보상을 하기로 결정할 수도 있다. 수수료 면제와 영업 활동보다 더 나아갈 수도 있다. 고객이 계약 위반으로 고소할 수도 있다. 영업의 경우 이 손실은 침해 손실의 측정 단위에 포함되지 않는 재

정 비용 분류인 "고객 영업"으로 기록될 수 있다. 소송의 경우 비용은 법적 합의 형태로 나타나기에 확실히 침해 비용에 포함해야 한다.

그림 3-6에 의하면 회사는 야간 거래의 25%에 대해 거래당 100달러의 영업 비용을 지출하고, 6시간의 사건으로 인해 지연된 거래의 5%에 대해 거래당 평균 1,000달러의 책임 비용을 정산한다. 거래가 더 오래 지연될수록 고객이 배상을 요구할 확률이 높기에 사건의 지속 시간마다 이 금액이 서로 다를 수 있다. 24시간과 60시간짜리 사건 영업 및 책임 비용은 기존 100달러와 1,000달러 추정치의 각각 두 배와 세 배로 어림잡는다.

시나리오 분석 팀이 비용을 발생시키는 활동과 사건을 나열하고 나면 업무가 수행되지 않아 발생한 기회비용이 업무 손실 외에도 발생하고 있음이 분명해진다. 예를 들어보자.

1. 관리자 업무 기록을 보면 사이버 보안 대응 활동 때문에 관리자들이 수행하지 못한 일상적인 업무들이 일반적으로 얼마나 걸리는지 알 수 있다.

2. 프로젝트의 애플리케이션 지원 업무가 지연되고, 애플리케이션 지원 팀의 지원이 없어 시장 대응 능력이 떨어진다.

3. 경영진, 고객과 규제당국에 제출할 자료의 전달이 지연된다.

이런 비용은 일반적으로 침해의 측정 단위에 포함되지 않지만, 만약 포함된다면 침해 비용을 더욱 증가시킬 것이다. 침해의 전체 비용은 이 비용과 그림 3-5 및 3-6에서 계산된 비용들을 더한 값이 된다. 주요 시장에서의 기회를 잃어버리거나 업무 지연으로 인해 발생한 규제의 벌금 때문에 손실된 수익의 정량적인 평가 역시 경영진과 관련이 있다. 예시에서는 이런 제품 출시 지연이나 벌금이 6시간, 24시간, 60시간짜리 사건에 각각 5만 달러, 10만 달러 그리고 20만 달러가 발생한다고 가정한다. 이 마지막 가정을 이용하면 그림 3-7과 같이 사이버 보안 침해

의 전체 비용 추정치를 얻을 수 있다. 그림 3-5와 마찬가지로 대규모 기업들은
그 비용을 10배로 곱한다.

기술 활동 비용	$61,400	$95,600	$164,000
전체 업무 거래 비용	$149,000	$295,000	$568,500
기술 관리자 기회비용	$50,000	$100,000	$200,000
프로젝트 업무 기회비용	$50,000	$100,000	$200,000
최종 사용자 출시 기회비용	$50,000	$100,000	$200,000
전체 침해 비용 추정	$360,400	$690,600	$1,332,500
대규모 기업의 비용(10배로 계산)	$3,604,000	$6,906,000	$13,325,000

그림 3-7. 전체 침해 비용의 추정

더 알아보기

3장에서는 사이버 침해 비용의 구성 요소를 실용적으로 포착하는 원칙과 접근법
을 제시했다. 여기에 요약된 고려 사항은 사후 분석에 적용하거나 잠재적인 침해
를 예측하기 위한 변수로 이용할 수 있다. 4장에서는 예측의 문제에 필수적인 또
다른 차원을 추가한다. 바로 이론화된 사이버 사고들의 잠재적인 발생 가능성을
계산에 넣기 위해 확률을 고려하는 것이다.

참고 문헌

1. Borg, Scott, "The Economics of Loss," in Enterprise Information Security & Privacy,
    Axelrod, Bayuk & Schutzer, Eds., (Norwood, MA: Artech House, 2009).

2. Basel Committee on Banking Supervision (2003), Sound Practices for the Management
    and Supervision of Operational Risk (BCBS96, 참고: www.bis.org).

3. Basel Committee on Banking Supervision (2013) Principles for Effective Risk Data Aggregation and Risk Reporting (BCBS239, 참고: www.bis.org).

4. ISACA (2012). COBIT5, Enabling Processes. Information Systems Audit and Control Association (www.isaca.org).

5. Ponemon Institute (2017). Cost of a Data Breach Study, Global Overview. https://www.ibm.com/account/reg/us-en/signup?formid=urx-33316

6. Verizon Enterprise. (2017). "2017 Data Breach Investigations Report, 10th Edition." https://www.verizondigitalmedia.com/blog/2017/07/2017-verizon-data-breach-investigations-report/

4장 ___

침해 확률은 얼마나 될까?

금융 산업 표준과 해당 규정은 사이버 보안 위협, 취약점, 그 결과와 비용의 개념까지 철저히 다루고 있다. FS-ISAC과 같은 조직과 다양한 공공 분야의 브리핑을 통해 위협 동향의 특징이 널리 퍼지고 있다. 취약점은 체계적이고 개별적이며 기술의 진화와 더불어 확산되고 있으며, 사이버 공격으로부터의 방어와 복구 비용이 극도로 비싸다는 증거들이 계속 쌓이고 있다. 그러나 아직도 임원들에게는 핵심적인 질문이 남아 있다. 사이버 보안 공격이 우리 기관에 영향을 끼칠 확률이 얼마인가? 계속 커지고 있는 사이버 관련 금융업계의 지침을 고려해볼 때 이 질문은 다소 이상해 보일 수 있다. 위험 요소는 당연히 모든 금융기관에 실질적인 영향을 미칠 것 같아 보인다. 하지만 금융업계 경영진은 다른 생각을 할 만한 근거가 있다. 금융기관에게 제공되는 모든 사이버 보안 표준과 지침을 감안하면, 우리가 남들보다는 낫지 않을까?

© Paul Rohmeyer, Jennifer L. Bayuk 2019

P. Rohmeyer and J. L. Bayuk, Financial Cybersecurity Risk Management,

https://doi.org/10.1007/978-1-4842-4194-3_4

그럴듯한 부인^{Plausible Deniability}*

사이버 보안 지침을 준수하려는 노력은 값진 경종의 역할을 하기보다는 어떤 의미에서는 금융권 경영진에게 자신들의 보안 조치가 적절하다는 것을 암시하거나 심지어는 '증명'하는 것으로 오해를 불러일으켜 왔다. 최대 규모의 금융 결제 처리 서비스 하트랜드^{Heartland}의 대규모 침해 사고 이후 해당 회사 CEO는 홍보 캠페인을 열었는데, 그 캠페인의 핵심 메시지는 다음과 같았다. "왜 아무도 나에게 말하지 않았습니까?"[1] 보고서에 따르면 CEO는 표준 및 규정 준수에 의해 위험이 적절히 다뤄졌다고 여겼고, 이러한 사이버 보안 표준 및 규정에 대한 준수가 곧 대비 태세가 완벽함을 알리는 지표라고 생각했다. 당연하게도 어느 것도 옳다고 입증되지 않았다. 표준과 규정의 존재 그리고 그에 관한 부적절한 준수를 인정했을 때의 파급 효과는 서로 뒤섞여 사이버 보안 전문가들 사이에서 어떤 침묵의 문화를 만들어냈다. 이들은 (아마도 고용 안전의 이유로) 경영진의 의견에 직접적으로 도전하는 것을 피하기로 했다.

보안에 대한 이런 거짓된 감각은 높은 비용을 들여 자격을 갖춘 전문가 팀을 도입하고 주기적으로 외부 감사와 평가, 검사를 받는 경영자들 사이에 널리 퍼져 있다. 이런 노력과 투자에도 공격이 성공하면, 우리는 통제가 적용됐음에도 사이버 사건이 발생할 수 있는 가능성과 확률에 대한 의견을 듣게 된다. 2009년의 하트랜드 사건과 최근의 에퀴팩스 사건이 이런 경우다. 에퀴팩스의 경우 일부 전문가들은 스스로를 변호했지만 경영진들은 미흡한 대비 태세에 대해 자신들을 직접적으로 방어하려고 하지 않았다.

즉, 사이버 보안 프로그램에 관해 지원이 풍부하고 책임감 있는 전문가가 이를 이끄는 경우 경영진에서는 관련 규제를 준수하면 '사이버 보안 위험'이 적절히 해결된다는 가정, 심지어는 선언을 하는 경우가 있다. 그러나 위험 관리 업계에

---

* CIA의 비밀 공작에 관해 언론에서 질의했을 때 생긴 말로, 청문회 등에서 모르쇠로 답변하는 경우를 일컫는 말 – 옮긴이

서는 사이버 보안 위험을 정확히 정의하는 방법에 관해 거의 합의되지 않았으며, 그 측정에 관해서는 더더욱 합의점을 찾지 못했다. 이는 적절한 통제를 설계하는 일에 있어 지속적으로 불확실성을 야기한다. 그 결과 일반화를 반영하는 표준과 지침의 우선순위가 부풀려지고 특정 고유 기업들에 대한 위험 고려 사항은 직접적으로 반영되지 않는다. 기업의 고유한 위험들이 일반적으로 가장 중요한 도전 과제라는 점을 인지하고 있음에도 이런 실수가 발생할 수 있다.

사이버 위험을 검사하는 데 있어 중요한 점은 실제 환경에서 위험 수준이 결코 없어질 수 없다는 점을 인정하는 것이다. 따라서 규제, 표준, 컴플라이언스, 검사자, 엔지니어, 감사관, 테스터들과 다른 감독 전문가들이 있음에도 언제나 부정적인 결과가 발생할 수 있는 확률이 남아 있다. 우아한 이론을 구축하고 복잡한 계산을 통해 위험을 모델링할 수도 있다. 그러나 최고의 모델이라도 현실에는 미치지 못한다. 우리는 지속적으로 진화하는 위협 환경에서, 꾸준한 취약점 발견과 공격자들의 발전으로 인해 위험 모델과 통제 지침이 무의미해지는 것을 일상적으로 관찰해왔다. 한마디로 현존하는 최고의 지침, 관행, 표준 등 준수할 수 있지만 여전히 사이버 침해로 피해를 입을 수 있다. 따라서 사이버 위험을 업무 운영에 관한 위협이 지속적으로 진화되는 것과 관련시켜 보는 것이 생산적일 것이다.

운영 위험으로서의 사이버 보안 위험

침해가 발견되면 금융업계 경영자들은 놀라움을 표시하지만 기술 위험 관리자에게 사이버 침입은 그리 놀라운 일이 아니다. 오늘날 일반적으로 받아들여지고 있는 위험 관리의 구조는 수 세기 동안 거의 같은 형태로 존재해왔다. 그에 비해 사이버 보안 위험은 일반적인 운영 위험을 기준으로, 10년 동안 조사해온 문제 영역에 해당된다. 1996년 피터 번스타인Peter Bernstein이 쓴 『리스크(Against the Gods, The Remarkable Story of Risk)』(한국경제신문사, 2008)[2]는 위험 관리의 역사를 다큐

멘터리 드라마 형태로 기록했다. 이 책에서 사이버 보안 위험은 언급되지 않으며, 현재 사이버 보안 관리자들이 사용하는 도구 역시 전혀 존재하지 않았다. 번스타인은 오늘날 사이버 보안 위험을 분석하기 위해 사용되는 데이터 분석 기법들을 알고 있었고, 이를 "컴퓨터 체조"라고 불렀다.

번스타인이 보기에 처음으로 행운을 연구한 최초의 수학자들도 확률론의 핵심 지식들을 손쉽게 만들어낼 수 있었다. 하지만 사람들이 자신의 결정이 신의 섭리나 운명을 예측할 수 있다고 믿기 시작한 이후에서야 위험 관리를 위해 수학을 이용한다는 개념이 생겨날 수 있었다. 따라서 은행들이 수 세기 동안 담보와 사업 금리와 같은 신용 모델을 사용하기는 했지만, 계몽주의가 대두되기 전까지는 역사적 통계를 기반으로 한 실제 수학 모델을 업무적인 결정을 위해 사용하지 않았다. 17세기가 돼서야 역사적 데이터와 통계를 결합하는 일이 보험업계의 관행으로 자리 잡을 수 있었다. 오늘날에도 금융 경영진의 리스크 의사 결정에 관한 가장 명확한 예는 보험에서 발견되고, 그 뒤는 신용에서 나온다. 소비자, 사업체나 정부기관과 신용 거래를 하고자 하는 경우에도 어떤 금융 관리자는 잔액이 상환될 확률을 계산해야 한다. 소비자 신용 위험의 경우 소비자들은 다양한 기준으로 평가되며, 가장 중요한 것은 위험 지표인 신용 점수다. FICO[3] 점수가 가장 널리 사용되는 척도이기는 하지만 소비자 인구 통계, 소득, 현재 신용, 과거 채무 경험, 파산, 법원 판결 및 저당[4] 등을 포함하는 모델에 기반하는 수많은 다른 점수들이 있다. 신용 위험 지표는, 채무가 이행되지 않을 확률을 대신 계산해준다. 각 은행들은 특정 소비자가 주어진 신용 잔액을 상환할 확률 값을 이런 모델 점수들을 이용해 산출한다. 이 모델들은 주로 유사한 인구 통계와 재정적인 위치에 있는 소비자들의 과거 행동을 기반으로 한다.

금융 경영진이 위험 기반 결정을 겪는 또 다른 예시는 시장 위험이다. 새 금융 상품을 출시하거나 새로운 금융 시장으로 이전하는 것은 불확실성으로 가득한 일이다. 경영진은 고객이 신제품을 위해 지불할 확률을 판별하기 위해 잠재 고객에게 설문 조사를 실시한다. 홍보 전략 분석을 거쳐 유사한 제품에 관심을 보인 사람들이나 고객이 될 확률이 높다고 여겨지는 사람들에게 다가갈 수 있는 확률을 추정한다. 공급업체들에게서는 견적을 받아 제품이 수익성 있게 생산될 확률을 추정한다. 이 확률들로 무장한 경영진은 이번 출시 제품이 성공할 확률을 추정하고, 그 확률에 기반해 의사 결정을 내린다.

확률론을 위험 관리에 성공적으로 적용한 모든 사례에서는 대규모의 적절한 데이터가 긴 시간에 걸쳐 수집되고 안정적인 패턴들이 반복되고 있었다. 신용 위험의 결정은 대부분 역사적 데이터의 분석에 기반하고, 시장 위험의 결정은 잠재적인 미래의 행동 분석에 기초하고 있다. 수집된 데이터 집합을 이용해 미래를 예측하는 사이버 보안 위험 기반 모델은 아직 업계에서 널리 사용하고 있지 않다. 과거 데이터를 이용해 미래를 예측하는 모델 없이는 주어진 사건의 기본적인 확률에 대해 서로 동의할 수 있는 방법이 없다. 번스타인이 말했듯이 "비선형적 방법이나 컴퓨터 체조에 기반한 예측 도구는 기존의 확률론의 앞길을 막는 대부분의 장애물을 같이 겪는다. 모델의 원자재가 과거 데이터라는 사실이다."[5]

신용 위험 결정 변수들은 정보화 시대의 시작부터 지난 수십 년 동안 정제돼 왔다. 시장 위험 결정 모델들은 비록 덜 표준화돼 있지만, 이를 구성하는 변수 역시 수십 년을 거치면서 정교해졌다. 하지만 사이버 보안 사건을 예측하는 데 사용하는 데이터 요소들은 사이버 보안 위험 지표로 동의할 수 있는 그 어떤 방식으로도 표준화되지 못했다. 게다가 사이버 보안 데이터를 구조화할 수 있는 방법을 모색하는 표준 커뮤니티가 있지도 않아, 미래의 사건들도 과거의 데이터로 예측할 수 있을 것 같아 보이지 않는다. 그런 관점을 조사하라는 규제 압력이 어느 정도는 있었지만, 현재 사이버 보안에 있어 신용 점수에 상응하는 것은 없다. 즉, 은행원이 상대적인 융자금 상환의 성공률을 할당하는 것과 같은 방식으로 서로 다른 두 시스템에 관해 상대적인 사이버 공격의 성공률을 할당하는 데에는 표준 위험 관리 기법이 별로 도움이 되지 않는다는 것이다.

역사적 데이터의 부족

사이버 보안 분야에 새로 들어온 사람들은 어디에서나 볼 수 있던 사이버 보안 공격을 알리는 헤드라인과 사이버 보안 위험을 연구하기 위해 실제 활용 가능한 데이터 사이의 극명한 대조에 놀랄 수 있다. 그러나 이것이 사이버 보안 전문가들이 데이터를 수집, 공유하는 노력이 모자라 발생한 것은 아니다. 실제로 보안 지표에 관한 제1차 NIST^{National Institute of Standards and Technology} 회의[6]부터 가장 최근에 설립된 기관인 FSARC^{Financial Systemic Analysis & Resilience Center}[7]까지 사이버 보안 위험 분석을 지원하기 위해 더 많고 나은 데이터를 수집하기 위한 각고의 노력이 있어 왔다.

그중 가장 눈에 띄는 노력은 Data Loss DB[8]와 Vocabulary for Event Recording and Incident Sharing^{VERIS} 데이터 침해 보고서다.[9] 둘 모두 사이버 보안 사건에 관한 세부 사항을 제공하면서도 통계적인 관점의 유용성을 갖기 위한 자세한 정보를 수집하는 데 어려움을 겪었다. 버라이즌^{Verizon}의 Data Breach Investigations Report^{DBIR}로도 알려진 VERIS가 가장 풍부한 데이터를 갖고 있으며, 공공 및 민간 사고 대응 팀, 국제 법 집행기관, 사이버 보안 소프트웨어 및 서비스 제조사들과 싱크탱크 등을 포함한 수많은 곳으로부터 수집한 사건 정보들을 담고 있다. 그럼에도 우리가 갖고 있는 데이터는 예측이 가능할 만큼 충분히 관련 있고 의미 있는 세부 사항들이 포함돼 있지 않다. 사고에 관해 수집된 데이터는 비교 분류법으로 분석되며 분석한 기간 내에 발생한 것으로 확인되고, 유사한 특성을 가진 조직에 귀속되기도 한다. 그러나 이것이 현존하는 사이버 공격의 상당 부분을 대표하지는 못한다. Data Loss DB는 구독 서비스로 대체되면서 해체됐지만, 다른 어느 것도 이를 대신해 우위를 차지하지는 못했다. VERIS 보고서가 최근 발간물에서 인정했듯이 "2016년에 발생한 전체 기관의 총 데이터 침해 건수를 알 수 없기 때문에, 이 보고서가 전체 침해 중 어느 비율만큼 대표하고 있는지 알 수 있는 방법이 없다. (비록 우리 샘플들에는 많은 사례가 포함돼 있지만) 수

많은 침해들이 보고되지 않으며, 더 많은 침해들은 아직 피해자가 인지조차 못하고 있다."[10] 게다가 공격이 워너크라이[WannaCry][11]처럼 광범위하게 수천 대의 디바이스를 공격하는 경우가 아닌 이상, 대량으로 공유된 사고 정보는 두 공격을 비교해 그 둘이 서로 동일한 공격의 복제본임을 확인할 수 있을 만큼 충분히 세분화된 기술적 세부 정보를 제공하지 않는다.

불행히도 사이버 보안은 "고약한" 문제다. 여기서 '고약한 문제'라고 표현한 것은 막대한 책임을 지니지만 궁극적으로 올바른 해결책을 얻을 수 없고, 단지 상황 개선만을 목표로 삼을 수밖에 없기 때문이다.[12] "고약"함이 "문제"에 적용된 이 용어는 노숙이나 약물 남용 등의 문제에 관해 사회학자들이 자신의 견해를 설명하기 위해 만든 말이다. 시스템 보안 측정은 사회과학적 문제에서 일반적인 '완전히 해결될 수 없는' 특성을 지니며, 결국 '고약한' 문제를 제시한다.

때문에 실제 시스템 속성으로 이해되고 과학적 표준에 따라 그 측정값을 검증할 수 있는 보안의 개념에 도달하기는 어려운 일이다. securitymetrics.org 설립 멤버 댄 기어[Dan Geer]의 말에 따르면 "옛날 옛적의 통계학자로서 말하자면 우리가 가설 테스트 단계에 와 있는지, 아니면 아직 가설 생성 단계에 있는지 자문해야 한다. 나는 내가 후자의 단계인 것을 알고 있고, 그 때문에 탐색적 분석을 수행할 수 있는 데이터를 항상 찾아다니고 있다. 물론 이미 데이터를 보유한 사람들은 가설을 테스트할 수 있지만, 다른 과학자들과 마찬가지로 일단 누군가가 가설을 생성하고 테스트하고 나면 '방법' 부분에 충분한 주의를 기울여 보고하는 것이 너무나도 중요하다. 다른 사람들이 자신만의 데이터, 디바이스와 분석 방법을 통해 검증 절차를 수행할 수 있기 때문이다."[13]

데이터 없는 확률 값들을 사용할 수 없을지라도, 인터넷에 연결된 모든 시스템들이 악의적인 세력에 의해 지속적으로 스캔되고 있다는 사실은 절대적으로 확실하다. 알 수 없는 부분은 주어진 시스템을 특정 공격자가 공격할 것인지 여부다.

지난 10년 간 공격 목표에 관한 데이터가 어느 정도는 수집됐다. 매년 바뀌기는 하지만 금융업계와의 제휴는 일반적인 데이터 수집처 중 하나였다. 보안 침해와 관련해 가장 데이터가 풍부한 연구 중 하나는 앞서 언급했던 버라이즌의 DBIR 이다. 이 보고서는 공공 및 민간 사고 대응 팀, 국제 법 집행기관, 사이버 보안 소프트웨어 및 서비스 제조사들과 싱크탱크 등을 포함한 수많은 곳에서 수집한 사건 정보를 담고 있다. DBIR에 따르면 2016년 보고된 사이버 보안 데이터 침해 중 24%가 금융 산업이고 의료 서비스가 15%로 2위, 정부가 12%로 3위 그리고 나머지 18개 산업이 49%를 차지했다.[14] 또한 금융 산업이 보고된 전체 사건의 24%를 차지하지만 기록된 사건들 중 1% 이하 정도만이 실제 데이터 침해로 이어졌다. 따라서 원칙적으로는 각 기관별로 각자의 상황을 파악해 위협 확률을 추정해야 하지만, 일단 공개된 데이터를 최대한 분석해보면 공격자가 금융기관을 공격 목표로 삼을 확률은 약 4분의 1에 해당함을 보여준다.

분명히 말해 공격자들이 모든 금융 서비스 기업들이 등록한 모든 대외 시스템을 스캔할 것이라는 주장은 과언이 아니다. 어떤 금융 서비스 경영자라도 자신의 회사가 새롭거나 혹은 오래된 취약점을 스캔받을 확률이 100%보다 현저히 낮다고 가정하는 것은 명백한 실책이다. 공격자가 취약한 시스템을 악용할 것이라는 것 역시 분명한 사실이다. 따라서 어떤 취약한 금융 시스템이 악용될 확률은 이 시스템이 스캔의 대상인지 결정하는 것이 아니고 (스캔을 통해 취약한 시스템을 찾은) 공격자가 이 시스템을 정보 탈취, 사기나 시스템 중단을 위해 악용하기로 결정할지 여부다. 즉, 악용 위험의 측정은 특정 공격자에게 있어 이 시스템이 얼마나 목표로서 매력적인지에 근거를 둬야 한다. 따라서 공격을 받을 확률은 이 시스템이 취약점을 가질 확률과, 숙련된 공격자가 이 시스템을 목표로 삼을 확률을 조합해서 얻을 수 있다.

만약 이 두 확률이 독립적이라면, 공격을 받을 전체적인 확률은 공격자의 결정의 불확실성만큼 감소할 것이다. 시스템이 취약할 확률과 그 시스템이 악용될 확률이 각각 75%인 환경에서, 교집합의 확률은 다음과 같이 나타낼 수 있다.

$$P(\text{사이버 공격}_s) = P(\text{취약점}_s) * P(\text{악용}_s)$$
$$= 0.75 * 0.75$$
$$= 0.5625 = 56.25\%$$

이것은 임원들이 취약점이 있을 확률이 높다는 것을 알면서도 가끔씩 공격받을 확률이 50 대 50, 또는 행운권 추첨과 같다고 믿는 이유를 설명한다(그림4-1). 하지만 사이버 범죄자들이 취약한 은행을 공격한다는 점은 사실 이 두 확률이 독립적이 아님을 의미한다. 오히려 사이버 공격이 일어나는 상황은 취약점이 있는 시스템의 집합과, 바로 그것과 동일한 집합인 공격자가 취약점을 악용하려는 시스템의 집합의 교집합이다. 이 경우 교집합의 확률은 다음과 같이 나타낸다.

$$P(\text{사이버 공격}_s) = P(\text{취약점}_s) * P(\text{악용}_s|\text{취약점}_s)$$
$$= 0.75 * 1$$
$$= 0.75 = 75\%$$

도미노 효과

그림 4-1. 확률의 추정

취약점에 좌우되는 확률

메시지는 명확하다. 해답의 일부는 취약점을 줄이는 것이다. 모든 금융기관은 적어도 하나의 프로토타입 공격자에게 매력적인 목표다. 바로 조직 범죄다. 고도화된 사이버 범죄 조직들은 10년 넘게 관측돼 왔고[15], 이들의 활동은 개인식별정보 판매를 통해 사기 및 신원 도용 사건들을 조장한다.[16] 금융 서비스 기업 가운데 유명한 곳들은 과거 성공한 공격들이 계속될 가능성이 높은 것을 인정하고 아직 확인되거나 악용되지 않은 일부 취약점이 여전히 목표가 될 수 있다는 점을 경계해야 한다.

다시 말하자면 새롭게 발견된 취약점이 발표되고, 그 취약점이 심각하고 스캔을 통해 쉽게 식별되는 경우 금융기관으로 인식되는 모든 웹사이트들은 조직 범죄에 의해 시스템적으로 스캔될 것이다. 이러한 이유로 모든 금융기관들은 공격받을 확률이 100%다. 즉, 성공적인 침해는 피할 수 없는 "표절" 공격들에 대한 매력적인 패턴을 확립한다.

어느 사이버 공격에서나 첫 번째 단계는 바로 이러한 정찰 유형이며, 2017년의 아파치 스트럿츠 취약점이 좋은 예시다. 이 취약점이 발표됐을 당시에는 공격자가 목표로 삼고 정찰 단계에서 더 침투적인 공격 기법으로 즉시 전환할 수 있는 취약한 금융기관이 매우 많았다. 취약점이 발표되자 많은 기관들이 웹 분석 팀에게 아파치 로그에 공격자가 취약점을 악용한 증거가 있는지 조사할 것을 지시했다. 당시 일부 금융기관은 정찰 활동을 즉시 인지하고 곧바로 취약점을 패치했다. 에퀴팩스가 공격받은 이유는 우선 에퀴팩스가 아파치 스트럿츠 취약점을 패치하지 않았기 때문이고, 공격자들이 그 사실을 직접 관측할 수 있었기 때문이다. 취약점의 심각성이 알려지자 더 심도 깊은 정찰 활동이 필요해졌고 침입자들은 다른 취약점들을 식별하고 조합해 "정보 탈취"[17]라는 위협 목적을 달성했다. 공격에 대한 여러 분석 보고서를 읽은 독자들에게는 에퀴팩스가 자신들이 왜 이렇게 불행했는지 이해하지 못한다는 점이 오히려 수수께끼다.

한 가지 이유는 시뮬레이션 공격에 견딜 수 있는 능력이 금융산업에 대한 신뢰의 기준이 될 수 있기 때문이다. 많은 금융기관에게 있어 공격자의 성공률을 추정하기 위한 주요 방법은 공격의 전체 주기를 모방하고 가짜 공격자의 성공률을 측정하는 것이다. 많은 금융기관은 독립적인 컨설턴트를 고용해 이들에게 사이버 공격자('화이트햇')의 역할을 부여하고, 탐지되지 않은 채로 정보 탈취나 사기 행위를 수행하도록 요청하고 있다. 여기에는 물론 '침투 테스트' 서비스(줄여서 펜 테스팅)가 포함된다. 펜 테스팅에 의존하는 이유는 두 가지다. (1) 만약 펜 테스터들이 애플리케이션이나 방어 계층에 대한 접근 권한을 얻고 다른 계층에 접근을 시도한다면, 마찬가지로 공격자가 접근 방법을 알아낼 확률을 잘 나타낼 것이라는 가정과, (2) 펜 테스트 팀이 모든 알려진 취약점을 스캔할 것이므로 펜 테스트를 거치면 현재 알려진 모든 취약점에 대한 통제 효과를 입증할 수 있을 것이라는 가정이다. 두 가지 가정 모두 서로 다른 이유에서 문제가 있다. 우선 펜 테스트 팀의 기술 수준은 본질적으로 다양하고, 스캔 기법도 서로 다를 수 있다. 두 번째로 기업 팀들은 국가나 조직 범죄와 같이 정교한 공격자들보다는 지원이 부족하기 때문이다.

하지만 공격자가 목적을 달성할 가능성을 기반으로 공격받을 확률을 계산한다는 생각 자체는 의미가 있다. 공격자의 목적은 두 가지 방법으로 저지할 수 있다. 첫 번째는 알려진 심각한 취약점들을 신속하게 완화하는 것이고, 두 번째는 단일 통제에 의존하지 않음으로써 공격자가 목적을 달성하는 것을 예방하는 것이다. 공격자가 단일 취약점을 공격함으로써 목적을 달성할 수 있는 시스템은 취약한 것을 쉽게 파악할 수 있을 것이며 만약 공격자가 목적을 달성하기 위해 두 가지 이상의 통제가 취약해야 한다면, 공격 성공 확률은 더욱 낮아질 것이다. "심층 방어 defense-in-depth"라는 선전 구호는 바로 이 때문에 만들어졌다. 많은 금융기관들의 심층 방어 모델들의 기반 구조는 다중 계층 기반 시설의 각 계층마다 적어도 하나의 통제가 손상되지 않는 한 공격자의 목적이 달성될 수 없다는 것을 의미한다. 이것은 취약점을 "사슬은 가장 약한 고리만큼만 강하다"고 보는 것이다. 따라서 공격이 저지될 확률을 높이기 위해서는 모든 계층의 강도에 의존하게 된다.

그림 4-2와 그림 4-3은 심층 방어의 개념이 일반적으로 어떻게 사용되고, 그에 반해 펜 테스트처럼 어떻게 착각을 일으킬 수 있는지 보여준다. 그림의 동심원들은 공격자가 기술 기반 시설 한 계층에서 다음 계층으로 이동하려고 할 때 그 길

을 막는 장벽의 이미지를 형상화한다. 속이 채워진 더 작은 원들은 인증 절차를 나타내며, 다리 그림은 사용자가 그 절차를 건너뛰고 그다음 계층으로 바로 진행할 수 있음을 나타낸다. CISO들은 일반적으로 금융 시스템 기술 환경의 기반 시설 계층 제어를 설명하기 위해 그림 4-2와 같은 도식을 이용한다. 그림에 따르면 각 기반 시설의 계층별로 인증을 요구한다. 하지만 전체적으로 봤을 때 기반 시설의 구조는 진정한 심층 방어의 구현이 되지는 못한다.

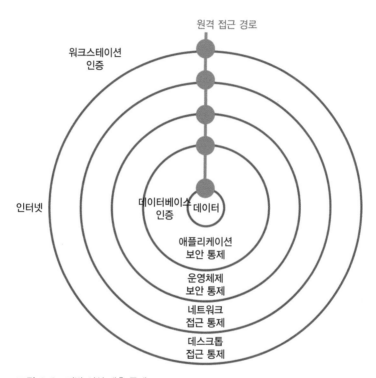

그림 4-2. 기반 시설 계층 통제

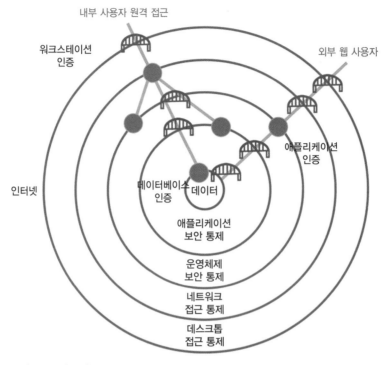

그림 4-3. 접근 경로

심층 방어 도식의 각 동심원이 엄격한 분리의 이미지를 떠올리게 하지만 많은 금융 서비스 네트워크에서 내부 원에 대한 인증 메커니즘은 동일 네트워크에 관해서는 전부 제공된다("평평한" 네트워크라고 한다). 따라서 사용자가 (가장 바깥 계층인) 네트워크에 접근하고 나면 어떤 방화벽이나 다른 네트워크 통제도 사용자가 네트워크 내 다른 플랫폼에 직접 인증을 시도하거나 취약점을 스캔하는 일을 예방하지 못한다. 애플리케이션 사용자들이 심층 방어의 여러 계층에 접근할 필요가 예상되는 경우, 일반적으로는 하나의 기반 시설 요소를 인증받은 사용자가 자동화된 '통과^{pass-through}' 체계를 통해 다른 요소들에게 명령을 보내도록 설계돼 있다. 일반적으로 소프트웨어 서비스나 마이크로서비스라고 알려져 있다. 그림 4-3

은 인증 경로를 따라가는 내외부 사용자들이 자원에 접근하기 전에 인증을 요구받는 곳들을 따라 그린다.

그림 4-3의 '내부 사용자 원격 접근' 경로는 네트워크 계층과 데이터베이스 계층 사이에 인증이 필요한 두 개의 계층이 있지만, 데이터베이스가 설치된 운영체제의 포트를 통해 네트워크에서 데이터베이스 로그인 프롬프트에 직접 접근할 수 있다는 것을 나타낸다. 그림 4-3은 내부 사용자들이 원격에서 로그인할 때, 데이터베이스의 출입문에 직접 접근하기 위해서 네트워크에서만 인증하면 된다는 것을 나타낸다. 마이크로소프트 엑셀과 같은 데스크톱 도구들은 데이터베이스 포트에 직접 인증할 수 있는 기술을 제공하며, 별도 운영체제나 애플리케이션 인증을 요구하지 않는다.

그림 4-3의 '외부 웹 사용자' 경로는 고객과 같은 인터넷 애플리케이션 사용자들이 네트워크에 접근할 때 기반 시설의 한 계층에만 인증한다는 것을 나타낸다. 바로 애플리케이션 계층이다. 웹 사용자들이 애플리케이션에 로그인하고 나면 데이터베이스 서버에 데이터 관련 요청을 보내기 위해 추가적인 인증을 제공할 필요가 없다. 일반적으로는 애플리케이션 자체가 데이터베이스에 대한 접근 권한이 있고 소프트웨어 서비스를 통해 사용자를 대신해 질의를 보낼 수 있다. 이런 서비스 중심 구성, 또는 마이크로서비스 기술은 애플리케이션 사용자들이 데이터베이스 계층의 로그인 프롬프트를 거치지 않게 하기 위해 만들어진 것이다.

따라서 그림 4-3은 기밀성이 높은 고객 정보가 언제나 다섯 개의 계층 밑에 봉인돼 있는 것이 아님을 보여준다. 이 정보에 접근하기 위해서는 단 한 번의 인증만을 거치면 되기 때문이다. 2014년 JPMorgan Chase 데이터 침해에서 최초의 공격은 네트워크 계층의 약한 통제를 악용했다. 그림 4-3의 내부 사용자 원격 접근 경로와 유사한 상황이었다.[18] JPMorgan Chase 해킹에서 내부 인증 기술의 약한 통제가 공격자로 하여금 내부 네트워크 안에서 돌아다닐 수 있게 했다. 마찬가지로 침해를 당한 에퀴팩스 웹 애플리케이션은 그림 4-3의 웹 사용자 경로와 유사하게 설정돼 있었다. 하지만 아파치 스트럿츠 취약점은 이 단일 인증 지점을 우회할 수 있게 해줬고, 인터넷으로부터 접근 통제가 전혀 되지 않은 상황이 발생했다. 비록 금융업계의 표준 심층 방어의 구성은 그림 4-2와 같지만, 모든 기업들이 그림 4-3과 같이 엔지니어를 통해 인증된 지름길들을 만들고 마는 것이다.

고객 정보를 공격자들에게서 떼어 놓는 게 단 하나의 비밀번호라는 사실에 대한 인식으로, 2004년 연방예금보험공사FDIC, Federal Deposit Insurance Corporation에서는 「계정 탈취 신원 도용에 종지부를 찍다」라는 논문을 발표했다. 그 논문에서 연방예금보험공사는 금융기관들이 접근 권한을 부여하는 인증 프로토콜에서 전통적인 비밀번호에 2차 인증 '수단factor' 추가를 검토하도록 가이드라인을 정했다. 그 당시 2차 인증 수단으로 통용되는 것은 단 한 가지, 바로 휴대용 토큰이었다. 인증 수단과 관련해 보안 전문가들 사이에서 통용되던 주문은 다음과 같다.[19]

1. 지식 기반(비밀번호나 비밀 문구)

2. 소유 기반(휴대용 토큰)

3. 생체 기반(바이오메트릭스)

FDIC는 단일 수단 통제가 사이버 보안의 위험 지표라고 보고 이런 절차를 밟았으며, 더 견고한 보안 기법들을 통해 위험을 감소시켜야 한다고 보았다. FDIC의 계정 탈취 논문은 2차 인증 수단으로서의 몇 가지 대체 수단의 개발을 촉진했다. 예를 들어 소비자 단계에서 심층 방어를 형성하기 위한 시도로 보안 질문이나 디바이스 식별 기술들이 고안되고 구현됐다.[20] 그때부터 많은 기업들이 외부 사이트의 인증 표준으로 투팩터two-factor 인증을 도입했다. 투팩터 인증은 단일 팩터 인증보다 더 강력한 통제 수단이다. 하지만 심층 방어 계층을 보호하는 사용자 인증을 2차 인증 수단으로 강화하더라도, 그 이후의 기반 시설 계층에 대해서는 추가적인 통제를 제공하지는 않는다. 만약 에퀴팩스 웹사이트가 투팩터 인증으로 보호되고 있었다고 하더라도 이것은 애플리케이션 계층에 있었고, 아파치 스트럿츠 취약점은 운영체제에 대한 접근을 허용했기 때문에 똑같이 우회가 가능했을 것이다.

금융기관은 각 계층에 관한 공격이 성공할 수도 있다는 점을 가정해야 한다. 또한 한 계층에서 다른 계층으로의 이동을 위해 인증할 때 양쪽 계층의 특정 자원들에 관해 명시적, 개별적으로 인증된 사람이나 프로세스 외에는 불가능하도록 통제해야 한다. 이렇게 하면 인증된 접근 경로와 양쪽의 통제 지점이 지속적으로 데이터 흐름을 유지하기 때문에 사슬의 약한 고리가 보안을 훼손하지 않는다.

따라서 공격이 성공할 확률은 모든 계층에서 공격이 성공할 확률로 감소된다. 수학적으로 순수한 심층 방어 모델에서의 공격 성공 확률은, 사슬의 가장 약한 고리가 전체 사슬을 파괴할 수 있을 때에는 그림 4-4와 같이 계산된다. 어느 하나의 취약점이라도 전체 사슬을 노출시킬 수 있기 때문에 확률이 가장 높은 공격이 전체 결과를 좌우하게 된다. 즉, 모든 내부자들은 네트워크에 인증된 접근 권한이 있고, 네트워크에 인증된 접근 권한이 있는 사람은 누구라도 공격의 시발점이 될 수 있다는 것이다.

```
공격 성공 확률("P") =
P(워크스테이션) = 1 – 모두가 자기 워크스테이션에 접근이 가능하기 때문
* 최댓값 {
        최댓값 {
                P(네트워크) = 1 – 내부 네트워크 관리자를 통한 공격
                P(네트워크 취약점)
        }
        최댓값 {
                P(운영체제) = 1 – 내부 운영체제 관리자를 통한 공격
                P(운영체제 취약점) – 내부자를 통한 공격
                P(네트워크) * P(운영체제 취약점) – 외부 공격
        }
        최댓값 {
                P(애플리케이션) = 1 – 내부 애플리케이션 지원을 통한 공격
                P(애플리케이션 취약점)
        }
        최댓값 {
                P(데이터베이스) – 내부 데이터베이스 관리자를 통한 공격
                P(데이터베이스 취약점) – 내부자를 통한 공격
                P(네트워크) * P(데이터베이스 취약점) – 외부 공격
        }
}
```

그림 4-4. 공격의 성공 확률: 모든 계층이 네트워크에서 접근 가능한 경우

참고로 그림 4-4는 단순히 공격이 성공할 수 있다는 것을 인정하고, 그 피해는 고려하지 않고 있다. 승인된 네트워크 관리자에 대해 전체 네트워크에 관한 접근을 제한하는 보조적인 제어가 없는 경우, 이 예시에서는 네트워크상의 워크스테이션을 가진 누구라도 운영체제를 직접 공격하기 위해서 네트워크 계층에 침투할 필요가 없다. 그림 4-5는 계층 간에 엄격한 관문이 설치된 경우의 확률 계산을 나타낸다. 이 경우 누군가가 운영체제를 공격하기 위해서는 네트워크 보안을 침투해야 하고, 애플리케이션 공격을 위해서는 운영체제 보안을 침투해야 하는 등 이런 식으로 계속 이어진다. 심층 방어의 개념은 직관적으로 이런 조건부 확률이 적절하다는 느낌을 주지만 빈틈투성이인 계층들을 가정할 때 이 방식의 확률 계산이 이대로 적용되는 경우는 거의 없다.

```
공격 성공 확률("P") =
{
P(워크스테이션) = 1
* 최댓값 {
            P(네트워크) = 1 (네트워크 관리자)
            P(네트워크 취약점)
  }
* 최댓값 {
            P(운영체제) = 1 (운영체제 관리자)
            P(운영체제 취약점)
  }
* 최댓값 {
            P(애플리케이션) = 1 (애플리케이션 지원)
            P(애플리케이션 취약점)
  }
* 최댓값 {
            P(데이터베이스) – (데이터베이스 관리자)
            P(데이터베이스 취약점)
   }
  }
```

그림 4-5. 공격의 성공 확률: 계층이 순차적으로 접근 가능한 경우

차세대 진화

그림 4-6은 공격의 초기 성공률을 추정하고 그림 4-4와 4-5에 해당하는 계산을 보충한다. 표본의 확률들은 금융업권을 반영해 상대적으로 선택됐다. 각각에 대한 이유를 간단히 설명하자면 첫째, 일반적으로 네트워크가 가장 주목을 받고(10%), 둘째, 보통 운영체제는 여러 가지 버전이 있고 관리자들이 통제 변수들을 추적하는 데 어려움을 겪는다(50%). 셋째, 애플리케이션은 다른 환경보다도 너무나 자주 바뀌기 때문에 제로 데이 위협으로부터 훨씬 더 위험에 처해 있다(75%). 마지막으로 네 번째, 데이터베이스 관리 시스템은 알려진 보안 노출 없이는 기존 시스템과 통합이 어려울 수밖에 없는 제약 조건을 종종 갖고 있다(60%).

공격자	외부	내부	네트워크 관리자	운영체제 관리자	애플리케이션 지원	데이터베이스 관리자	네트워크 및 운영체제
공격 성공 사례 (a)의 확률							
P(워크스테이션)	100%	100%	100%	100%	100%	100%	100%
네트워크	10%	10%	100%	10%	10%	10%	100%
운영체제	5%	50%	50%	100%			100%
애플리케이션	75%	75%	75%	75%	100%	75%	75%
데이터베이스	6%	60%	60%	60%	60%	100%	60%
역할 중복 시 종합 확률	**75%**	**75%**	**100%**	**100%**	**100%**	**100%**	**100%**
공격 성공 사례 (b)의 확률							
P(워크스테이션)	100%	100%	100%	100%	100%	100%	100%
네트워크	10%	10%	100%	10%	10%	10%	100%
운영체제	**5%**	**5%**	50%	100%	**5%**	**5%**	100%
애플리케이션	**4%**	**4%**	**38%**	75%	100%	**4%**	75%
데이터베이스	**2%**	**2%**	**23%**	**45%**	60%	100%	**45%**
역할 중복 시 종합 확률	**10%**	**10%**	100%	100%	100%	100%	100%

그림 4-6. 계산 결과 비교

내부 사용자 열과 공격 성공 사례(a)의 확률 행이 교차하는 값들이 각 계층별 초기 취약점 확률을 나타내는데, 이 사용자가 모든 계층에 관해 직접적인 네트워크 연결을 갖고 있지만 권한이 없는 경우를 나타내기 때문이다. 또한 각 환경에 대한 접근이 엄격히 분리돼 있다고 가정하는데, 예를 들자면 운영체제 관리자들이 데이터베이스 설정이나 프로세스에 접근할 수 없는 등의 경우다. 하지만 관리자 역할이 중복되는 경우가 있기 때문에 그림 4-6의 마지막 행은 이런 경우에 있어 공격이 성공할 확률을 나타낸다.

그림 4-4의 계산을 통해 얻은 그림 4-6의 굵은 숫자들은 공격자가 내부 네트워크에 침투하고 나면 계층 간 이동이 가능하다고 가정한 경우(공격 성공 사례(a))의 공격 성공 확률이다. (계층들이 순차적으로 침해돼야만 하는 경우인) 그림 4-5의 계산을 통해 얻은 그림 4-6의 굵은 숫자들은 그림 4-4의 기법으로 얻은 확률과 차이가 나는 부분들을 표시한다(공격 성공 사례(b)). 비록 관리자 계정으로 공격을 성공하는 데에 어느 정도의 이점은 있겠지만, 계산 결과를 보면 특정 확률에서 공격이 성공할 확률이 극적으로 감소한 것을 알 수 있다. 게다가 외부 공격자나 권한 없는 내부 사용자의 능력이 전체적으로나 개별적인 계층에서도 극적으로 감소했다.

우리가 관찰했던 부분으로 다시 돌아가, 취약점이 있는 시스템이 있고 공격자가 그 취약점을 악용하기로 결정한 상황들의 교집합이 바로 사이버 공격이 있는 상황의 집합이라는 점을 상기하자. 아파치 스트럿츠 취약점이 예시의 애플리케이션 취약점과 같아 75%의 확률에 해당한다고 하자. 그림 4-6의 계층적 통제를 이용하면 식의 오른쪽에 해당하는 공격이 성공할 조건부 확률을 감소시켜 해당 시스템이 덜 매력적인 공격 목표가 되게 할 수 있다.

$$P(\text{사이버 공격}_s) = P(\text{애플리케이션 취약점}_s) *$$
$$P(\text{악용}_s | \text{애플리케이션 취약점}_s)$$
$$= 0.75*0.10$$
$$= 0.075 = 7.5\%$$

방어 계층을 보호하기 위해 인증 통제에 초점을 맞추는 것은 사이버 보안 공격 성공률을 감소시키기에 적합하지 않다는 점은, '사슬의 약한 고리' 비유를 통해 오래전부터 알려져왔다. 예방 통제는 성공적인 사이버 보안 프로그램의 일부 요소에 불과하며, (단순히 공격을 저지하기 위해 선형적으로 구성된 것과 달리) 폐회로 시스템을 요구한다. 그림 4-7과 같이 폐회로 시스템은 방어 전략의 지속적인 개선을 촉진한다. 사이버 보안 초기 시절에는 (또는 아직도) 이 폐회로 흐름을 설명하기 위해 예방, 통제, 복구, 또는 'PDR 회로'라는 용어를 사용했다. 이 사상은 침입자를 예방하기 위해 최선의 방어로 시작한다. 하지만 동시에 침입자들을 막기 불가능할 수 있다는 사실을 이해하고, 그들을 탐지하기 위해 대비한다.

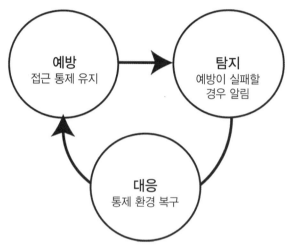

그림 4-7. PDR 회로

마찬가지로 이해해야 할 점은 최고의 예방과 탐지 노력에도 공격이 성공한다면 기업은 복구를 진행해야 하기 때문에 조직들은 이 상황에 관해서도 병렬적으로 대비해야 한다는 것이다. 이 접근은 유사한 PDR 회로를 따르는 경찰관이나 소방관, 응급 의료 전문가들 사이의 전통적인 '초기 대응반' 신조에서 따온 것이다. 이 집단 역시 피해를 예방하려 하고, 피해를 예방할 수 없으면 그것을 탐지하고 빠르고 효과적으로 대응하려고 애쓴다. 실제로 컴퓨터 포렌식 기법의 생성 뒤에는 법 집행기관의 적극적인 노력이 있었다. 이것은 최초의 사이버 보안 통제를 개발하는 사건으로 이어졌는데, 진행 중인 공격을 탐지하고 그 위협을 제거하는 것으로 대응했다(노턴 안티바이러스).[21] PDR 회로의 다양한 버전들이 정보보안 사회 주위를 수십년 간 떠돌고 있었다.[22] 오늘날의 PDR 회로는 모든 심층 방어 계층에서 자동화된 모니터링으로 둘러싸여 있고 자동 및 수동 대응을 혼합해서 이용한다.

탐지 및 대응이 효과적인 경우 공격 성공률이 줄어든다. 공격자가 성공적으로 인증을 통과한 경우에도 공격 목표를 수행할 충분한 시간을 확보하기 전에 제거될 수 있기 때문이다.

오늘날 PDR 회로의 복잡성을 완전히 인식하기 위해서는 군대의 역사에서 볼 수 있는 폐쇄회로의 변형이 가진 영향력을 이해해야 한다. 이 변형 회로는 이미 존재하는 통제의 실책을 탐지하는 능력뿐만 아니라, 관심 대상 시스템에 대해 항상 진화하는 외부 활동의 잠재적인 영향을 탐지하는 능력을 강조하고 있다. 이 시각은 적 행동을 감안한 상황 인식에 크게 의존하는 공군의 전투기 전략에서 기원한다. 회로는 총 4단계로 구성돼 있다. 관찰, 방향 설정, 결정 그리고 행동('OODA')으로 이뤄진 이 회로는 위협을 고려해 현재 환경을 평가하고, 그 평가를 바탕으로 임무 전략을 실시간으로 변경할 수 있는 능력에 의존한다.[23] PDR과 OODA 회로는 시스템 보안 엔지니어링에 관한 체계적인 접근에 큰 영향을 미쳤으며 그림 4-8에 그려져 있다.

시스템 행위에 대한 외부 영향

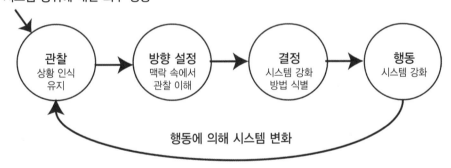

그림 4-8. OODA 회로

그림 4-9는 사이버 보안 위협을 격리하기 위한 폐쇄회로 전략에 가장 최근에 추가된 내용을 그린 것이다. NIST는 몇 년 전 이 내용을 식별, 보호, 탐지, 대응, 복구의 5단계 사이버 보안 프레임워크로 성문화했다. 이 프레임워크는 정보의 조직

화, 위험 관리 결정, 위협에 대한 대응 그리고 과거 활동으로부터 배움으로써 방어를 강화하는 데 있어 중요한 보조 디바이스로서 거버넌스와 문화를 강조했다. 폐쇄회로의 초점은 사이버 보안 공격의 성공률을 낮게 유지하는 유일한 방법은 시스템 자체가 새로운 위협과 공격 패턴에 대해 진화하는 것밖에는 없다는 것이다.

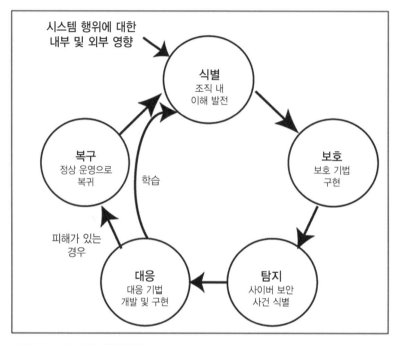

그림 4-9. NIST 사이버 보안 회로

사이버 보안 위험에 관한 이러한 접근 방식은 나심 니콜라스 탈레브[Nassim Nicholas Taleb]의 『안티프래질(Antifragile)』(와이즈베리, 2013)에서의 조언과 일치한다. 탈레브는 현존하지 않는 사건의 가능성을 측정할 수는 없지만 주어진 환경의 위협 대응 능력은 언제나 측정할 수 있다고 설명했다.[24] 적대적 사건들에 맞서 한 환경은 강도가 증가할 수 있고, 다른 환경은 단순히 재건될 수만 있다면 사이버 보안 사건이 발생했을 때 전자의 환경이 후자보다 덜 취약하다는 사실을 자신 있게 말할 수 있다. 이 개념은 이 책의 뒷부분에서 더 자세하게 다룰 것이다.

사이버 보안 통제에 관한 진화적인 접근이 공격의 성공률을 감소시키는 것은 명확하지만 통제가 더 전체적일수록 확률 계산은 점점 어려워진다. 다시 한 번 관찰했던 부분으로 돌아가자. 취약점이 있는 시스템이 있고, 공격자가 그 취약점을 악용하기로 결정한 상황의 교집합이 사이버 공격이 있는 상황의 집합인 경우에 사이버 공격의 확률을 줄이는 방법은 취약점의 확률을 줄이는 것이라는 점을 기억하자.

비록 소프트웨어 보안 버그나 설계 결함을 모두 예견하는 것은 불가능하지만 어떤 자동화된 통제라도 그런 버그나 결함이 하나쯤은 있을 것이라고 예상하는 것은 가능하다. 문제를 해결하는 요령은 그림 4-4, 그림 4-5에서 다룬 계산식의 오른쪽 부분을 이해하고 파고들어 공격이 성공할 확률을 낮춤으로써 상대적으로 매력이 떨어지는 공격 목표로 만드는 것이다. 그림 4-9의 메시지는 만약 취약점이 악용됐더라도 주요 통제의 실패가 신속하게 탐지만 된다면, 신속한 탐지와 대응을 통해 그 취약점이 성공적인 사이버 공격으로 이어질 가능성을 줄일 수 있다는 것이다. 한 대형 은행이 외부 IP가 네트워크 주변부에 연결됐을 때 감지하고, 모든 투팩터 인증 시스템이 그 주소의 사용자가 강력한 인증을 사용해 인증했는지 검증하도록 질의를 자동화한다고 가정하자. 또한 이 자동화된 질의가 일치하는 결과를 찾지 못할 경우, 그 네트워크 연결이 자동으로 끊어지고 조사를 위해 보안 운영 팀에게 전달된다고 가정하자. 이런 재빠른 대응은 공격자가 네트워크에 존재할 수 있는 시간을 초 단위로 줄이고, 공격 목표의 성공적인 달성 확률을 극적으로 감소시킬 것이다. 네트워크 취약점은 원래 10%의 확률을 갖고 있었고, 그림 4-6을 보면 계층적 통제를 사용하더라도 여전히 10%인 것을 알 수 있다. 하지만 탐지 통제를 사용하면 연결 지속 시간이 공격의 확률을 감소시키기 때문에 식의 오른쪽에 있는 조건부확률을 감소시킬 수 있다. 그리고 나면 외부 공격이 성공할 확률을 0.1%로 감소시켜도 과장되지 않을 것이다. 식은 다음과 같이 바뀌게 된다.

$$P(\text{사이버 공격}_s) = P(\text{네트워크 취약점}_s) *$$
$$P(\text{악용}_s | \text{네트워크 취약점}_s)$$
$$= 0.10 * 0.001$$
$$= 0.0001 = 0.01\%$$

이런 유형의 확률 추정을 사용하려면 합의와 거버넌스가 요구되는 두 가지 결정적인 요소에서 성공해야 한다. 하나는 기술적인 요소이고, 다른 하나는 문화적인 요소다. 우선 기술적인 요소의 난관은 통제가 취약할 확률을 추정하기 위해 모두가 동의할 수 있는 기법이다. 그 판단은 목표 환경 내 통제의 강도에 따라 상대적이 될 것이지만, 그 강도는 추정하기가 어렵다. 따라서 이 추정을 돕기 위해 변수들을 개발해야 한다. 하나의 확률을 다른 확률과 비교할 때 추정 방법에 일관성만 있다면, 이 기법이 조직별로 다르더라도 수용할 수 있다. 추정 절차를 개발하는 팀은 상호 비교가 가능하고 상식에 부합할 수 있도록 통제를 평가할 변수들을 충분히 취합하는 일에 집중해야 한다.

절대적인 취약점 측정에 관한 업계 내 합의가 없다는 것을 기억하자. 그러나 잠재적인 측정 기법들은 책 한 권을 쓸 수 있을 정도로 다양하게 있기는 했다. 조직들은 적용 가능한 곳에 산업 표준을 적용하고 진화하면서 모범 사례를 따를 수도 있다. 일례로 조직들은 소프트웨어 취약점의 잠재력을 측정하는 데에 CERT 가이드라인을 준수할 수도 있다.[25] 다른 예시로 인증 강도를 인증 수단의 수로 측정할 수도 있지만, 시간이 지나 통제와 악용을 위한 새로운 도구와 기법들이 개발됨에 따라 각 인증 수단의 강도가 변화할 수도 있다. 따라서 내부 통제와 관련된 확률의 추정은 주기적으로 다시 수행돼야 한다.

확률 추정의 성공을 위한 두 번째 결정적인 요소는 문화적인 요소다. 통제를 고안하고 운영하는 사람들에게 자신들을 해고하게 만들 수도 있는 업무에 참여하게 하는 것은 매우 어렵다. 투팩터 인증의 강한 연결고리가 네트워크 경계를 보호하는 경우, 증거를 위해 데이터베이스를 검색하는 일은 시간 낭비로 보일 수 있다. 하지만 탐지 기법을 사용해 사이버 공격의 확률을 줄이고자 한다면 통제 기술자와 운영자들은 현존하는 통제들이 동작하고 있을 것이라는 믿음을 기꺼이 중단해야 한다. 또한 자신들을 건너뛰고 프로세스를 중단시킬 수 있는 통제 설계가 정당하고 상식적이라는 사실을 편안하게 받아들여야 한다.

침해나 공격을 받을 확률을 측정하는 데에는 최고라고 할 만한 접근 방법이 없을지라도, 상황 인식을 재고할 수 있는 확률 기반 기법이 존재하기는 한다. 결함이 있는 추정이라도 가치 있는 지표를 제공할 수 있기에, 불완전한 모델을 사용하고 불확실성을 받아들인다고 해도 일반적인 이익을 얻을 수 있다. 사건 데이터 가용성의 증가, 분석 기법의 개선 그리고 사고 투명성의 전반적인 개선은 이 산업을 '그럴듯한 부인'의 시대에서 멀어지게 할 수 있다. 에퀴팩스 사건을 언급한 펜실베이니아 법무장관과 비슷한 견해를 가진 사이버 침해의 관찰자들이 점점 늘어나고 있다. "불행히도 우리의 기업 문화는 사람들보다는 이익에 가치를 두는 방향으로 너무 많이 기울어져 있었기에, 에퀴팩스의 행동이 소름끼치기는 하지만 놀라운 것은 아니다."[26]

더 알아보기

처음 4개의 장은 금융기관의 사이버 보안 위험 차원을 파악하고, 측정하고, 추정하는 데에 관련된 고려 사항을 조사했다. 다음 장들에서는 관찰된 위험에 대해 행동할 때의 기회와 난관으로 초점을 옮긴다. 5장은 잠재적인 대응 행동을 살펴보고, 경영진이 위험을 인식했을 때 그 대응으로 무엇을 해야 하고, 무엇을 할 수 있는지 탐색한다.

참고 문헌

1. Securosis 블로그 2009. http://securosis.com/blog/an-open-letter-to-robert-carr-ceo-of-heartland-payment-systems, 8/12/2009.

2. Bernstein, Peter, Against the Gods, The Remarkable Story of Risk (Hoboken, NJ: John Wiley and Sons, 1996), p. 334.

3. FICO 는 Fair Isaac Corporation의 약자로, FIC 점수는 이 기업의 플래그십 제품이다. www.fico.com.

4. FDIC's Credit Card Activities Manual, Chapter 8: Scoring and Modeling, https://www.fdic.gov/regulations/examinations/credit_card/

5. 위와 같다.

6. Computer System Security and Privacy Advisory Board (CSSPAB) Meeting and Workshop on Approaches to Measuring Security, June 13, 2000. See author contribution: Information Security Metrics, An Audit-based Approach at: http://bayuk.com/publications/BayukNIST.pdf

7. https://www.fsisac.com/article/fs-isacannounces-formation-financial-systemicanalysis-resilience-center-fsarc

8. Open Security Foundation, DataLossDB, http://www.datalossdb.org/ DataLossDB는 2005년 설립돼 2008년 8월부터 2015년 중순까지 사이버 보안 데이터 유실 사건에 관한 정보를 배포해, 편견 없는 고품질 데이터를 제공했다. 2015년 설립자들에 의해 비공개로 전환돼 2015년 이후의 데이터는 VulnDB에서 구입할 수 있다. https://vulndb.cyberriskanalytics.com

9. Verizon Enterprise. (2017). "2017 Data Breach Investigations Report, 10th Edition."

10. 위와 같다. Appendix D.

11. Krebs, B., "WannaCry Ransomware," in Krebs on Security, https://krebsonsecurity.com/tag/wanna-cry-ransomware/, May 13, 2017.

12. Rittel, H.W.J. and Webber, M.M., Dilemmas in a general theory of planning. Policy Sciences, 1973.4(2): pp. 155-169.

13. Geer, D. "Re: discussion topic for Mini-Metricon 5.5 Metricon Program Committee Communication," 11/1/2010.

14. Verizon Enterprise. (2017). "2017 Data Breach Investigations Report, 10th Edition."

15. Bryan-Low, C. (2005). Identity Thieves Organize. Wall Street Journal.

16. BITS (2011). Malware Risks and Mitigation. www.bitsinfo.org, The Financial Services Roundtable.

17. Krebs, B. (2017). "Ayuda! (Help!) Equifax Has My Data!" Krebs on Security.

18. Matthew Goldstein et.al. (2014). Neglected Server Provided Entry for JPMorgan Hackers. New York Times. https://dealbook.nytimes.com/2014/12/22/entry-point-of-jpmorgan-databreach-is-identified/

19. Bayuk, Jennifer L. Stepping Through the InfoSec Program, (Schaumberg, IL: ISACA, 2007), p. 24.

20. FDIC (December 14, 2004). Putting an End to Account-Hijacking Identity Theft, Federal Deposit Insurance Corporation Division of Supervision and Consumer Protection Technology Supervision Branch.

21. Schmidt, Howard. Patrolling Cyberspace, (Blue Bell, PA: Larstan Publishing, 2006).

22. Bayuk, Jennifer L. Enterprise Security for the Executive: Setting the Tone at the Top, (Westport, CT: Praeger, 2010) chapter 3: Triad and True.

23. Boyd, J., A discourse on winning and losing, in Briefing slides. 1987, Air University Library Document No. M-U 43947: Maxwell Air Force Base, AL. 참고: 관찰-방향 설정-결정-행동(OODA) 루프 개념을 소개하기 위해 자주 사용되는 세미나용 프레젠테이션이다.

24. Taleb, Nassim Nicholas , Antifragile: Things That Gain From Disorder, (New York: Random House, 2012).

25. https://www.cert.org/cybersecurityengineering/

26. Shapiro, Josh, "Viewpoints," The Philadelphia Enquirer, September 28. 2017: http://www.philly.com/philly/opinion/commentary/equifax-databreach-cyber-security-josh-shapiro-20170926.html

5장

우리는 무엇을 할 수 있을까?

4장에서 금융기관의 사이버 보안 위험은 잠재적으로 부정적인 영향을 줄 수 있는 사건의 증거로 사용해왔다. 위험 이벤트의 결과는 관점에 따라 긍정적 또는 부정적으로 간주될 수 있다. 두 선수 사이의 도박에서 두 선수 모두 베팅을 기회로 생각할 수 있지만, 일단 결과가 나오면 패자는 위험을 감수했음을 절실하게 깨닫게 된다.

인터넷에서 서비스를 제공하는 것은 사업 기회를 제공하는 동시에 위험이 존재한다. 고유 위험inherent risk은 관찰된 위험을 처리하기 위해 취해진 조치가 없을 경우, 위험 이벤트의 확률을 나타낸다. 이를 이해하려면 클라우드 서비스 제공자를 통해 단일 가상 시스템을 가동하고 방화벽이나 자동화된 보안 패치를 구성하지 않고 보안 로그를 확인해보자. 이전에 알려지지 않은 공격자들이 해당 머신을 공격 목표로 삼는 것을 확인할 수 있다. 즉, 보호 기능이 활성화되지 않은 인터넷에 접속된 모든 디바이스는 공격을 받을 수 있다. 이러한 고유 위험은 '처리'를 통해 관리받는다. 위험 처리risk treatment는 위험을 줄이기 위한 선택 사항의 식별, 선택 및 실행을 포괄하는 일반적인 용어다. 이러한 처리로 위험이 제거되는 것은 아니며 사이버 보안에서 위험 처리의 예로 암호를 들 수 있다. 암호를 추가하면 내재

© Paul Rohmeyer, Jennifer L. Bayuk 2019
P. Rohmeyer and J. L. Bayuk, Financial Cybersecurity Risk Management,
https://doi.org/10.1007/978-1-4842-4194-3_5

된 위험은 감소하지만 쉽게 인터넷상의 공격자가 네트워크 트래픽을 도청하거나 암호 문자열을 읽을 수 있는 형식으로 정보를 노출시키는 다른 취약점을 악용할 수 있기 때문에 상당한 위험이 남아 있을 수 있다. 부적절한 통제로 인해 잔여 위험이 기업이 수용할 수 있는 수준보다 높을 수 있다. 금융 서비스 애플리케이션 운영을 위한 인터넷 의존과 관련된 위험을 수용 가능한 잔여 수준으로 현저하게 줄이기 위해 근본적으로 "우리는 무엇을 할 수 있을까?"라는 질문에 대답하는 것으로 시작해야 한다. 간단히 말해, 의심되는 사이버 보안과 기술 위험에 대한 위험 처리를 설계하고 구현하기 위한 조치를 취해야 한다.

조직 전반의 위험 처리

위험 처리는 위험 분석 결과를 실행으로 전환하는 것을 나타낸다. 4장에서 논의한 것과 같이 잠재적 영향, 비용 및 확률이 결정됐다고 가정하면 의사 결정권자는 대체 위험 관리 결정을 만들어내고 평가하기 위해 필요한 정보를 수집하는 것이 이상적이다. 일반적으로 위험 처리 방법은 다음과 같은 옵션으로 분류할 수 있다.

- 회피Avoidance
- 경감Reduction
- 전가Transference
- 수용Acceptance

회피

위험을 감수하는 상황을 간단하게 회피하는 것은 가능하다. 예를 들어 오래된 시스템을 수정하는 대신 클라우드 또는 SaaS^{Software as a Service} 모델로 호스트 중인 소프트웨어로 마이그레이션하는 경우를 들 수 있다. 모든 클라우드 솔루션에는 고유의 위험과 기술적 취약성이 있을 것으로 예상되지만, 클라우드 서비스 제공자는 사이버 보안이 제품 품질의 증표이기 때문에 높은 수준의 사이버 보안 통제를 수행하는 데 전념할 것이라고 가정하는 것이 합리적이다. 결과적으로 호스팅 대안의 위험은 기존의 아키텍처에서 겪는 어려움보다 그 정도가 낮을 것으로 예상할 수 있다. 또한 서비스 제공자는 독립적인 통제 검토를 수행하고 시간이 지남에 따라 새로운 위험에 대응할 수 있도록 시스템 보안을 유지해야 한다. 위험 평가 활동 중 위험 우려 사항으로 식별한 구성 요소에서 지속적으로 마이그레이션을 수행함으로써 취약할 가능성을 낮추기 위해 이상적으로 아키텍처 설계와 지속적인 개발에 접근해야 한다. 물론 유지 보수를 위해 모든 시스템을 대상으로 지속적으로 관심을 가져야 하며, SaaS 솔루션을 사용하면 대부분의 유지 보수 의무를 서비스 제공자로 이전시킬 수 있다. 이제 제공자가 실제로 필요한 유지 관리를 수행하는지 확인하는 것이 또 다른 의무 사항이 됐지만, 업계에서는 운영과 경제적 관점에서 벤더의 감독과 소프트웨어 유지 관리 사이의 상호교환^{trade-off}의 장점이 있다는 공감대가 형성된 것으로 보인다.

유지 보수는 패치와 같이 보안에 긍정적인 이점을 줄 수 있는 기술 통제 그 자체이며, 가장 높은 확률의 위험을 줄이기 위한 유지 관리 통제는 모니터링 활동에 우선순위를 부여할 수 있다. 위험을 피하기 위한 또 다른 예로 특정 기술에 대해 알려진 위협을 회피하는 방법이 있다. 특정 상황에서는 공격자가 공격 가능성이 높은 취약한 아키텍처 경로를 제거(즉, 공격점을 줄이는 것)해 회피할 수 있다. 따라서 회피는 전반적으로 위험에 노출되는 것을 줄일 수 있다.

경감

위험 이벤트가 발생할 경우 취약성, 사건의 가능성 또는 최종 결과를 줄이기 위한 조치를 취할 수 있다.

완화mitigation는 본질적으로 경감reduction과 동의어로 사용되는 용어이기는 하지만 일반적으로 위험을 회피하기 위해 아키텍처 기본 사항을 변경하는 대신 원하는 아키텍처 설계를 진행할 수 있도록 위험을 줄이기 위한 구체적인 조치를 취하고 있음을 반영한다. 완화는 취약한 시스템 요소에 관한 모든 의존성을 줄이기 위한 전략을 포함시킬 수 있다.

예를 들어 소프트웨어 패치를 통해 완화해 전체 취약점을 줄이거나 데이터 저장 디바이스를 미러링해 위험 이벤트가 발생할 경우 후속 영향(손상)을 감소시킬 수 있다.

일반적으로 허용되거나 규제가 요구되는 통제의 구현에도 잔여 위험이 지나치게 높게 나타나는 경우, 금융기관은 수용 가능한 잔여 수준으로 위험을 낮추는 방법을 선택하기 위한 의사 결정에 직면하게 될 것이다. 일부 사이버 보안 전문가에게 해결 방법은 다음과 같은 간단한 단계별 과정으로 보일 수 있다.

1. 목표로 하는 통제 개선 사항을 기술한다.
2. 솔루션에 관한 정보 요청서RFI, request for information를 작성해 사이버 보안업체 및 컨설턴트에게 보낸다.
3. 최상의 RFI 응답을 선택한다.
4. 제안서RFP, request for proposal를 작성하고 최상의 RFI 응답을 보낸 소규모의 벤더 및 컨설턴트에 보낸다.
5. RFP 응답에서 최상의 솔루션을 선택한다.

6. 새 솔루션을 구현, 배포 및 운영한다.

이러한 접근 방식은 업계에서 폭넓게 채택돼 일부 사이버 보안 부서는 운영체제 설정을 강화하거나 또는 엔지니어링 담당자와의 패치 전략 개발하는 등의 기본 사항에 대해서도 협력하는 경우가 거의 없다. 오히려 단순히 시스템 및 네트워크 관리자가 끊임없이 사이버 보안 제품을 설치하고 보안 통제 콘솔의 관점으로 회사의 인프라를 바라보도록 만들었다. 사실 일부 금융기관에서 사이버 보안 부서의 전반적인 업무는 사이버 보안 제품의 선정과 배치로 지위가 떨어졌다.

이는 많은 금융기관이 운영 환경 전반에 걸쳐 사이버 보안 기술의 계층을 설치한 이유에 관해 설명해준다. 예를 들면 다양한 유형의 방화벽, 운영체제 강화 도구, 싱글 사인 온 및 멀티팩터multifactor 인증 시스템, 자격 부여 서버, 안티 바이러스, 안티 피싱 방지, 안티 멀웨어, 프록시 서버, 블랙리스트, 화이트리스트, 네트워크 암호화, 디스크 암호화, 키 관리 서버, 가상 개인 네트워크, 침입 탐지, 침입 방지, 콘텐츠 필터, 무선 스캐너, 웹 애플리케이션 방화벽, 소스 코드 스캐너, 취약성 스캐너 등이 보안 기술에 포함된다. 이러한 기술과 다양한 사이버 보안 기술을 단일 환경에서 사용할 수 있다.

사이버 보안 제품은 취약한 기술의 공격 대상을 제한함으로써 금융 서비스를 제공하는 기술 운영의 위험을 줄이도록 설계돼 있다. 즉, 여러 시스템의 상황에 맞게 적용할 수 있는 일반적인 위험 완화의 이점이 있다. 새로 발견된 위험을 수정하고 특정 취약점의 특성에 대해 기술적으로 이해하지 못하는 경우에는 소규모의 금융기관조차도 복잡하고 상호 연결된 보안 아키텍처 계층을 소유해야 한다는 모범 사례를 바탕으로 이러한 분위기가 만들어졌다.

결과는 지출과 평가의 끝이 보이지 않은 반복인 것처럼 보인다. 또한 사이버 도구의 구매는 물론 예산상의 제약이 있다. 아이러니하게도 기존의 시스템 구성은 특정 유형의 공격을 완화하기 위해 특별한 도구를 구입하는 것보다 저렴하고 효과적인 해결 방법이다. 사이버 보안 전문가들은 후자의 접근 방법을 '볼트 온bolt-on'이라고 부른다. 볼트 온 접근 방법은 새로운 기술의 도입으로 인한 새로운 기술 관리 작업이 만들어지고 지원 담당자의 새로운 지식 요구 사항이 발생하기 때문에 필연적으로 운영 지원 문제가 발생한다. 이는 실제 비용 증가는 기술 구매의 '도입 가격ticket price'보다 항상 높은 것을 의미하며, 총 소유 비용 모드로 설명하게 만드는 요인이다. 경험 많은 기술 운영 관리자들이 알고 있듯이 신기술의 단순 지원 비용은 상당할 수 있으며, 이는 구매 과정 중 간과되는 경우가 많다.

완화는 지속적인 운영을 위한 새로운 비기능적인 시스템 요구 사항을 나타내는 전문화된 통제 아키텍처의 형태를 보여준다. 볼트 온 통제는 확장 가능한 편익을 제공하기 위해 시스템 아키텍처에 추가할 수 있는 새로운 운영 현실을 반영하고 있다.

이상적으로 공격점을 최소화하기 위한 시스템 설계 변경의 필요성을 고려하기 위해서는 위험 분석을 수행한 뒤, 통제 아키텍처에 정보를 제공해야 한다. 새로운 도구 사용을 지시받았다면 이러한 분석은 시스템 아키텍처의 변화와 관측된 소규모의 위험에 대응해서 시스템을 강화하기 위한 특정 보안 기술의 배치 사이의 트레이드오프를 고려해야 한다. 이러한 접근 방식은 조직에서 새롭게 관측된 위험을 감소시키기 위해 이전에 도입한 모든 유형의 기술을 재구성해 기업이 새로운 기술의 구매를 피하기 위한 방법을 파악하기 위해 시도하는 경향이 있다.

앞서 4장에서 설명한 것처럼, 가장 핵심적인 사이버 보안 통제 중 하나는 상황 인식이다. 최선의 예방 기술 통제조차도 소프트웨어 취약점을 숨겨 왔을 가능성이 있으며, 내부의 지식을 보유한 공격자는 가장 철저한 멀티팩터 인증도 우회할 수 있다. 따라서 위험을 감소시키기 위해서 공격을 탐지하는 것이 필수적인 요건이다. 안티 바이러스 및 침입 탐지 도구는 알려진 공격 패턴을 탐지하도록 설계됐기 때문에 정확하게 배포돼야 한다. 또한 이는 사이버 보안 대응 팀을 훈련하기 위한 좋은 출발점이기도 하다. 그러나 수준 높은 공격자들이 점점 더 정교한 공격을 하기 때문에, 비정상적인 행동을 식별하고자 '빅데이터' 분석 도구를 활용하려고 사용자 행동에 관한 기본 데이터를 최대한 수집하는 것은 금융 산업의 표준이 되고 있다. 기준선에서 벗어난 동작으로 발생된 경고는 중간에 침입자가 있음을 알려줄 수 있다.

위협 사냥threat hunting 실무의 일부로서, 인가받은 행동에서 의도적으로 일탈하는 경우를 시뮬레이션해 이러한 도구가 올바르게 작동하는지 확인할 수 있다. 이러한 방식의 사용자 모니터링에서 개인정보를 침해할 위험은 없다. 이 정도 수준에서 시스템의 유일한 사용자는 모니터링을 수행하는 회사에 기술 서비스를 제공하는 개인에 해당된다. 이러한 고려 사항으로 인해 금융기관에서는 네트워크 트래픽 이상, 파일 전송 이상, 로그인 패턴 실패 이상 및 인가받은 사용자가 수행했지만 자격이 없는 비인가 이벤트 등 모든 종류의 행동에 관한 경고 기능을 설정할 것을 고려해야 한다. 이렇게 모든 경고를 설정하는 것은 악의적인 행동이 금융기관의 기술 환경 내에서 발생하고 있음을 나타내는 효과적인 지표가 될 수 있다. 직원 또는 고객의 사고 보고서와 경보는 폐쇄적인 사이버 보안 운영 방법론에서 대응 역량의 가치를 극대화할 수 있게 만드는 핵심적인 출발점에 해당한다. 이상 경보가 오탐일지라도, 사이버 보안 대응 팀이 인가받은 활동을 이해할 수 있게 도와주기 때문에 향후 실제 인가받지 않은 이벤트 활동과 오탐을 구별할 수 있다. 위험을 경감시킨다고 주장하는 사용 가능한 일련의 사이버 보안 기술들은 광범위하고 복잡하며 끊임없이 변화하고 있다. 사이버 보안업체에서 활발한 마케팅을 통해 새로운 기능의 지속적인 공급을 부추기고 있다. 기업에서는 새로운 사이버 도구를 찾기 위한 환경 검사에 상당한 자원을 소비하고 있다. 이러한 평가 프로세스와 관련 지출 결정은 사이버 보안 거버넌스 기능 내에서 지속적인 활동이 됐다.

전가

위험을 쉽게 감소시킬 수 없는 경우 비기술적인 대안이다. 위험의 전가를 통해 소유 권한을 다른 당사자에게 이전함으로써 위험을 감소시키는 방식이다. 위험 전가 전략은 일반적으로 기술 서비스 제공자와의 서비스 수준 계약, 의심스러운 기술적 위험 이벤트의 신속한 보고 및 사이버 보험과 같은 계약을 통해 실행된다.

사이버 보험에 가입할 가능성이 있는 고객들 사이에서 사이버 보험의 기반이 되는 위험 프로파일을 이해하기 어렵다는 우려를 제기하고 있다.[1] 사이버 보안 보험 사업은 많은 사람에게 상대적으로 새롭고 끊임없이 상품이 발전되고 있기 때문일 수 있다. 또한 사이버 정책의 효과적인 가격 책정 방법의 불확실성 또한 존재한다. RAND 연구소에서는 정책에 따른 가격 책정에 대한 다양한 접근 방법을 연구했다.[2] RAND 연구는 공개적으로 사용 가능한 데이터가 근본적으로 부족하다는 중대한 문제를 발견해 다른 유형의 보험료를 책정하면서 역사적으로 검증된 유형의 통계 분석을 금지했다. 이 연구에서 가격 책정에 사용되는 기술의 정교함 정도와 제삼자 관계에서 위험을 평가하는 것과 같은 기타 운영상의 문제의 광범위한 변동성을 발견했다.

이러한 성장통에도 사이버 보안 보험의 표준 카테고리가 일부 등장했다. 정책은 일반적으로 최대 금액을 제한하지만 이 금액은 금전적 손실 위험을 허용 가능한 잔여 수준으로 낮추는 데 필요한 금액일 수 있다. 다음은 현재 사용할 수 있는 일부 사이버 보안 서비스 옵션이다. 보험을 선택 사항으로 고려 중인 금융기관은 사이버 보험 회사가 일반적으로 정책을 공지하기 전에 독립적인 통제 평가와 같은 적절한 통제의 증거 자료를 요구한다는 점에 유의해야 한다.

- **위기 관리**: 데이터 침해 발생 시 당사자와의 연락과 법적 커뮤니케이션을 관리하는 비용이 포함된다. 여기에는 위기 관리 범주에 잠재적 피해자를 위한 콜센터를 포함시킬 수 있다.

- **데이터 손실 및 복원**: 손실된 데이터를 복구하는 비용을 보장한다. 경우에 따라 데이터 손실의 원인을 진단하고 복구 비용도 보상 범위에 속한다. 데이터 손실의 원인에 따라 제한적이며 유지 비용이 높을 수 있다.

- **강탈**extortion: 해커가 데이터를 공개하거나 데이터를 손상시키지 않기 위한 돈을 요구하는 경우 몸값을 부담한다.

- **포렌식 조사**: 데이터 손실의 원인을 결정하는 비용을 보장한다.

- **악성코드**: 기관에서 의도하지 않게 시스템 내의 악성 소프트웨어가 빠져나와 다른 시스템에 손상을 입힌 경우 책임을 회피할 수 있다.

- **개인정보 책임 범위**: 데이터 침해 시, 고객 식별 정보의 손실로 인해 발생한 고객의 손실을 보장한다. 여기에는 데이터 유출로 인해 데이터가 손상됐을 수 있는 모든 당사자(고객이 아니더라도)에 대한 통지 비용이 포함될 수 있다. 또한 영향을 받는 개인이나 기업에 대한 신용 모니터링을 포함시킬 수 있다.

- **시스템 중단**: 시스템 작동이 중단 등으로 인해 발생한 사업 손실을 보장한다.

- **도난 및 사기**: 데이터 또는 자금 도난과 관련된 비용을 보장한다. 단일 시스템 내에서 관측된 위험을 다수의 당사자에게 전가할 수 있기 때문에 여러 방법을 사용해 위험을 전가할 수 있다.

위와 같은 접근 방법은 현재 보험 회사가 사용하는 가격 결정 및 위험 평가 모델의 단점을 극복하는 데 유용할 수 있다. 여러 사이버 보험을 활용해 보험 회사의 보장 범위를 확장시키고, 위험을 분산시키는 다양한 보상 유형을 신중하게 선택함으로써 중요한 역할을 할 수 있다.[3] 준수하게 작성된 서비스 수준 계약과 다양한 사이버 보험 정책의 구매 결합을 통해 상당한 위험 이전 효과를 볼 수 있다.

수용

위험 수용은 주로 선택하는 옵션으로 간단히 위험을 받아들이는 것이다. 위험 처리 전략을 실행해도 위험을 완전히 제거할 수 없기 때문에, 의사 결정자는 항상 어느 정도의 사이버 보안 위험이 존재하는 환경에서 운영해야 한다는 것을 인지해야 한다.

그러나 조직은 특정한 위험 상황을 처리하지 않기로 결정한 상황을 식별할 수 있다. 일부 금융기관에서는 조직 계층의 다양한 수준의 관리자가 담당 기술 책임 분야에서 위험을 수용할 수 있는 유연성이 있을 수 있다. 이러한 유형의 분산된 위험 의사 결정을 허용한 경영진은 상호 의존적인 금융 서비스가 많을수록 비즈니스의 한 분야의 위험 수용 결정이 다른 연관된 당사자에게 위험을 초래할 가능성이 높음을 염두에 둬야 한다. 상호 연결된 가치 사슬에서 한 당사자가 위험을 수용하면 단계적으로 위험이 확대될 수 있으므로 프로세스 초기 단계에서 부정적인 결과가 발생하면 위험 이벤트가 하위 단계로 확산될 수 있다. 간단한 예로 하나의 조직에서 통제받지 않은 네트워크의 접속을 제삼자에게 허용하면, 제삼자를 통해 시작된 사이버 공격으로 인해 연결된 모든 기업에 부정적인 결과를 초래할 수 있다.

또 다른 복잡한 점은 개별 위험 수용 결정이 합쳐져서 더 큰 위험을 만들어 즉각적으로 파악되지 않아 잠재적으로 위험을 누적시킬 수 있다는 점이다. 시스템 아키텍처의 관리자가 취약성 관리에 대한 지출을 줄이기로 결정(예: 패치 빈도 감소)해 더 높은 수준의 위험을 수용하는 조직이 있다고 가정해보자. 동일한 조직의 다른 곳에서도 제삼자 보안 테스트에 대한 의존도를 줄임으로써(예: 테스트 빈도 감소) 사이버 보안 관련 지출을 줄이기 위한 독립적인 결정을 내렸다고 조건을 달아보자. 개별적인 결정은 증가한 위험에 대한 명확한 수용을 나타낸다. 그러나 두 가지 위험 요소의 결합은 개인의 위험 수용 결정이 예방(패치) 및 탐지(기술적인 테스트) 측면을 동시적으로 약화시킬 수 있기 때문에 더욱 복잡하고 더 높은 수준의 우려를 불러일으킬 수 있다.

결과적으로 위험 수용이 분산돼 있는 상황에서 개별적인 위험 수용 결정을 중앙에서 보고하고, 위험 관리 기능이 독립적으로 위험 수용 결정을 검토하는 것이 모범 사례가 되고 있다. 사업 기회 또는 고객 요구로 인해 받아들일 수 없는 사이버 보안 위험을 수용해야 하는 상황에서는 더욱 면밀하게 수용한 위험을 모니터링해야 한다.

엔터프라이즈 아키텍처의 위험 처리

위험 처리 전략의 실행은 엔터프라이즈 아키텍처의 특정 측면에 영향을 미칠 수 있기 때문에 처리 방법을 고려해 분석할 수 있다. 가트너 그룹에서는 엔터프라이즈 아키텍처Enterprise Architecture의 개념을 "원하는 비즈니스 비전과 결과에 대한 변화의 실행을 식별하고 분석함으로써 파괴적인 세력에 대해 사전에 대응하고 전반적으로 선도적인 기업 대응을 위한 규율"이라고 설명했다.[4] 엔터프라이즈 아키텍처의 다양한 모델은 사람, 프로세스 및 기술의 핵심 조직 영역을 강조한다.[5]

처리 전략은 엔터프라이즈 아키텍처에서 구현 계획을 수립함으로써 실행할 수 있다. 표 5-1은 주요 아키텍처 영역의 처리 전략의 예제다.

표 5-1. 기업 전반의 처리 접근 방법

	사람들	과정	기술
	내부자 위협에 대한 위험 처리		
회피	결과에 주관적인 영향을 미치지 않도록 사람들이 내리는 결정을 자동화한다.	감독자는 고위험 거래를 승인해야 한다.	모바일 디바이스에서 위험성이 높은 처리 요청(transaction)을 허용하지 않는다.
경감	권한을 보유한 사용자 계정 사용 모니터링을 강화한다.	데이터 전송을 최소화하고 가능하면 암호화하도록 업무 흐름을 설계한다.	자격 증명의 권한 설정(provisioning)을 제한한다.
전가	제삼자 컨설팅 또는 임시 서비스를 사용해 직원을 교체하고 계약 위반 시 직원의 잘못된 행위에 대한 대가를 지불하는 계약서를 작성한다.	거래 상대방이 업무 절차 실패로 인해 금전적 손실 위험을 감수해야 하는 계약서를 작성한다.	취약성이 높은 기술 아키텍처를 위한 사이버 보험에 가입한다.

표 5-1과 유사한 분석을 완료하고 (모든 가능성 있는 선택 사항이 규제를 준수하는지 확인한 후), 처리 방법을 특정 기업 영역과 연계를 통해서 조직의 실행 가능성을 높일 수 있다. 예를 들어 권한을 보유한 사용자 계정 모니터링의 우선순위 향상과 같은 사람과 프로세스 목표는 강화된 모니터링 및 경보 기능의 통합과 같은 특정 기술 통제 설계에 관한 구체적인 요구 사항을 제공할 것이다. 세분화^{drill down}(예: "회피" 태세는 인력, 절차 및 기술 전략으로 세분화된다)를 수행한 후, 필요에 따라 후속 조치를 취한다. 그리고 특정 위험 처리 태세의 개별적인 통제 결정 사항이 조정된 것을 보여줌으로써 의사 결정을 알린다.

표 5-1의 사용자가 정의한 버전은 처리 전략의 잠재적 차이를 식별하는 데 유용할 수 있으며, 위험 처리를 강화할 수 있는 기회를 파악할 수 있다. 예를 들어 위험과 궁극적인 책무성^{accountability}은 아웃소싱할 수 없다는 일반적인 인식이 있다. 그 결과 효과적인 제삼자 모니터링 및 아웃소싱 중인 시스템과 프로세스의 감독이 절실히 필요하다. 그러나 일부 제삼자 위험은 위험 이벤트에 대한 금전적 페널티를 포함시키거나 벤더 사이버 보안 아키텍처 및 관행에 대한 계약 요구 사항의 설계가 잘 이뤄진 서비스 수준 계약^{SLA, Service Level Agreement}을 수립해서 전가시킬

수도 있다. 마찬가지로, 사이버 보험은 제삼자 행동이나 비활동으로 인해 발생한 사건에 관한 보상을 포함시키도록 확장할 수 있다. 결과적으로 제삼자 위험을 처리하기 위한 광범위한 처리 전략에 지속적인 감독, 서비스 수준 요구 사항 및 사이버 보험 요소를 포함하도록 만들 수 있다. 마찬가지로 "인적" 영역의 우선순위 지정은 위험 평가에서 APT 위험이 "높은" 것으로 판단되는 경우에 적합할 수 있으므로 회피, 경감 및 전가 전략을 실행하기 위해 다양한 처리 방법을 설계해 포괄적이고 중복된 통제를 제공할 수 있다.

표 5-1과 같은 구조를 사용해 처리 분석을 수행하는 또 다른 잠재적 이점은 중복 처리 옵션의 상대적 강도를 한눈에 볼 수 있다는 것이다. 예를 들어 소셜미디어 위험 분석에서 피싱 위험과 관련된 처리의 우선순위를 정하는 지표가 있을 수 있다. 여기에는 전자메일 필터링과 메시지 내 http 링크의 비활성화/제거와 같은 기술적 처리 배치뿐만 아니라 사용자 인식 교육에 관한 투자와 같은 사람들을 대상으로 하는 처리도 포함된다. 전자메일 교환을 지속적으로 사용하는 대신 애플리케이션 내의 처리 흐름을 자동화하는 등 과정으로 변경할 수 있다. 각각의 접근 방법의 장단점은 표 5-1과 같은 분류에서 명확해진다. 인식 교육은 "의심스러운" 링크의 지표를 결정하도록 사용자에게 요청하는 것을 의미하며 "의심스러운" 것으로 파악되는 항목을 클릭하지 않도록 경계하는 것을 나타낸다. 이와 대조적으로 내부 네트워크에 접근할 수 없는 샌드박스 가상 머신에 브라우저 활동을 제한하는 것과 같은 기술 기반 처리는 본질적으로 인적 인식 및 주의를 기울이는 범위의 단점을 극복하기보다 과학적으로 작동하기 때문에 강력한 통제에 해당한다. 결과적으로 표 5-1과 같은 분석은 기업이 시간이 지남에 따라 인식 교육에서 피싱 방지 기술로 투자금을 전환함으로써 아키텍처 개선의 기회를 식별하는 데 유용할 수 있다. 인식 교육에 막대한 투자를 했음에도 피싱을 통한 악성 코드 배포가 빈번히 발생하고 있기 때문에 악의적인 공격자들은 이 방법을 지속적으로 사용할 것으로 예상할 수 있다. 피싱 위협에 대한 기술 기반 처리의 우선

순위 변경이 필요한 것으로 보인다. 조금 더 일반적으로 표 5-1과 같은 분석을 사용해 처리의 상대적인 취약성을 식별하고 모든 아키텍처 분야의 잠재적인 대안을 설명할 수 있다.

위험 처리 결정 실행

대부분 기업 전반에 걸쳐 사이버 보안 위험 처리 전략 계획과 관련된 잠재적인 행동 과정을 설명하기 때문에 초반은 가상의 내용을 다뤘다. 앞에서 설명했듯이 위험 평가를 통해 처리 방안을 공식화할 수 있다. 대부분의 위험 평가 접근 방법은 처리 사항의 식별이라고 표현되는 권고 사항으로 분류되고, 처리 이후 잔류 위험을 계산한다. 그러나 모든 위험 관리 전략과 마찬가지로 이러한 권고 사항은 효과적인 구현의 실행을 포함하는 식별된 대안에서 선택을 이끌어내기 위한 분석을 수행하지 않으면 가치가 떨어진다. 인적 자원이나 자금 조달 등에 의해 실행이 제한되거나 지연될 수 있다. 그러나 때로는 행동하기 위한 적정 수준의 동기부여가 필요하다. 다음과 같은 금융 서비스 업계에 걸쳐 공통적인 다수의 동기부여 요소가 있다.

- **법률 및 규제 요구 사항**: 대부분의 기업은 새로운 법률 및 규제 요구 사항에 신속하게 대응할 수 있는 전사적 기능을 개발했다. 여기에는 다양한 규제, 감사 및 위원회 기능이 포함돼 규제의 진행 사항을 포착해 신속하게 리더십의 관점으로 이동시킬 수 있다.
- **규제 방향**: 규제 당국이 새로운 규정의 출현 또는 기존 규정의 새로운 해석에 대한 '조기 경고'를 제공하는 경우 조직에서 처리 전략을 실행하기 위한 동기를 부여받을 수 있다. 하나의 시험에서 '의견'으로 표시된 항목은 수정되지 않은 경우 후속 주기에서 '결과'로 재분류돼야 하며 부정적인 보고서가 제시되기 전에 조치할 수 있는 기회를 제공해야 한다.

- **재정적 손실에 대한 두려움**: 재정적 손실의 가능성으로 실제 자금 손실의 위협으로 인해 경영진에게 특별한 동기를 부여 할 수 있다.
- **평판 훼손 우려**: 침해 뉴스와 관련한 시장 반응은 경우에 따라 상당하다. 경영진은 이러한 결과를 피하기 위한 동기를 부여받을 수 있다.
- **이사회 또는 감사위원회 위임 사항**: 다수의 요인이 조합되면 이사회 및 감사위원회의 위원이 프로젝트 실행에 동기부여가 될 수 있는 의무 사항을 제정할 수 있다.

그러나 기능적 컴플라이언스 준수 체제와 내부 거버넌스가 있음에도 동기부여가 항상 수행 수준을 효과적으로 유지시킬 수 없다는 점에 유의해야 한다. 수년 동안 대부분의 미국 주에서 데이터 침해 통지 관련법이 있었으며 기업 정책 및 절차에 위 법률이 반영돼 있음에도 기술 분야의 직원이 의심스러운 사건을 "침해 사고"로 선언할 의지가 있는 경우에만 침해 신고가 이뤄졌다. 다시 말해 시스템 관리자는 명백한 침해 사실을 보고하지 않겠다는 독단적인 결정을 내릴 수 있다. 조직이 규정을 준수하지 않는 조직이 될 수 있다는 사실에 상관없이 직접적이고 개인적인 결과를 두려워하기 때문이다. 특정 관측 사항을 침해 사건으로 선언하는 기준은 유럽 연합의 GDPR^{Global Data Protection Regulation} 요구 사항에 따라 당국에 적시에 침해 신고를 하는 것을 검토 중이다. 미국 및 EU 침해 신고 규정은 기술 직원이 준수하고자 하는 의지에 달려 있기 때문에 기업에서는 실제 규정을 준수하지 못할 수 있다. 즉, 규정 준수를 문서화할 수 있지만 직원의 협력을 전제로 한 처리는 실질적으로 효과가 없을 수도 있다. 규제 당국은 이론적으로 광범위한 위험을 처리하기 위한 폭넓은 모범 사례를 채택하지만, 긍정적인 결과를 이끌어내기 위한 위험 처리 전략은 기업에서만 실천할 수 있다.

실행의 효과성 검증

5장에서는 사이버 보안 위험을 줄이기 위해 구현할 수 있는 처리 전략 유형에 대한 포괄적인 개요를 제공했다. 조직은 위험 처리 전략의 실행을 착수하면서 통제의 효과 측정 방법을 결정할 필요가 있다. 위험 경감이 완료되는 상태를 구상하고 해당 상태의 속성을 측정하는 것이 이를 수행하는 유일한 방법이다. 오직 이러한 방식의 측정을 통해서 통제가 실제로 작동하는지 검증할 수 있다.

미래의 상태가 정해지면 통제가 실제로 계획대로 구현됐는지, 또는 다른 이유로 유효성 측정 지표에 위험 경감이 반영됐는지를 확인하는 것도 중요하다. 또한 통제가 설계대로 구현됐는지 확인하는 조치 방안으로 검증 지표$^{verification\ metric}$를 마련하는 것이 필요하다. 통제 측정^{measure}과 지표^{metric}는 위험 경감 또는 위험 지표와 동일하지 않다는 점을 상기하자. 통제 지표는 위험이 아닌 사이버 보안 역량을 측정한다. 검증 지표는 모든 측정값 통제가 설계한 대로 완벽하게 작동하고 있는 것을 확인할 수 있는 지표가 있음에도 위험의 증가를 나타낼 수 있다. 위험 분석은 내외부 환경의 변화를 고려한 지속적인 과정이어야 한다.[6]

사이버 위험 처리에서 "무리 속에서 가장 느린 영양"이 되지 말아야 하는 필요성이 있기 때문에, "무리 속에서 가장 빠른 영양"이 되기 위해 지출할 필요는 없다. 화자에 따라서 영양이 다른 동물로 바뀔 수 있지만, 위의 문장은 집단에서 준비가 부족한 것보다 준비가 잘 돼 있다면 피해를 입을 가능성이 낮은 것을 말해준다.

끊임없고 정교해지는 위협이 지속적으로 발생하고 있으며 이러한 사고방식을 바꿔야 한다. 조직에 침투하기 위해 지능적이며 조심스럽게 단계별로 공격을 수행하는 공격자에게 여러분의 조직은 매력적인 공격 목표가 될 수 있다. 오늘날 공격자들은 무리 속에서 비교하지 않고 공격 목표를 정하고 행동으로 옮기는 것으로 보인다. 따라서 속도가 빠르거나 평범한 영양 또한 가장 속도가 느린 영양과 마찬가지로 좋은 먹잇감이 될 수 있다(그림 5-1).

그림 5-1. 가장 빠른 영양

또한 영양의 비유는 사이버 보안 위험 처리 옵션 중 전가의 활용의 한계를 드러 낸다. 위험 사건이 치명적인 경우 보험, 서비스 수준 계약 및 벤더 감독 보고서의 존재 가치가 거의 없기 때문이다. 다시 말해 기업이 복구할 수 없을 정도의 피해를 입었을 경우, 대응 비용을 보험금으로 지급해주는 것은 전혀 위로가 되지 않는다.

또한 사이버 보험을 통한 위험 전가에 지나치게 의존하면 기업에서는 보험을 통해 높은 수준의 위험에 대해 '보상을 받을 수 있다'고 믿기 때문에 더 높은 수준의 위험을 수용하는 결과를 초래한다. 감사 기관과 규제 기관뿐만 아니라 기업에서는 효과적인 통제 구조를 설계하고 구현하는 것보다 사이버 보험을 구매하는 것이 훨씬 쉽다는 것을 깨달을 필요가 있다. 좀 더 우수한 위험 지표를 만드는 것에서 사이버 보험을 확대하기 위해 자금을 이동하는 것은 조직에서 심각한 침해로 인한 실제 영향을 무시하게 만들 수 있다. 따라서 잔여 위험 산정은 보험 및 이전 혜택이 적용된 전후에 산정되는 것이 현실적일 수 있다. 영양이 다음 여정 이전에 보험의 잔여 위험을 파악하는 것에 관심이 있을 것이고 사고 후 지급액은 크게 관심이 없을 것이다.

더 알아보기

4장에서는 대부분의 금융기관이 직면한 맥락에서 위험의 특성과 중요한 위험의 측면을 관찰하고 측정하는 기법을 설명했다. 5장에서는 기관이 직면한 위험에 대한 이해의 향상에 따른 잠재적인 경영 활동을 반영한 위험 처리 개념을 소개했다. 연속적인 위험 처리 결정의 결과 통제 아키텍처는 실제 운영상의 문제를 제시해 6장에서는 지속적으로 위험 관점이 변화하는 환경에서 기업 사이버 보안 통세 환경을 관리하려는 시도와 관련된 문제를 알아볼 것이다.

참고 문헌

1. "Why 27% of U.S.Firms Have No Plans to Buy Cyber Insurance." Insurance Journal, May 31, 2017, December 2017 https://www.insurancejournal.com/news/national/2017/05/31/452647.htm

2. Romano Sky, Ablon, Kuehn, Jones Content Analysis of Cyber Insurance Policies: How do Carriers Price Cyber Risk? (Santa Monica, CA: RAND Corporation, 2017). https://www.rand.org/content/dam/rand/pubs/working_papers/WR1200/WR1208/RAND_WR1208.pdf

3. Ayers, E.(2015) Higher and higher: Cyber insurance towers take careful construction. Advisen. https:// www.advisenltd.com/2015/09/24/higher-and-higher-cyber-insurance-towers-take-careful-construction/

4. Gartner Group(2018) Enterprise Architecture Definition. https://www.gartner.com/it-glossary/enterprise-architecture-ea

5. Institute of Industrial and Systems Engineers (IISE) (2018). People, Process, Technology-The Three Elements for A Successful Organizational Transformation. http://www.iise.org/Details.aspx?id=24456

6. Bayuk, J.L., (2013) Security as a theoretical attribute construct, Computers & Security https://doi.org/10.1016/j.cose.2013.03.006

6장

어떻게 관리해야 하는가?

사이버 보안 위험은 어디에나 존재한다. 기업 차원에서는 이를 관리할 필요가 있다. 경영 전략은 비즈니스 기본 사항인 사명, 비전 및 핵심 가치에 관한 이해로부터 시작된다. 이러한 기본 요소는 단순히 경영 전략의 일부가 아니라 전략 자체로 비교하는 성공 기준을 설정한다. 경영 전략은 목표에 부합하는 구체적인 비즈니스 목표를 세우고 달성 계획을 수립한다. 조직이 사업 계획을 수립할 때, 대안이 되는 경영 전략을 평가하고 선정할 때 위험은 핵심적인 고려 사항이다. 의사결정권자는 모든 비즈니스 전략과 관련된 기술이 사이버 공격에 노출될 수 있음을 인지해야 한다. 따라서 기업 차원의 사이버 보안 위험 관리는 전략을 지원하기 위해 기술의 활용 방법을 이해하고, 의사소통하는 것부터 시작된다. 기업 거버넌스 기능의 구조와 기능은 조직이 전략을 실행할 수 있도록 중요한 연결 고리를 제공한다. 효과적인 거버넌스는 전략적 목표를 향해 조직이 이동할 수 있도록 안내해준다.

© Paul Rohmeyer, Jennifer L. Bayuk 2019
P. Rohmeyer and JL Bayuk, Financial Cybersecurity Risk Management,
https://doi.org/10.1007/978-1-4842-4194-3_6

거버넌스 운영 모델

전략 계획에는 역할과 책임 및 관련된 거버넌스의 형태로 개인에게 활동을 배분하는 것이 포함된다. 이러한 기업 관리 도구를 사용해 사이버 전략 실행을 모델링하고 지원하기 위한 사이버 보안 프로그램을 직접적으로 관리하는 것이 합리적이라는 인식을 갖는 것이 중요하다. 그러나 전략적 관점에서 사이버 보안을 고려하는 것은 상대적으로 새로운 사고방식이다. 대신 보안 문제를 확인하고 수정하는 역할을 담당하는 그룹에 기능을 위임하는 것이 일반적이다. 이렇게 단위를 나누면, 사이버 보안 위험 관리와 전사적 위험 관리ERM, Enterprise Risk Management의 통합에 궁극적으로 필요한 경영진의 전폭적인 지원이 없을 경우 단편적인 해결책을 만드는 경향이 있다. 좀 더 통합된 접근 방법이 확실히 효율적이다.

거버넌스는 훌륭한 관리 절차와 결과를 모두 지칭하는 일반적인 용어지만, 드러커Drucker와 디밍Deming의 제자들은 "관찰과 통제에 의한 관리"[1] 또는 "plan(계획)-do(실행)-study(학습)-act(조치)"[2]라고 말할 것이다. 그러나 금융 서비스 회사에서는 거버넌스가 관리와 별개의 기능을 하는 것처럼 보일 수도 있다. 이는 여러 규제 기관과 내부 통제 부서의 요구 사항이 많아져 리더십을 위한 올바른 상황 인식을 유지하기 굉장히 어렵게 만들 수 있기 때문일 수 있다. 또한 거버넌스는 요구 사항을 빠뜨리지 않도록 검증하는 그룹에 부여되는 꼬리표이기도 하다. 사이버 보안은 기술의 규제가 가장 중요하지 않지만 기술의 일부이기 때문에, 특별히 거버넌스 포럼에 관심을 갖고 임원에게 회사의 나머지 위험과 독립적으로 운영되는 정책 및 프로그램을 부여하는 것은 드문 일이 아니다. 사업을 운영하는 것은 대부분의 사이버 보안 전문가의 전문 분야가 아니며, 사이버 보안 전문가에게 사업의 위험 평가를 위임하는 것은 적절하지 않을 수 있다. 그러나 운영 위험의 기술적이지 않은 측면을 고려하지 않고 사이버 보안 위험 관리를 허용하는 것도 마찬가지로 생산적이지 않다.

이상적으로 사이버 보안의 거버넌스는 심판이 코치에게 하듯 사업의 중재 기능을 해야 한다. 리더와 코치는 규칙에 동의하거나 최소한 그들이 따라야 하는 규칙의 출처에 동의한다. 이러한 출처는 리더십의 통제 범위 안팎에서 규제와 사업을 중심으로 이뤄질 것이다. 사이버 보안 위험이 사업 위험과 함께 고려되는 경우, 사이버 보안 정책 및 규제 위반을 관찰하고 보고하는 거버넌스의 중재가 있을 것이다. 훌륭한 심판이 있다고 반드시 좋은 결과를 낳진 않지만, 스포츠와 마찬가지로 사이버 보안에서 심판의 부재는 혼란을 야기한다. 금융 기술의 경우, 경쟁 팀의 활동과 점수를 거의 파악할 수 없기 때문에 거버넌스 심판은 선을 넘는 것이 아니라 잘 정의된 경로를 따르고 장애물을 피하는 것이 중요한 스키와 같은 분야의 올림픽 심사위원처럼 보일 수 있다. 이러한 역할에서 올림픽 스포츠와 마찬가지로 심사위원이 때때로 불신을 받거나 편파 판정이 의심되고 비디오 판독을 요청받거나 심사단을 소집해 분쟁을 판단할 수 있다. 사이버 거버넌스에서의 면밀한 조사를 통해서 사이버 거버넌스는 사이버 보안 프로그램을 강화시킬 수 있으며 적절한 사업에 초점을 맞출 수 있다.

외부의 관찰자들에게 금융 규제 감독관이 궁극적인 산업 심판인 것처럼 보일 수 있다. 그러나 실제로 규제 당국은 규칙을 위반하는 모든 상황을 관찰할 수 있는 역량이 없기 때문에, 모니터링을 확립하고 규제가 준수되고 있음을 입증하는 지표를 제시하기 위해 해당 기관의 거버넌스 팀에 의존한다. 내부 혹은 외부 감사원은 컴플라이언스 절차가 종합적으로 규제를 준수하고 있다는 확신을 준다. 결과적으로 규제 당국이 규정을 준수하지 않는다는 사실을 발견하게 되면, 해당 기관에서 규정이 제대로 지켜지지 않는 것을 발견하기 쉬울 것이라고 가정하는 것이 일반적이다.

거버넌스 팀은 모든 관련 규칙을 게시하고 모든 참가자가 통제를 준수할 것이라는 기대를 받을 수 있다. 바로 이 부분에서 더 이상 스포츠와 비유할 수 없다. 스포츠와 달리 금융 서비스 거버넌스 팀은 일반적으로 규칙을 따르지 않은 선수를 실격 처리할 수 없다.

오직 지도력을 갖춘 팀만이 이를 할 수 있다. 조직 리더는 실질적인 운영위원에 해당한다. 또한 리더십은 기업의 고객으로부터 크게 영향을 받기 때문에 리더십은 기업의 가치를 이끌어내기 위한 그들의 사명의 일부로서 표면적으로 고객을 만족시키기 위한 방식으로 전략을 수립하고 추진한다. 또한 사업 목표를 달성하기 위해 게시된 전략을 통해 자체적인 거버넌스 규칙을 설정할 수 있다. 이러한 요소들은 규제 당국이 설정한 것 외에도 사이버 보안 문제를 발생시키며, 거버넌스 그룹은 모두가 부여된 역할과 책임을 준수하도록 보장해야 한다.

그림 6-1은 대형 금융기관의 위험 거버넌스 프레임워크에 관한 미국 통화감독청 OCC, Office of the Comptroller of the Currency 기준을 준수하는 거버넌스 운영 모델을 보여준다. 소규모 기관은 자체 프로그램을 만들 때 OCC 기준을 가이드라인으로 사용할 것으로 예상된다. 거버넌스 운영 모델에는 조직 구조의 세 가지 계층이 있다. 이사회BoD, Board of Directors, 거버넌스 위원회 및 임원 등 계층을 포함한다. 이사회는 전략 방향을 설정하고 지침을 제공한다. 경영진은 일상 업무를 감독하는 거버넌스 위원회를 창설한다. 이 위원회의 헌장에는 조직의 참여자를 포함시키며, 금융기관에 대한 신용 및 사회적 책임과 관련된 모든 역할과 책임을 감독하기 위해 종합적으로 계획된다. 이러한 거버넌스 구조에서, 위험 관리는 특정 경영진의 리더십이 된다. OCC에서는 가이드라인을 다음과 같이 설명한다. 가이드라인은 최전선 단위의 역할과 책임, 독립적인 위험 관리 및 내부 감사를 규정한다. 이러한 단위는 프레임워크의 설계와 구현의 기본 요소이다. 이들은 종종 '3중 방어선three lines of defense'이라고 부르며 함께 위험을 감수하기 위한 적절한 시스템을 구축해야 한다. 각각의 방어선에서 이사회가 경영진의 권고와 결정에 대해 신뢰할 만한 문제를 제기할 수 있도록 이사회에 해당 은행의 위험 프로파일과 위험 관리 관행을 통보해야 한다.[3]

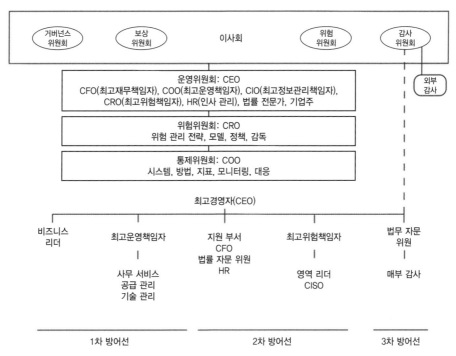

그림 6-1. 거버넌스 운영 모델의 예

공식적인 OCC 권장 '3중 방어선' 접근 방법의 채택 여부에 관계없이, 모델에 포함된 핵심 통제는 금융기관의 CEO 직속의 위험 관리 기능을 수행하는 독립적인 보고 라인이다. 그림 6-1 하단에 있는 수평선은 위에 나열된 관리 구성원의 숫자선에 라벨을 붙인 것이다. 경영진은 1차 방어선 관리에서 완전하고 포괄적인 위험 및 통제 실무를 수립하는 것이 이상적이다. 다른 기업 기능 중 위험 관리자는 위험 선호도 및 관련 위험 허용 한도 지표를 사용해 1차 방어선의 활동을 모니터링해야 한다. 이러한 지표는 투명성을 보장하기 위해 1차 방어선의 관리와 협력해 개발돼야 한다. 이러한 2차 방어선 직원은 관리 자격을 갖추고 정책 준수를 모니터링하지만 금융 서비스라든가 운영을 적극적으로 관리하지는 않는다. 그러나 2차 방어선 관리자는 비즈니스 서비스를 구축하고 운영하는 1차 방어선 관리자보다 더 객관적으로 관찰한다. 2차 방어선은 공유 ERM 프레임워크와 개별 정책 도메인을 사용해 1차 방어선 활동과 지표를 적절하게 해석한다. 3차 방어선은 '내부 감사'다. 이들은 1차 방어선과 2차 방어선 모두를 대상으로 위험 관리 실무의 효용성과 실무가 적절하게 적용됐는지 감사한다. '외부 감사'는 CEO와 독립적이며 내부 감사의 실효성에 대해 의견을 제시한다. 이사회는 내부 감사인과 외부 감사인의 독립적인 의견을 활용해 받은 정보가 정확하고 포괄적이라는 확신을 얻을 수 있다.

그림 6-1에서 언급된 위원회는 일반적으로 3차 방어선의 전반에 거친 구성원을 포함하고 있으며, 위원장은 일반적으로 이사회에 위원회의 보고를 하는 책임을 지고 있다. 위원회는 상급 관리의 수준에 따라 위험이 증가했을 때 즉시 적절한 조치를 취할 수 있게 돼 있다. CEO는 모든 방어선에 거쳐 아이디어와 경험의 교차 검증을 허용하는 비즈니스 조직 구조를 만들 책임이 있다. 2차 방어선 관리는 주로 모든 관련 위험을 확인하고 허용 가능한 잔여 수준으로 위험을 최소화하기 위해 통제를 구현할 책임자를 언급할 책임이 있다. 3차 방어선 관리는 주로 독립적인 위험 평가와 위험 상향 보고를 담당한다. 모두 3중 방어선이 업무 절차, 통제 및 위험을 나타내기 위해 활용되는 정보를 합의하는 것이 굉장히 중요하다. 이러한 거버넌스 위원회는 이러한 '기준 정보ground truth'를 공유할 수 있는 토론회를 제공한다. 위원회는 일반적으로 현장에서 책임 범위와 관련해 경영진의 의도를 문서화한다. 이들은 일반적으로 자신의 주요 책임 영역에 관한 확고한 정책을 수립하고 해당 정책의 거버넌스와 관련된 활동을 정의하고 기록한다.

여기에는 역할과 책임 설정, 위험 선호도 정의, 구현 기준 수립 및 거버넌스 책임 범위 내에서 작업을 수행하기 위한 도구, 기술 또는 절차의 의무적인 사용이 포함될 수 있다. 위원회 회의는 전략 수립, 이해관계자와의 커뮤니케이션 및 성과 모니터링에도 사용된다. 그림 6-1은 세 가지 핵심 위원회의 구조를 묘사하고 기능의 기능을 전반적으로 살펴볼 수 있지만, 이러한 핵심 위원회의 구조는 조직에 따라서 굉장히 다양할 수 있다. 그러나 구성원들이 중복되는 것과 위원회 구성원이 아닌 경영진 구성원이 회의 주제를 선정하는 것이 일반적이다.

리더는 위험 관리와 관련해 이 위원회들과 위원회가 보유한 기록은 실제로 "근거적인 진실"을 대표하고 있음을 명심해야 한다. 이러한 공식적인 구조에 의한 엄격함이 없다면 발뺌의 여지를 만들게 돼 경영진의 책임은 안개 속으로 사라질 수 있다. 직원들에게 이러한 위원회의 감독 범위 밖에서 실제로 결정을 내리는 또 다른 또는 그림자 거버넌스^{shadow governance}가 있는 것으로 보인다면, 거버넌스 활동을 경시하는 원인을 제공할 것이고 중요한 문제들은 주목을 받지 못할 것이다. 이는 거버넌스에 관한 논의에서 자주 문화를 강조하는 이유이다. 또한 기업 차원의 위험 관리는 조직의 전략-사명, 비전 및 핵심 가치의 관점으로 이해하는 것으로 시작하는 이유이기도 하다. 거버넌스는 공동의 보조를 맞춰 접근할 때에만 전략에 도움을 줄 수 있다.

'동기화^{lock step}'라는 단어는 동조화를 제안하는데, 거버넌스와 리더십 전략을 강조하기 위해 자주 사용되는 다소 약한 용어가 아닌, 동조를 제안한다. '동조^{alignment}'는 평행 트랙에서 독립적인 운전자의 모습을 떠오르게 하며, 지나치게 서로의 거리가 멀어지지 않기 위해 자주 서로의 위치를 확인한다. '동기화'는 집단의 이미지가 팀 리더가 올바른 방향으로 나아가고 있다는 신뢰를 바탕으로 동일한 북소리로 속도를 맞춰 행진하는 모습을 떠올리게 한다. 리더가 위원회 구조를 주도하는 메커니즘이 불편하거나 의사소통 역량이 부족하거나 위원회의 효율성이나 효과에 불만이 있을 경우 다른 방법보다 위원회 분위기를 리더십을 수용하는 방향으로 개선해야 한다.

그러나 이것이 구현됐을지라도 거버넌스의 목표는 조직 구조, 정책, 자원 배분, 기준 및 절차 등의 건전한 관리가 이뤄지는 기본 구성 요소를 만들기 위한 책무성을 제공하는 것이다. 책무성과 관리 방향의 기본 구성 요소를 통해 거버넌스 목표가 모니터링되고 달성하는 것을 보장하기 위해 결합되고 상호 보완적인 절차와 기술이 등장한다. 예를 들어 운영 위원회 업무의 맥락에서 인적 자원 업무는 다양한 다른 위원회 구성원 조직의 지원을 받고 사내 모든 직원이 준수해야 할 행동 강령code of conduct을 유지해야 하는 책임이 부여될 수 있다. 일반적으로 행동 강령에는 모든 위원회가 발행한 정책 목록과 직원들이 모든 정책을 준수해야 함을 입증하는 목록이 있다. 강령은 자체적으로 전체 금융기관의 거버넌스 운영 모델에서 단 하나의 정책일 뿐이지만, 상호 목표를 달성하기 위해 전략에서 협력하는 방법을 보여주는 좋은 예제를 제공해주며, 인적 자원이 거버넌스 운영 모델에서 중요한 역할을 하는 이유 중 하나다.

그림 6-1에서 정보보호최고책임자CISO는 '영역 책임자domain lead'로 표시된다. 분량의 제약으로 인해 다른 영역 책임자를 표기하지 않았지만 CISO가 신용, 시장, 운영 및 기타 위험 영역을 담당할 것을 예상할 수 있다. 따라서 역할을 맡은 사람은 위험 위원회의 검토와 채택을 위한 '사이버 보안 정책'을 작성해야 한다. CISO를 2선에 할당한 것은 사이버 보안 통제의 적절성에 대한 CISO의 의견이 통제 설계와 관련해 참여나 의사 결정에 악영향을 끼치지 않도록 하기 위한 최근 추세를 반영한 것이다. 영역 책임자가 적은 조직에서는 사이버 보안 정책을 전사적으로 광범위한 기술 위험 관리 또는 운영 위험 관리 정책에 통합시킬 수 있다. 작성자와 상관없이 사이버 보안 위험과 관련해 경영진의 의도를 명확하게 정의한 전사적 차원의 정책이 최소한 한 가지 이상 있어야 하며, 명확하게 기업 지배 구조의 일부가 돼야 한다.

사이버 보안 위험 성향

위원회가 정책을 실제 기능하는 위험 관리 활동으로 적용시키기 위한 다양한 방법이 있다. 그럼에도 ERM에는 금융 산업 전반뿐만 아니라 규모가 있는 기업에서도 공식적인 위험 관리 프로그램을 수립할 수 있을 정도의 일관된 공통 요소가 있다. 사이버 보안 위험 관리 프로그램의 효과적인 설계와 구현의 핵심은 이러한 구성 요소를 높은 수준에서 인식하고 조직의 서비스에서 강점으로 활용하는 것이다. 후원조직위원회COSO, Committee of Sponsoring Organizations of the Treadway Commission에서 설명한 것과 같이, ERM은 조직이 전략 및 사업 목표와 관련된 위험을 이해하고 관리한다는 합리적 기대치를 제공하기 위해 고안된 원칙 기반의 프레임워크이며, 이러한 원칙은 5가지 기본 구성 요소로 분류된다.[4]

1. 거버넌스 및 문화

2. 전략과 목표 설정

3. 수행

4. 검토 및 수정

5. 정보, 커뮤니케이션, 보고

그림 6-2는 구성 요소별 원칙을 요약했다. COSO는 자체적으로 주요 재무 회계 및 감사 협회로 구성돼 있으며, 회원들이 출판 활동에 적극적으로 참여하고 내부 통제 기준을 유지하고 관리하기 때문에, COSO ERM 프레임워크는 모든 유형의 위험 관리를 통합하기 위한 강력한 기반을 제공한다. 사이버 보안 위험에서도 예외가 아니다.

거버넌스 및 문화	성과
1. 임원 위험 감독 실습 2. 운영 체계 수립 3. 희망하는 문화 정의 4. 핵심 가치를 책무에 반영 5. 역량을 갖춘 직원의 유지, 　 인력 개발, 유치	10. 위험 식별 11. 위험도 평가 12. 위험 우선순위 선별 13. 위험 대응 구현 14. 포트폴리오 관점 개발
전략 및 목표 설정	**검토 및 정정**
6. 산업 환경 분석 7. 위험 성향 정의 8. 대체 전략 평가 9. 사업 목적 공식화	15. 실질적인 평가 변경 16. 위험 및 성과 재검토 17. 전사적 위험 관리 개선 추진
정보, 의사소통 및 보고 18. 정보 시스템 활용 19. 위험 정보 의사소통 실시 20. 위험, 기업 문화, 성과 보고	

그림 6-2. COSO ERM 원칙

기업의 사명과 비전이 전략적 계획 개발의 토대가 되는 것과 마찬가지로 전략적 계획 자체는 거버넌스 요소, 성과 측정 및 내부 통제의 기초를 필요로 한다. 모든 분야의 위험 관리자는 주어진 전략으로 촉발된 활동으로 인해 앞으로 발생할 수 있는 사건이 임무에 부정적 영향을 미칠 가능성을 평가한다. 또한 계획된 거버넌스 구조의 무결성, 성과 측정의 적합성 및 내부 통제의 강도를 평가한다. 이는 지속적인 과정이며 사건을 식별하고 방지하기 위한 주된 방법은 의사 결정을 돕기 위해 확립된 관리 구조를 사용하는 것이므로, 적절한 거버넌스 구조 수립에 크게 의존한다.

COSO ERM 프레임워크 원칙에는 번호가 부여돼 있지만 위험 관리 활동을 위해 규정된 순서는 없다는 점에 주의하자. 사이버 보안 반복 활동(식별-탐지-대응-복구)과 마찬가지로 모든 구성 요소는 사이버 보안 위험 관리를 위해 동시에 실행되고 서로를 지원해야 한다. 그러나 ERM 프레임워크 구성 요소가 특정 수준의 목표를 지원하기 위해 특별히 제작된 것이 아니라, 광범위한 사이버 보안 위험 관리 목표에 활용될 수 있도록 기업 차원의 관점을 반영해야 한다는 점을 이해하는 것이 중요하다. 특히 거버넌스, 전략 및 보고의 경우 ERM과 독립적으로 관리되는 사이버 보안 위험은 관리 전략에서 충분한 지원을 받지 못할 가능성이 높은 대신 적절하게 윗선에 보고될 가능성이 낮다.

사이버 보안 위험을 관리하려면 먼저 ERM 프레임워크의 관리와 문화 구성 요소가 기술 위험과 사이버 보안 위험 모두를 직접적으로 반영하는지 확인하는 것이 적절하다. 사이버 보안 위험 평가를 전략 계획에 통합하기 위해서는 이사회의 감독과 전략 기획이 핵심이다. 모든 조직이 전략적 계획을 수립할 때 고려해야 한다는 점에서 사이버 보안 위험 성향risk appetite에 대한 정의는 이해하기 쉽게 체계화해야 한다. 그럼에도 공식적인 사이버 보안 위험 프로그램을 갖춘 금융기관은 거의 없다. 2017 PWC의 위험 검토 연구에 따르면 55%의 응답자가 여러 주요 위험 범주에 거쳐 위험 성향이나 허용 한도를 정의했다고 응답한 반면, 9%만이 사이버 보안 위험 프로그램의 성숙도 수준이 높거나 매우 높다고 응답했으며, 76%가 낮거나 매우 낮은 것으로 보고했다.[5] 2018년의 후속 연구에 따르면 회사의 27%만이 사이버 및 개인정보 위험 관리 측정 기준에 관한 적절한 보고를 받는 것이 매우 편안하다고 답했다.[6] 불행하게도 이것은 사이버 보안 위험 성향에 대한 추측성 기사가 가끔씩 있었지만[7] 이 책이 출간될 시점에 금융 서비스 사이버 보안 위험 성향을 다룬 권위 있는 사례는 없었다. OCC 자체적으로 「기업 위험 성향 설명서(Enterprise Risk Appetite Statement)」를 발행했으며, 기술 위험 성향에서 허용되지 않은 접근의 위험을 언급했지만[8] 사이버 보안 위험을 다룬 별도 카테고리는 없다. 그럼에도 OCC 출판물을 통해 위험 성향 설명서와 관련된 업계에서 기술 또는 보안을 바라보는 시각을 살펴볼 수 있다. 이는 그림 6-3에 나타나 있다.

OCC의 기술 위험에 대한 성향은 낮은 편이다. 정보 시스템은 반드시 충분한 가용성과 복원력 그리고 내외부의 위협으로부터 보안성을 갖춘 핵심 에이전시 기능을 지원해야 한다. 이 에이전시는 이동성의 발전과 개별 직원의 영향을 받으며 에이전시의 핵심 임무를 완수해야 한다. 따라서 OCC는 안정적이지 않은 기술을 위한 성향이 낮은 편이다. OCC는 신중하게 혁신을 지원하는 한편 직원들의 요구 사항과 운영상의 필요 사항을 만족시키기 위한 기술 인프라의 안전을 확보할 것이다.

- OCC는 시스템과 기밀 데이터와 관련한 인가받지 않은 접근의 위험을 수용하지 않으며, OCC의 기술적인 인프라와 관련된 외부의 위협을 완화시키기 위해 강력한 통제를 유지할 것이다.
- OCC는 불안정한 통신 혹은 시스템의 가용성으로 야기되는 사업 운영의 연속성 실패에 대한 위험 성향은 낮다.
- OCC는 급격하게 변화하는 환경 속에서 사용자의 요구를 충족시키기 위한 혁신적인 기술 솔루션에 대해서는 중간 정도의 위험 허용 한도 성향을 갖는다. 이 에이전시는 새로운 기술을 받아들이거나 고려할 때 적절한 거버넌스와 규제를 검토해야 한다.

그림 6-3. OCC 기술 위험 성향 설명

그림 6-3을 통해 사이버 보안 위험 성향 설명서를 그림 6-4처럼 구성해야 함을 쉽게 파악할 수 있다.

모든 금융 상품은 고객이 보유한 예금, 지출, 적금, 투자 그리고 보험 정보를 고객과 연결하기 위해 디지털 기술에 의존한다. 금융회사는 이러한 금융 서비스의 식별, 인증, 인가, 무결성 및 가용성을 지속적으로 향상시키며 혁신해야 한다. 따라서 금융회사는 금융 보고 결과의 무결성을 훼손시키는 것과 금융 자산의 소유 권한이 없이 이체가 가능한 것과 같은, 고객 민감 정보에 부정적인 영향을 끼칠 수 있는 사이버 보안 위험에 대해서는 절대로 위험을 수용할 수 없다. 적합한 변화의 속도를 유지하며 발생하는 내재된 위험에 대해 금융회사는 금융 서비스의 가용성의 중단에 대해 낮은 위험 성향을 갖는다.

그림 6-4. 사이버 보안 위험 성향 설명서의 예제

위험 성향이 정성적으로 결정되면, 이제 해결해야 할 문제는 정의에서 측정으로 전환된다. 위험 성향은 기업에서 기꺼이 수용하고자 하는 위험의 범위를 폭넓게 정의하며, 위험 수용 능력 또는 회사가 수용할 수 있는 위험의 최대치와 구별하는 것이 중요하다. 위험 성향과 위험 수용 능력 사이의 관계를 통해 경영 의사 결정을 지원하기 위한 대체 전략을 비교 분석할 수 있다. 이러한 수준의 논의에서 위험은 모호한 용어처럼 보일 수 있다. 용어를 변경하는 범주(예: 시장 위험, 신용 위험 또는 사이버 보안 위험) 내에서 위험은 잠재적으로 부정적인 사건에 대한 종합적인 관점을 의미한다. 그러나 위험은 전략과 비즈니스 목표 달성에 영향을 미칠 수 있는 가능성을 나타내기도 한다. 위험 성향에 대한 적합성을 측정하려는 시도는 실제 위험의 특성을 강조하고 위험 범주 내에서 위험 성향과 위험 수용 능력을 측정할 수 있는 단위를 찾을 수 있다. 대부분의 위험 범주는 위험 이벤트가 발생할 때의 피해 금액을 통화로 측정한다. 사이버 보안 위험에서 통화는 오직 사기 사건에서만 측정되는 주요 단위이다. 다른 경우로는 고객의 이탈, 평판 하락, 시스템 가동 중단 또는 중요 서비스의 중단이 해당될 수 있다. 이러한 모든 변수는 사업 성과와 관련 있다. 위험 성향은 위험 수용 능력 이하로 유지돼야 한다. 위험 허용 한도는 경영진이 수용할 수 있다고 판단한 수행 능력 이하의 범위를 나타낸다.

때로 '위험 허용 한도 지표risk tolerance measures'와 '핵심 위험 지표key risk indicators'라는 용어는 유사한 의미로 사용된다. 그러나 위험 허용 한도 지표는 목표 달성과 관련된 성과에서 허용할 수 있는 경계를 구체적으로 나타내는 반면 위험 지표는 위험 자체의 변화를 파악하는 데 도움이 되는 지표다. 성과와 관련이 없는 핵심 위험 지표의 예로 사이버 보안 지수Index of Cybersecurity가 있다. 이 지표는 사이버 보안 전문가를 대상으로 사이버 보안에 대한 대중들의 인식을 월 단위로 조사하는 지수다.

그림 6-5는 해당 기관의 월간 보고서에서 발췌한 것으로, 사이버 보안 전문가가
지난달 가장 급격하게 증가한 것으로 판단한 위험을 보여준다. 사이버 보안 지수
는 외부의 핵심 위험 지표의 좋은 예다. 또 다른 예로 「월스트리트저널」에서 회사
에서 사용 중인 인터넷 연결 소프트웨어와 유사한 소프트웨어를 사용하는 은행
에서 사이버 보안 위반 사례가 발생했다는 뉴스 보도를 했다면 이는 회사가 피해
를 입을 가능성이 높은 것을 알려주는 핵심 위험 지표에 해당한다. 또한 특정 회
사나 금융 서비스 산업의 특정한 사이버 보안 위험에 대해 웹에서 찾아주는 벤더
vendor 서비스가 있다. 이처럼 외부로부터 생성된 핵심 위험 지표를 참고해 사이버
보안 위험 범주의 위험 집합이 완전한지 자문을 받아야 한다.

이번 달에 가장 급격하게 증가하는 위험

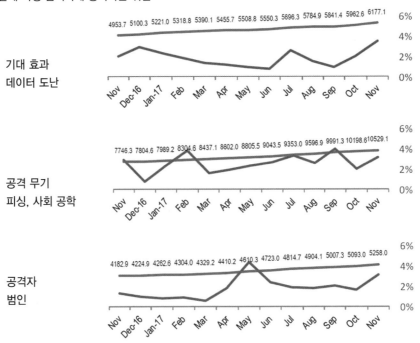

그림 6-5. 사이버 보안 지수 월간 보고서에서 발췌[9]

그림 6-6은 그림 6-4의 사이버 보안 위험 성향 설명서에 언급된 사업 목표에 적용되는 위험 허용 한도 모니터링 메커니즘의 예제다. 첫 번째 집합의 사업 목표에 영향을 미치는 이벤트에 관한 위험 성향은 서비스 가용성(낮은 위험 허용 한도)에 관한 사업 목표보다 낮다(위험 허용 한도 없음). 그림 6-6(a)는 위험 성향이 전혀 없는 것을 보여주며, 시간이 지남에 따라 위험 성향을 넘어선 하나의 위반이 발생한 기록을 보여준다. 그림 6-6(b)는 위험 성향에 속하지만 상승하는 추세를 보이는 수용 측정치를 보여준다. 아울러 위험 허용 한도 측정치도 주요 위험 지표가 될 수 있고 성과 지표와 중첩되는 상황을 보여준다. 서비스 가용성과 관련된 위험 성향은 서비스 성능 속성으로 측정될 가능성이 높고, 서비스 성과의 부정적 추세를 주요 위험 지표로 사용하는 것이 합리적이다. 다른 성과 지표는 위험 지표가 될 수 있지만 핵심 위험 지표는 아닐 수 있다(예: 견고하지만 안정된 고용 시장에서 직원의 감소).

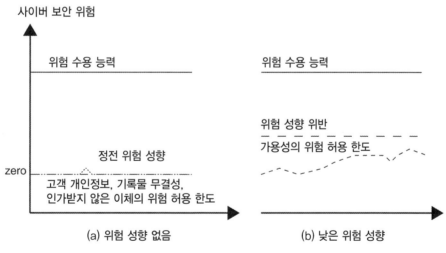

그림 6-6. 위험 허용 한도 모니터링

위험 성향의 각각의 정성적 요소를 정의하기 위한 차선의 전략은 금융 서비스 제공과 유지를 위한 사업 목표와 일치하는지 평가하는 것이다. 이 정의는 특정 목표를 가진 위험 성향의 정의를 강화하기 위한 사업 및 기술의 정성적 측정을 기술할 것이다. 목표 달성의 변동 사항은 위험 허용 한도 측정으로 정의돼야 한다. 이러한 목표의 대부분은 기술 통제 성과 측정과 관련이 있으며, 성과 측정 결과는 위험 성향을 넘어섰음을 나타낼 때 명확해야 한다. 사업 목표는 금융 상품의 관점과 기술 로드맵의 관점에서 공식화되기 때문에, 위험 허용 한도 측정은 위험 성향과의 연관성을 보장하기 위해 발전돼야 한다.

사이버 보안 성과 목표

위험 성향은 다양한 수준의 위험을 감수하는 것에 관한 전반적인 조직의 입장을 반영한다. 그러나 실제로는 위험 성향을 행동으로 전환해, 안전한 시스템 구성을 유지하기 위해서는 모범적인 성과 목표가 필요하다. 이러한 목표를 달성하기 위해 동시에 여러 통제 목표를 운영해야 하며, 각각의 목표는 성과 목표를 충족시켰는지를 나타내는 측정 지표가 필요하다. 그림 6-7은 전형적인 금융 시스템 아키텍처를 보여준다.

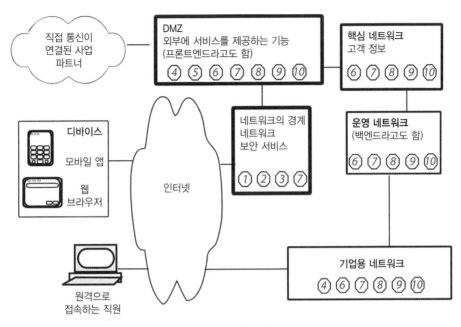

그림 6-7. 사이버 보안 통제를 나타낸 금융 서비스 네트워크 예제

아키텍처 내의 구성 성능 측정에는 다음이 포함되지만, 반드시 다음의 측정 항목으로 국한되지는 않는다.

1. 도메인 이름 구성

2. 부하 분산^{load balancing} 대상

3. 서비스 거부 환경에서 장애 조치 테스트 결과

4. 공용 네트워크 프로토콜 보안 종료^{termination}

5. 플러그인 모듈 및 데이터 공급^{data feed}을 포함한 웹 서버 구성

6. 안전한 소프트웨어 수명 주기

7. 네트워크 및 운영체제 구성, 프로세스 모니터링 및 이상 징후에 관한 자동 대응

8. 직무 및 과업 할당과 사용자 그룹 구성원 동기화

9. 네트워크, 운영체제 및 애플리케이션 활동 로그 모니터링, 경고 및 대응 시간 측정

10. 독립적인 소프트웨어 통제 검토 – 코드 검토 결과, 화이트 박스 침투 테스트 결과

각 측정값은 성능의 일부 측면을 기록하지만 데이터가 시스템 구성의 모든 측면이 예상대로 작동하는 것을 보여주지 않는 한 "안전한 구성" 측정 목표치를 달성하지 못한다. 그러나 모든 측면에서 지속적이고 완벽에 가까운 성능을 기대하는 것은 합리적이지 않으며, 운영상의 혼란은 후속 업무에 상당한 영향을 미칠 수 있다. 이는 반드시 위험을 높이는 것을 의미하지는 않지만, 성과 측정에서 최소한의 편차는 허용돼야 한다. 일부 성과 측정 또한 핵심 위험 지표가 될 수는 있지만 다수의 통제가 중복되기 때문에 성과 측정을 핵심 위험 지표로 선언하려면 성능 측정값의 감소가 실제 악의적인 사용자가 공격으로 부정적인 영향을 미치는 이벤트가 발생할 확률을 높일 수 있다는 근거를 마련해야 한다. 위험 감소의 가장 효과적인 통제의 집합-핵심 통제라고도 한다-을 결정하려면 사이버 공격이 성공했을 경우의 내재된 위험을 통제가 설정된 이후에 존재하는 위험과 비교해야 한다. 그림 6-7의 통제가 전혀 구현되지 않은 상황에서 웹 서버가 공격 받을 확률은 굉장히 높다. 모든 기능이 효과적으로 작동하는 상황에서 공격 확률은 급격히 감소한다. 통제 1, 2, 3만을 구현한 상황에서는 여전히 공격에 성공할 가능성이 높다. 그러나 4, 5, 6번 통제만 구현됐다면 이전 사례와 비교해 공격 성공률이 급격하게 감소한다. 이러한 유형의 확률 측정을 잔여 위험residual risk이라고 하며, 통제가 정상적으로 설정된 이후에도 잔존하는 위험을 뜻한다. 사이버 보안과 관련한 성과 목표는 모두 내재된 위험과 잔여 위험 사이의 격차를 넓히기 위한 것이다.

성과란 광범위하고 때로는 지나치게 일반적으로 사용되는 용어다. 성과는 사업 목표를 수행하는 것과 관련해 사용할 수 있지만 구현된 통제의 측정된(또는 인지된) 유효성effectiveness을 나타낸다. 그림 6-2의 ERM의 관점에서 성과는 ERM 프로세스 자체를 말한다. ERM 프로세스가 위험 요소를 식별, 평가하고 우선순위를 지정하며 통제를 구현하고 잔여 위험 요소에 관한 포트폴리오 뷰portfolio view를 개발할 수 있을 때, ERM 프로세스의 기능이 잘 수행되고 있다고 말할 수 있다.

다른 위험 영역과 마찬가지로 사이버 보안 위험 관리에 관한 책임은 일반적으로 1차 방어선의 책임이다. 위험 관리 활동에는 정보보안 프로그램의 수립 및 프로그램에 의해 수립된 통제와 통제를 통해 감소시키려는 위험 간의 연결이 포함돼야 한다. 일단 이러한 연계가 이뤄지면 위험 평가 프로세스에 그림 6-7의 그림과 같은 산출물을 구축하고, 정보보안 프로그램의 자체적인 검증 자료ground truth로 제시하기 위해 활용할 수 있다. 위험 평가에서 보안 정책 구축, 정책 구현, 정책 준수 및 정책 모니터링에 이르는 과정은 수십 년 동안 사이버 보안 전문가에게 일상적이었다. 최근의 사이버 보안 관리 전문가 대상 설문 조사에 따르면 이러한 연결은 핵심이며, 성공을 위해서 경영진과 직원의 협조가 중요하다는 사실이 확인됐다.[10] 이러한 연결이 확고하게 구축되면 위험 관리의 검증은 정보보안 프로그램 요소를 독립적으로 검증할 수 있는 속성으로 분해하는 것과 같은 의미를 지니게 된다.

규제 규칙regulatory rule과 일반적으로 준수되는 금융 산업 정보보안 정책은 잘 알려진 사이버 보안 위험 관리 활동의 예를 제공한다. 미국 그램-리치-블라일리 법 GLBA, Gramm-Leach-Bliley Act을 확인해보자. 줄여서 GLBA는 금융기관이 개인 식별 가능한 금융 정보보안과 기밀성을 보장할 것을 요구한다. GLBA의 시행을 지원하기 위한 규정의 일부는 금융기관이 고객 정보를 안전하게 유지할 수 있는 조치를 취하도록 요구하는 연방거래위원회FTC, Federal Trade Commission의 안전 조치safeguard rule 규칙이다.[11] 이러한 규칙 내의 요구 사항들은 금융 산업의 비즈니스 관행의 관점에서 데이터 보호의 상식적인 목표를 반영하기 때문에 훌륭한 내부 정책을 마련할 수 있다. 그림 6-8은 사이버 보안 거버넌스를 위한 훌륭한 기반을 제공하는 16 CFR 314(고객 정보보호 표준, Standards for Safeguarding Customer Information)를 강조했다.

정보보안 프로그램을 개발, 구현, 유지하기 위해 해야 할 일은 다음과 같다.

(a) 정보보호 프로그램을 조정하기 위해 직원들을 지정한다.

(b) 합리적으로 인가받지 않은 정보 노출, 악용, 조작, 파괴 또는 고객 정보의 보안, 기밀성 및 무결성과 관련된 합리적으로 예측 가능한 내외부 위험을 식별해야 한다. 그리고 이러한 위험을 통제하기 위한 임의의 안전 조치가 올바르게 구현돼 있는지 충분히 평가해야 한다. 최소한 이러한 위험 평가는 개별의 운영 영역에서 다음 위험을 포함시켜야 한다.

  (1) 직원 교육과 관리

  (2) 네트워크 및 소프트웨어 설계를 포함한 정보 시스템뿐만이 아닌 모든 정보 처리, 저장, 전송 및 폐기 절차

  (3) 공격, 침입 탐지, 예방 및 대응 또는 시스템 장애

(c) 정보 안전 조치 규치의 구현과 설계는 위험 평가를 통해 산출된 위험을 통제해야 하고, 주기적으로 테스트하거나 안전 조치의 핵심 통제, 시스템, 절차의 효과성에 대해 살펴봐야 한다.

(d) 다음의 같은 항목을 서비스 제공자로부터 확인해야 한다.

  (1) 적합한 안전 조치의 핵심을 위한 고객의 서비스 제공자의 선택과 유지를 위해 합리적인 절차를 수행한다.

  (2) 서비스 제공자에게 안전 조치를 유지하고 구현하기 위한 계약을 요구한다.

(e) 테스트와 모니터링 결과를 기반으로 여러분의 정보보안 프로그램을 평가하고 조정하기 위해 (c)에서 언급한 내용이 필요하며, 사업 조정 또는 운영상의 임의의 변화를 통해 발생할 수 있는 결과를 파악하거나 정보보안 프로그램에 미치는 영향을 알고 있어야 한다.

그림 6-8. 예제 요구 사항: GLBA의 연방거래위원회 안전 조치 규칙[12]

사이버 보안 거버넌스 그룹은 당연히 정보보안 프로그램을 시행할 것으로 예상되며, 당연히 프로그램을 규제 규칙에 열거된 요구 사항과 공식적으로 비교할 것을 예상할 수 있다. 그림 6-9는 금융기관의 정보보안 관리 프로그램의 예를 든 목차로, FTC 안전 조치 규칙 요소를 간략하게 나타낸 것이다.

FTC 안전 조치 규칙	정보보안 프로그램 구성 요소
(a) 정보보호 프로그램을 조정하기 위한 직원 지정	1. 정보보안 프로그램 관리
(b) 고객 정보 중 합리적으로 예측 가능한 내외부 위험 확인	2. 정보 분류
(c) 정보 안전 조치의 설계와 구현	3. 사이버 보안 위험 성향
(d) 서비스 제공자 감독	4. 정보보안 정책
(e) 테스트 수행 및 모니터링 결과를 고려해 사내 정보보안 프로그램 평가 및 조정	5. 기술적 통제 표준
	6. 사이버 보안 위험 평가
	7. 위험 쟁점 정의 및 처리
	8. 사이버 보안 지원 절차

그림 6-9. GLBA의 FTC 안전 조치 규칙과 정보보안 프로그램과의 비교

효과적인 거버넌스는 부분적으로 규제 또는 기업 프레임워크와 비교해 입증할 수 있다. 표준이나 규제 목표를 준수하는 것보다 거버넌스가 더 중요하므로 "부분적으로"라고 표현했다. 일반적으로 위험 분석가가 규정을 통제 요구 사항 목록으로 세분화할 수 있다. 그런 다음 내부 통제 프레임워크의 구성 요소가 규정에 매핑된다. 세분화 및 매핑은 내부 통제 프레임워크 요구 사항과 관련 모니터링 프로세스를 통해 규정이 적용될 수 있음을 보여준다. 사이버 보안 거버넌스 역할에 익숙하지 않은 많은 사람에게, 그림 6-10과 같이 정보보안 프로그램 표와 같은 내부 문서가 규정에 매핑되는 방법을 보여줘 규정 준수 현황을 보여줄 수 있다. 물론 그림 6-10에서와 같이 실제 내부 보안 프로그램 통제 목적 또는 여러 가지 조합을 발췌해 표시하는 것보다 더 자세한 매핑 세부 사항이 있어야 한다. 그럼에도 이 그림은 설명에 도움이 될 만한 매핑의 예제에 해당한다. 정책을 규제 규칙과 비교하는 것은 내부 정책 준수의 증거가 규칙의 준수에도 적합한 증거일 경우에만 준수함을 입증할 수 있다.

	A. 정보보안 프로그램을 위해 지정한 조정자	B. 내부 및 외부 위험 식별	C. 정보 안전 조치 설계와 구현	D. 서비스 제공자 감독	E. 지속적인 모니터링과 정보보안 프로그램 조정
1. 정보보안 프로그램 개요	✓				✓
2. 정보 분류		✓			
3. 사이버 보안 위험 성향		✓			
4. 정보보안 정책		✓	✓	✓	
5. 기술적 통제 표준		✓	✓	✓	
6. 사이버 보안 위험 평가		✓		✓	✓
7. 위험 쟁점 정의 및 처리		✓			✓
8. 사이버 보안 지원 절차		✓	✓		

그림 6-10. GLBA의 FTC 안전 조치 규칙에서 보안 프로그램에 이르는 수준별 맵

그림 6-10에서 도출한 매핑은 본질적으로 규정과 정보보안 프로그램에 기술된 내부 통제 사이의 대응이 이뤄진다는 컴플라이언스 이론에 기반을 두는 것이라 생각하자. 논리적으로 추론을 기반으로 한 증명으로 표현될 수 있다. 계속 설명하면 그림 6-10에 요약된 보안 프로그램의 처음 몇 절은 그림 6-11에 설명돼 있다고 가정해보자. 그림 6-11에서 프로그램의 각 절에 있는 굵은 글씨와 이텔릭체를 적용한 구문은 그림 6-10의 매핑된 셀(즉, [〈FTC 열〉〈보안 프로그램 열〉])로, 내부 프레임워크가 FTC 안전 조치 규칙을 준수한다는 증거를 제공한다. 이러한 논리적인 대응은 정보보안 정책이 비즈니스가 적절한 안전 조치에 관한 표준을 통제하는 정보 분류 레벨을 사용하도록 요구하지 않더라도 유지된다. 대신 고객 정보를 위해 위험을 확인하고 치료를 요구하며 제삼자에게 정보를 제공하는 경우

이를 '민감한 정보^{sensitive information}'라고 모호하게 언급하고 해당 조치를 전적으로 사업체에 위임하고 있다.

---

1. 정보보안 관리 개요

정보보안 프로그램을 조정하기 위해 지정된 직원을 정보보호최고책임자(CISO)라고 한다 [A, 1].

CISO는 필요에 따라 **정보보안[E, 1]을 평가하고 조정해** 위험 성향에 따라 사이버 보안을 유지해야 한다.

2. 정보 분류

정보 분류 등급은 "공개(Public) 정보", "내부(Internal) 정보", "고객 기밀(Customer Confidential) 정보" 및 "대외비(Restricted)"는 **고객 정보의 보안, 기밀성 및 무결성에 대해서 합리적으로 예측 가능한 내부 및 외부 위험을 식별하기 위해 확립한다[B.2].**

3. 사이버 보안 위험 성향

CISO는 정보를 분류 등급별로 구체적으로 참조하는 회사일 경우 **사이버 보안 위험 선호도 [3,3]를 설정해야 한다.**

4. 정보보안 정책

비즈니스 데이터 소유자는 **고객 정보의 보안, 기밀성 및 무결성에 대해 합리적으로 예측 가능한 내부 및 외부 위험을 식별해야 한다[B, 4].** 민감한 정보에 대한 접근 권한을 보유한 제삼자를 고용하는 기업은 **정보보안 정책 요구 사항 및 기술 통제 표준을 향상시키기 위해 서비스 제공자[D, 4]를 감독해야 한다.**

5. 기술 표준 제어

기술 운영은 각 정보 분류 수준에서 정보를 적절하게 보호하는 **정보 안전 조치(Information safeguards)[C, 4]를 설계하고 구현해야 한다.**

그림 6-11. 논리적으로 FTC 안전 조치 규칙을 준수하는 보안 프로그램의 예

규제 규칙이 직접적으로 평가되는지 또는 내부 프레임워크를 기준으로 평가되는 지에 관계없이 그림 6-11과 같은 논리적 설명서의 실제 증거는 문서화된 비교뿐만 아니라 기술 목록, 관찰, 비교 및 결론 또한 포함해야 한다. 거버넌스의 역할이 부여될 가능성이 있는 팀에게 이러한 매핑 작업은 항상 업무 절차로 시작해야 하며, 컴플라이언스 증명의 범위를 하향식으로 진행해야 하며, 규칙의 범위 내에 모든 정보의 참조를 포함하는 업무 절차의 흐름을 정확히 표현해야 함을 강조하는 것이 중요하다. 예를 들어 전략에는 헬프데스크 서비스가 고객 또는 직원이 요청한 업무를 최단 시간 내에 해결해야 한다는 성과 측정이 포함될 수 있다. 명시된 시간이 사용자의 신원을 확인하기에 적합하지 않을 경우 해당 전략은 허용 범위를 넘어서는 사이버 보안 위험 수준으로 나타날 수 있다.

사이버 보안 거버넌스는 업무 절차와 데이터 콘텐츠와 같이 쉽게 이용할 수 있는 전사적 기술 및 정보 목록에서 접근할 수 있도록 해야 한다. 이 목록은 통제가 수행되고 있음을 입증하는 관찰 및 측정 항목을 수집하기 위해 활용해야 하며, 관찰 및 측정 지표를 사용해 규제 및 사업 통제 요건을 준수하는지 입증해야 한다. 정책과 표준이 이러한 시연을 용이하게 하는 데 도움이 되는 경우, 이는 작업을 더욱 쉽게 만든다. 그러나 정책과 표준 자체로는 이를 대체할 수 없다. 이상적으로, 보안 프로그램은 규칙을 준수한다는 결론을 내릴 수 있는 논리적인 근거를 마련하고 기술 또는 거버넌스 절차의 변경을 초래할(하지 않을) 수도 있는 위험 문제를 식별하는 데 도움이 된다. 변경 사항이 보증되는 경우, 거버넌스 기능은 주로 예산이 할당되고 프로젝트가 시작되도록 하는 책임을 진다. 사이버 보안 통제의 프로젝트와 운영상의 변경 사항은 통상 개발 그룹에서 수행되지만, 거버넌스 기능은 해당 조치 사항들을 감독해 실무적으로 가능한 빠르게 위험을 감소시키기에 적절한 일정을 경영진에게 제공하고, 일정의 이정표를 모니터링하기 때문에 통제 개선 중의 잠재적인 실패를 신속하게 파악하고 윗선에 보고하고 수정할 수 있다.

이러한 매핑 작업은 항상 업무 절차로 시작해야 한다는 것과 컴플라이언스 입증의 범위를 하향식으로 진행해야 하며, 규칙의 범위 내에 모든 정보의 참조를 포함하는 업무 절차의 흐름을 정확히 표현해야 함을 거버넌스 역할을 부여할 예정인 팀에게 강조하는 것이 중요하다. 즉, 기술 관련 거버넌스 과정에서 요구되는 정보 흐름은 기술 감사나 평가에서 요구되는 정보의 흐름과 동일하다. 그들은 주어진 규칙의 범위 내에서 연관 과정의 전체 목록으로 시작해야 하며, 기술 통제와 적합한 위치에 있는지를 나타내는 증거를 식별하고 내부 프레임워크에 명시된 규칙에 따라 실제로 작동하는지 확인해야 한다. 그림 6-12는 모든 기술 컴플라이언스 평가에서 거버넌스 프로세스가 일반적으로 따르는 단계가 요약돼 있다. 거버넌스 역할에서의 차이점은 모든 규칙을 지속적이며 연속적으로 평가해야 한다는 것이다. 그래야만 그림 6-10의 충분한 가정 근거가 될 수 있다.

그림 6-12. 사이버 보안 평가 전략 데이터 흐름

규칙을 준수하는 것을 입증하기 위해서 정책, 절차, 역할 할당과 시행 및 유지 관리의 책임뿐만 아니라 감독 책임자 위원회에 보고하기 위해 사용되는 지표도 항상 포함돼야 한다. 예를 들어 FTC 안전 조치 규칙은 고객의 개인 식별 정보를 처리하는 모든 업무 절차를 식별할 것을 요구하고 있다.

이는 일반적으로 프로세스 표의 운영 위험 관리 시스템^{ORM, operational risk management system}을 통해 제공된다. 이 시스템에는 프로세스와 관련된 애플리케이션 목록이 있으며 애플리케이션 목록 시스템의 색인을 통해 식별할 수 있다. 애플리케이션 목록은 애플리케이션을 구성하는 기술 플랫폼을 식별하기 위해 질의를 받을 수 있다. 그런 다음 애플리케이션 색인을 사용해 해당 애플리케이션의 지원하기 위한 인프라 장비를 식별할 수 있는 구성 관리 데이터베이스^{CMDB, configuration management database}에 질의할 수 있다. 그 뒤, 인프라 네트워크 구성의 질의를 통해 데이터가 애플리케이션으로 유입, 유출되는 방식을 결정할 수 있다. 이러한 활동을 통해 확인된 각 유형의 기술 구성 요소로 감사 및 평가, 프로젝트, 변경 관리 기록, 사고 및 문제 관리 기록이 있을 수 있다. 이는 내부 프레임워크 규칙이 준수되는지(또는 준수되고 있지 않은지) 확인하는 데 사용될 수 있다. 사이버 보안과 관련된 대부분의 안전 조치 요구 사항은 이러한 조치를 통해 거버넌스 팀이 파악할 수 있어야 하기 때문에, 위원회 내에서 해당 조치 요구 사항에 관한 논의를 알릴 수 있어야 한다. 완전한 밑그림을 그릴 수 없을 경우 해당 팀은 이러한 차이를 활용해 새로운 측정 지표의 개발을 정당화할 수 있다. 사이버 보안 거버넌스 그룹의 구성원은 일반적으로 이러한 토론회를 활용해 새롭고 진화하는 위험 문제를 전달할 뿐만 아니라 위험 우선순위 및 위험 경감 계획에 관한 합의를 도출할 것이다.

조치 항목 등록부와 위원회 회의록은 1차 방어선과 2차 방어선의 기업 실사^{due diligence}를 통한 통제 구현의 오류 또는 차이에 대한 보고와 대응을 기록한다. 3차 방어선은 이러한 위원회에 참석하지만 그들의 감독 증거는 일반적으로 공식적인 감사 보고서 및 이사회의 감사 위원회의 관련 보고서의 요약으로 국한된다. 이러한 공식 보고서는 주간 프로젝트 현황 회의 및 운영환경변경관리위원회와 같은 일상적인 관리 감독 활동과 함께 거버넌스 기능이 내부 프레임워크 컴플라이언스의 사례를 지원하도록 구현이 됐는지 확인할 수 있는 충분한 데이터를 제공한다. 이 경우 규제 컴플라이언스 시연은 그림 6-10과 같은 논리에 의존할 수 있다.

그렇지 않은 경우, 새로운 규제 요건이 있을 때마다 업무 절차를 재검토하고 그림 6-12를 참조해 전체적인 분석을 수행해야 한다. 즉, 모든 증거가 내부 통제 규칙에 관해 완전하게 검증됐다 하더라도 규정 준수에 관한 최종 평가에는 (1) 규칙을 준수하면 준수 결과가 발생하고 (2) 다음과 같은 가정 사항을 뒷받침하는 문서화된 근거가 포함돼야 한다.

따라서 사이버 보안 거버넌스는 기술 인벤토리, 보안 아키텍처 및 구성 표준의 강력한 기반에 의존한다. 일반적으로 애플리케이션 및 인프라 인벤토리, 구성 관리 데이터베이스, 프로젝트 관리 시스템, 변경 관리 및 사고 관리 시스템에서 거버넌스, 위험 및 통제^{GRC} 시스템으로 지속적인 데이터를 공급하는 것에 달려있다. 사이버 보안 거버넌스 기능으로 데이터 저장소를 갖는 것이 중요하지 않지만, 내부 및 외부 프레임워크에 대한 시스템의 컴플라이언스 여부를 모니터링하고 평가하려면 지속적으로 접속해야 한다. 즉, GRC 시스템에 제공되는 데이터는 잠재적인 문제를 나타내는 수준의 요약 또는 지표일 수 있으며, 관리 팀 직원은 데이터를 제공하는 시스템에 로그인해 요약 및 지표의 세부 사항을 검사할 수 있어야 한다. 그림 6-13에는 여기서 언급한 일부 지표와 일반적으로 사이버 보안 거버넌스에 유용한 다른 유형의 데이터 저장소를 나열했다.

저장소	유용한 데이터
멀웨어 방지 프로그램	사용자 데스크톱 및 서버를 대상으로 하는 침입 시도 및 기록
애플리케이션 인벤토리	인가받은 사업 목표와 관련된 기술 기록
규제적 컴플라이언스	특정 규정이 어떠한 사업과 관련이 있는지 나타낸 목록
변경 관리	애플리케이션 및 인프라 변경 기록, 변경 지연, 실패 및 해당 사고 관련 통계
사이버 보안 위협	소프트웨어 및 인프라 플랫폼에 관한 현재 위협 분석
이메일, 메시징 및 파일 전송	콘텐츠 관리 및 데이터 손실 방지 기능
ID 및 접근 관리	인증된 직무 기능에 해당하는 모든 활성 시스템의 사용자 및 권한
거버넌스, 위험 및 통제	일반적으로 다른 시스템에서 추출한 지표로 보완되는 정보보안 정책, 프로세스, 플랫폼
키 관리	애플리케이션에서 사용 중인 암호화 유형 및 빈도
네트워크 데이터 흐름	서버 및 네트워크 스위치, 라우터 및 방화벽에 구성된 포트와 네트워크 트래픽 필터
운영체제 보안	운영체제와 소프트웨어 및 미들웨어 플랫폼 스택용 표준 모두를 위한 플랫폼 구축 준수 여부
운영 위험 관리	업무 절차 흐름, 사이버 보안 위험 평가 결과, 프로세스 간 애플리케이션 매핑 및 사이버 보안 위험 시나리오 분석 결과
침투 테스트	테스트로 발견된 취약점 집합은 현재의 위협 분석 결과에 해당
문제 및 사고 관리	기술 운영 지원, 개인 및 애플리케이션 개발 수단 지원, 과제 및 구성원, 문제 근본 원인 분석
프로그램 및 프로젝트 관리	예산, 프로젝트, 타임라인, 이정표 및 프로젝트 상태
보안 사고	저장소 관리 대응 절차 준수를 입증하는 기록
저장소 관리	비구조화 데이터의 보안 및 표준 준수

그림 6-13. 사이버 보안 거버넌스 지표 출처

사이버 보안 거버넌스의 기업 위험 구조에 관한 해박한 지식과 저장소의 데이터 무결성에 관해 소유권이 없다면, 컴플라이언스가 입증된 지표는 굉장히 의심스러울 것이며 기술 이외 분야의 감사관과 기술 침투 테스터 모두에게 불신을 받을 가능성이 높다.

더 알아보기

6장에서는 사이버 보안 통제 아키텍처를 관리할 때의 고려 사항을 알아봤다. 여기에는 신기술 채택과 지원 프로세스 개발 같은 위험 처리 결정을 운용하는 것이 포함된다. 그러나 내부 조직의 아키텍처와 프로세스에 지속적인 변화뿐만 아니라 위협 요소의 변화 및 규정 프레임워크의 변화 같은 외부 요인을 효과적으로 관리 감독할 수 있도록 지원하는 건전한 거버넌스를 수립해야 한다. 면밀히 관리하지 않으면 사이버 보안 통제 아키텍처는 관리를 의해 의도한 경계가 확장돼 상당한 자원이 추가로 필요할 수 있다. 7장에서는 적절히 관리하지 않을 경우 전사적으로 사이버 보안 활동이 자원을 비효율적으로 낭비할 수 있다는 우려에 관해 이야기할 것이다.

참고 문헌

1. Drucker, Peter. The Essential Drucker, (New York: HarperCollins, 2001).

2. Deming. W. E., W. The New Economics, Massachusetts Institute of Technology Press, 1993.

3. OCC Guidelines Establishing Heightened Standards for Certain Large Insured National Banks, Insured Federal Savings Associations and Insured Federal Branches; Final Rule, Federal Register, Volume 79, Issue 176, September 11, 2014.

4. COSO (2017). Enterprise Risk Management: Integrating with Strategy and Performance, Committee of Sponsoring Organizations of the Treadway Commission, Members include: American Accounting Association, American Institute of Certified Public Accountants, Financial Executive Institute, Institute of Internal Auditors, Institute of Management Accountants. 이 문서는 2004년 처음 출간됐으며 2017년에 갱신됐다. 내부 통제 문서 지침은 1992년 최초로 발행됐으며 2013년에 업데이트됐다. 자세한 내용은 www.coso.org를 방문하자.

5. PWC, 2017, Risk in Review, Managing from the Front Line, https://www.pwc.com/us/en/risk-assurance/risk-in-review-study.html.

6.   PwC (2018). The Journey to Digital Trust.pwc.com/us/digitaltrustinsights.

7.   Pareek, M. (2013). "What Is Your Risk Appetite?" ISACA Journal 4.

8.   OCC (2016). Enterprise Risk Appetite Statement. 자세한 내용은 다음 링크를 참고하자.
      https://www.occ.gov/publications/publications-by-type/other-publications-reports/
      risk-appetite-statement.pdf

9.   Geer, D., and Mukul Pareek, The Index of Cybersecurity, November, 2017, http://
      cybersecurityindex.org/

10.   Flowerday, S. a. T. T. (2016). "Information Policy Development and Implementation."
      Computers & Security 61: 169-183.

11.   Standards for Safeguarding Customer Information; Final Rule - 16 CFR Part 314 (May
      23, 2002), Federal Register Volume 67 Number 100.

12.   16 CFR Part 314-Standards for Safeguarding Customer Information. https://www.law.
      cornell.edu/cfr/text/16/part-314

7장

전체 조직을 포함시켜야 하는가?

지난 10년 동안 새로운 사이버 보안 조직 구조에 관한 다양한 관리 실험을 지켜봤다. 상당수는 경영진이 위협에 취약하다는 사실을 인식하고 신속히 대응해 빠르게 만들어졌고, 비즈니스 기술의 개발과 별개로 위협에 대비하는 임무를 수행하고자 성장해왔다. 사이버 보안 부서는 기술 그룹의 속하지만 인프라 관리자의 하위 부서로 배치되는 경우가 많고 소프트웨어 기준이나 배포를 담당하는 부서와 통합되지 않는 경우가 많았다. 대신 운영 중인 시스템 환경의 평가와 개선에 중점을 뒀다. 전반적으로 CISO가 전사적 사이버 보안 위험 프로그램을 설계하고, 기술 조직 내 보안 기술을 시범 운영하고, 위협이 더욱 명확하고 도처에 존재함에 따라 다른 조직과의 접점을 모색하면서 사이버 보안 조직 등 꾸준히 성장했다.

결과적으로 다수의 사이버 보안 담당자들은 기술과 관련한 비즈니스 요구 사항에 제한된 시야를 갖고 있으며, 낮은 수준의 비즈니스 통찰력을 보유하고 임무 기여도가 낮은 것으로 평가받고 있다.[1] 최근의 사이버 보안 위험을 관리하기 위한 기업의 역량을 구축하려는 시도들은 사이버 보안은 전사적 위험 관리의 핵심적인 고려 사항일뿐만 아니라 기업 아키텍처의 주요 특성으로 간주하는 접근 방식으로 변화하고 있다.

© Paul Rohmeyer, Jennifer L. Bayuk 2019 157
P. Rohmeyer and J. L. Bayuk, Financial Cybersecurity Risk Management,
https://doi.org/10.1007/978-1-4842-4194-3_7

아키텍처의 관점

FDIC의 엔터프라이즈 아키텍처EA, Enterprise Architecture 정의는 목표하는 사업의 비전과 결과를 향한 변화의 실행을 파악하고 분석함으로써 사업에 지장을 주는 영향에 대응하기 위한 기업의 능동적이고 전반적인 대응을 이끌어내는 규율이기 때문에 금융기관에서도 적용할 수 있다. EA는 사업과 IT 리더에게 연관된 사업상의 차질을 기회로 삼아 목표 사업의 성과를 달성하기 위한 정책과 프로젝트를 조정하기 위해 검토를 마친 추천 사항을 제시한다.[2] FFIEC(미국 연방금융기관검사협의회) IT 심사 핸드북FFIEC IT Examination Handbook에서는 규제 대상에 관한 FFIEC 지침을 다음과 같이 IT 정의에 맞게 개정했다.

> 엔터프라이즈 아키텍처(EA)는 기관의 운영 프레임워크를 기술하고, 기관의 사명, 이해관계자, 비즈니스 및 고객, 업무 흐름과 절차, 데이터 처리, 접근, 보안 및 가용성을 포함하는 전반적인 설계인 동시에 고수준 계획이다.[3]

본 지침에서 EA에 관한 기술 관리의 고려 사항을 나열할 때 보안을 반복해서 언급하고 있다. 예를 들면 다음과 같다.

> EA 프로그램을 개발할 때 핵심 고려 사항에는 보안, 사업 복원력, 데이터 관리, 외부와의 연결 및 기관의 목표와 목적 간의 연계가 포함된다. EA 프로그램을 효과적으로 시행하려는 기관은 모든 기관 활동에 대한 위협과 잠재적인 위험을 분석해야 한다. 신중한 실무에 기반한 포괄적인 EA 프로그램은 회사가 IT 문제를 관리하고 기술 기반의 위험 식별, 측정과 완화 절차를 더욱 훌륭하게 개발할 수 있도록 도와줄 수 있다.[4]

금융 서비스 관리가 통상적으로 최고 경영진의 의사를 지원하기 위한 COSO 내부 통제 명령을 준수해왔지만, 사이버 보안과 관련한 경영진의 접근 방식은 일반적으로 기업 아키텍처에 대해 포괄적인 하향식 접근 방식을 취하며, 전사적 관점을 활용하지 않는다. 오히려 기술의 역할과 책임은 일반적으로 하향식으로 설정되고, 각각의 사업 단위는 해당 사업의 요구 사항에 따라 시스템을 자유롭게 설계할 수 있다. 이러한 상황은 ISACA, ISO, 또는 NIST와 같은 거버넌스 조직이 발행한 과거의 기술 통제 표준의 품질을 전혀 반영하지 않은 것이다. 이러한 표준에서는 오랫동안 최고 수준의 전략 기획에서 사이버 보안 위험을 고려할 것을 권장해왔으며 통합적이고 하향식 접근 방식을 사용해야 한다고 지속적으로 권고해왔다. 그림 7-1은 COSO 및 COBIT 표준에서 권장하는 거버넌스와 관리 간의 관계를 보여준다. 사이버 보안을 포함한 모든 위험 범주에 대한 위험 최적화를 보장하는 것은 거버넌스의 역할이다. 거버넌스는 경영진이 전략 선택 시 위험 평가를 수행하고, 운영을 위험 관리 활동과 연계하며, 적절한 때에 위험 모니터링 및 감독할 수 있도록 하는 것을 목적으로 한다. 이것이 바로 EA 방식이다. 그림 7-1은 EA 문헌에서 흔히 볼 수 있는 접근 방식을 보여준다.

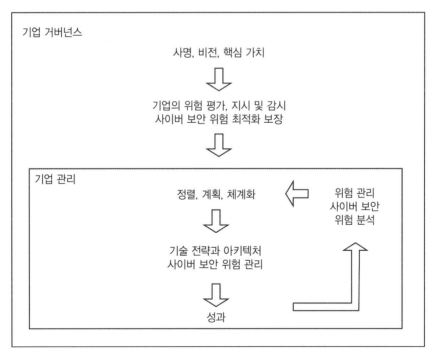

그림 7-1. EA 접근 방식

EA와의 조정은 이상적으로 엔터프라이즈 아키텍처의 비전을 수립하거나 문서화하는 것으로 시작해야 한다. 정보 시스템 아키텍처를 위한 자크만 프레임워크 Zachman Framework를 통해 아키텍처 관점은 대중화가 이뤄졌으며, 엔터프라이즈 아키텍처를 설명하는 유용한 메커니즘을 제공한다.[5] 이 아이디어는 건축에 비유해 정보 시스템을 설명하는 방법으로 시작됐다. 자크만은 직관적인 스케치에서부터 도면의 크기 조절, 엔지니어링 계획에 이르기까지 건축가의 산출물을 은유적으로 모방하고, 각각 연속적인 세부 수준에서 정보 시스템을 표현하는 프레임워크를 만들었다. 이러한 개념을 사용해서 기술자는 시스템 아키텍처를 명확하게 하기 위해 정보시스템과 독립적인 분야로부터 서술적descriptive 프레임워크를 만들 수 있었다.

그런 다음 해당 결과 시스템이 직관적인 스케치로 표현한 사람, 조직 및 프로세스의 요구 사항을 충족하는 것을 입증하는 데 사용됐다. 자크만의 표현대로 "건축가의 그림은 소유자가 생각하는 요구 사항을 그대로 옮긴 것이다." 기업 아키텍처 모델링에 관한 후속 접근 방식을 적용해 좀 더 심층적인 분석을 수행할 수 있다. 예를 들어 TOGAF는 비즈니스, 애플리케이션, 데이터 및 기술 분야를 통합하고, 사이버 보안 아키텍트에게 각각 고유한 시야를 제시하는 적절한 프레임워크다.[6] 조직 내의 프레임워크 선택은 다음과 같이 지배적인 아키텍처 관점 요인에 의해 결정된다. 아키텍처 관점의 일관성은 사이버 보안을 주어진 조직의 기업 아키텍처 계획의 일부로 간주하도록 하는 목표의 근간을 이룬다. 이러한 것이 없다면, 사이버 보안 프로그램을 측정할 수 있는 척도가 없다. 기업 프레임워크를 간략하게 나타낸 예제는 그림 7-2와 같다. 다양한 관점에서 시스템 요구 사항을 비즈니스에 매핑해 조직화된 기술과 비즈니스 요구 사항을 파악하는 방법을 보여준다. 건축 시공에 사용하는 건축 다이어그램처럼 자크만과 같은 프레임워크 관점은 기술과 비즈니스 컨텍스트를 이어주는 의미론적 연관성을 이해하는 데 도움이 되는 동일한 역할을 할 수 있다. 그림 7-2에서 1열은 기술의 동형 차원을 나열하고 다른 열 머리글은 차원을 기업 시스템 아키텍처 구성 요소에 매핑하는 데 사용하는 질문 혹은 기술이다. 각 행은 각 열 머리글의 질문에 응답하며 전체는 기술이 비즈니스를 지원하는 방법을 보여주기 위한 것이다.

관점	인력	목표
상황 정보	경영진-거버넌스	사업 목표
개념	상품-전략	프로세스 정의
논리적	기술-소프트웨어	포털, 데이터베이스, 플랫폼
물리적	기술-하드웨어	디바이스, 데이터 센터
구성 요소	상품-사양	결제 처리
운영	상품-지원	고객 지원 센터

그림 7-2. 자크만과 유사한 프레임워크 접근법

물론 임의의 비유는 받아들이는 사람이 반드시 가정해야 하며, 표현 방식이 실제 기술 도구와 기술에 가까워질수록 직관적이지 못하다. 이 프레임워크는 자동화된 시스템이 직관적인 방식으로 비즈니스 운영에 통합하는 문제를 구조화하는 역할을 한다. 그러나 일단 실제 시스템이 구축되면 의도와 달리 조화를 이루지 못하는 시스템일 때가 있다. 일반적으로 하나의 업무 절차 또는 작업을 지원하기 위해 사용하는 중복된 기술 구성 요소가 지나치게 많기 때문에 경영진과 의사소통할 때 정확한 설명은 기술적으로 복잡할 수도 있다. 이에 기술 경영진은 기능별로 구분한 블록 다이어그램 형태로 추상화하는 경향이 있다. 전형적인 금융 산업 기술 아키텍처는 그림 7-3과 유사한 형식으로 임원 및 이사회 구성원에게 제공된다.

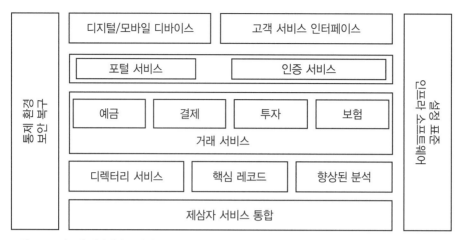

그림 7-3. 시스템 아키텍처 프레임워크

비록 잘 설계되고 의사 결정을 위한 유용한 발판을 마련해줄 수 있지만, 이러한 다이어그램은 때로는 잘못된 결과를 초래할 수 있다. 그림 7-2에서 그림 7-3으로의 개념적 비약은 컴퓨터 과학의 철저한 교육은 물론 금융 시스템 개발과 인프라 지원 분야에 수년간 경험이 있어도 파악하기 어렵다. 그림 7-3을 살펴본 경영진에게 '포털 서비스' 및 '인증 서비스'와 같은 상대적으로 더욱 추상적인 상자의 작동 방식이 명확하지 않기 때문에, 독자는 왼쪽의 '통제 환경' 상자와의 상호 작용을 통해서 인증 및 권한 부여와 관련된 비즈니스 요구 사항이 완전히 충족되고 있다고 가정할 수 있다. 이와는 대조적으로 이러한 다이어그램에서 경험이 있는 엔지니어는 측면의 '제어 환경' 상자를 보고 일반적으로 인프라 또는 일반적인 통제만을 나타내는 것으로 이해할 것이다. 비록 기술자조차도 다이어그램에서 임의의 상자의 작동 방식 또는 중간 열에 위치한 구성 요소나 여기에 사용된 기술은 알지 못한다. 이러한 다이어그램으로 사이버 보안의 기본 구성 요소를 묘사하는 것은 경영진에게 운영 중인 시스템의 맥락을 이해시키는 데 크게 도움이 되지 않는다.

그림 7-4는 사이버 보안 통제가 EA와 통합되는 방법을 보여주는 일반적인 경영진/이사회 수준의 다이어그램이다. 그림 7-2의 아키텍처 모델과 그림 7-3의 실제 시스템 기본 구성 요소를 그림 7-4에서 추상화했다. 이러한 구현은 침입자로부터 기업을 강화하는 내부 통제가 추가됐고, 조금 더 공격자를 대상으로 구성된 것을 알 수 있다. 다이어그램의 오른쪽에 있는 측정 항목은 각 비즈니스 영역이 CISO에서 설계한 통제 전략에 기여하는 방식을 보여주기 위해 설계됐다. 값은 위험 허용 한도 초과를 나타낸다. 화살표는 현재 값이 이전 기간의 양수 또는 음수 변화를 나타내는지를 보여준다.

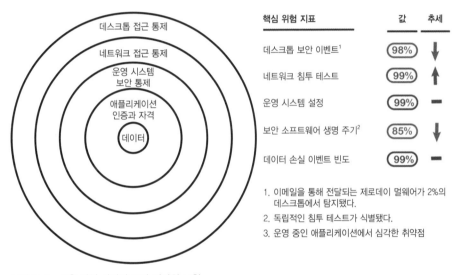

그림 7-4. 금융 산업 사이버 보안 이사회 구현

그러나 기껏해야 EA부터 가장 보편적인 관련 요소까지만 추상화돼 있으며, 기술 아키텍처 자체는 EA에서 이미 추상화돼 있다.

이러한 사례 모음을 통해 대부분의 기술 아키텍처 프레임워크가 의사소통으로 활용하기에 부적절한 것을 보여준다. 금융 비즈니스 개념을 기술로 변환하는 것은 거실과 같은 공간 개념을 제곱미터로 바꾸는 것만큼 쉽지 않다. 기술 아키텍처 프레임워크는 의사 결정 프로세스의 구성 요소 일부를 표준화할 것으로 예상되는 담당자에게 기술 관리를 기반으로 내린 결정 사항을 전달하는 데 효과적이다. 그들은 개요 이면의 추상적인 세부 사항을 이해하고 있다. 그러나 기술 분야를 담당하지 않은 ERM 관련 직원에게 기술 아키텍처는 직관적이지 않다. 그리고 위험을 식별하는 방법에 관한 통찰력을 얻을 수 없다. 사이버 보안 위험에 관한 의사소통에서 기술이 비즈니스를 지원하는 방법을 이해하는 것은 결정적인 영향을 끼치지 않기 때문에, 경영진과 이사회 수준에서 사이버 보안 위험을 완전히 파악하지 못하는 것을 예상해야 한다.

이론적으로는 그림 7-4와 같은 다이어그램을 통해 기술자는 보안을 위한 비즈니스 목표를 달성하는 방법을 보여줄 수 있다. 이는 "이론상으로는 모든 것이 실제로 작동한다"라는 오랜 격언을 염두에 둬야 한다. 이론적으로 누군가가 보안에 대한 비즈니스 요구 사항을 수행하고 그림 7-4의 과녁 다이어그램에 있는 다섯 가지 통제 집합으로 압축했다. 이러한 추상적인 프레젠테이션은 이론적으로 완벽하다. 그러나 실제로 측정 지표는 사이버 보안 위험 경감을 직관적으로 이해할 수 있는 정보를 거의 전달하지 못한다. 그림 7-3의 다이어그램으로 직접 매핑됐더라도 해당 다이어그램의 모호함으로 인해 설명이 부속하다. 웹 서버 인증상 문제점과 같은 단 하나의 취약점은 소프트웨어 패치로 해결할 수 있지만, 다중 계층에서 통제하는 것을 가정하기 때문에 단일 취약점이 데이터를 노출시키는지 명확하게 설명되지 않는다.

일부 보안 엔지니어는 자크만과 같은 기업 보안 아키텍처 접근 방식에 관한 세부 정보를 요구했지만,[7] 일부 보안 관련 프레임워크에서는 보안 정책, 보안 영역 및 보안 프로파일과 같이 비즈니스 범위가 아닌 좀 더 상세한 시스템 속성을 도입하기도 한다. 이는 보안 엔지니어와 의사소통하는 데 도움을 주지만 실제 업무 절차가 없는 경우 비즈니스가 보안 구성의 가치를 더욱 쉽게 파악할 수 있도록 도와주지 않는다.

기술 구현에서 명확한 사이버 보안 정보가 부족하기 때문에 임원 또는 이사회 구성원이 사이버 보안 위험 관련 프레젠테이션 요청이 증가했다. 그러나 이러한 긴급함은 정확성을 높이지 못한다. 정보보안 문제의 직관적인 이해를 돕기 위해 "위험"에 관한 프레젠테이션은 종종 위협의 심각성과 이를 해결하기 위한 예산 배정의 긴급함을 전달하기 위한 목적으로 설계된다. 그림 7-4와 같은 다이어그램에는 그림 7-5와 같은 신문 표제어 모음 또는 적절하게 통제되지 않는 기술 인프라를 보유한 비즈니스 관리자를 나타내는 지표가 수반된다. 정보보안 산업 전문가들은 이러한 유형의 프레젠테이션을 "공포 모음집scare deck"이라고 한다.[8]

그림 7-5. 사이버 보안 위협 요소

"공포 모음집" 접근 방법의 결과는 회사에서 사이버 보안 프로그램에 지출한 금액과 함께 위협에 대응하기 위한 기술을 경영진과 이사회 구성원에게 제공하는 경우가 대부분이다. 이는 위험을 감소시키기 위해 자본이 책정된 것처럼 보인다. 그러나 사이버 공격이 있을 경우 투자 금액으로 상황을 진정시킬 수 없기 때문에 실제로 신용 및 시장 위험 자본 배분과 비유하기에 적합하지 않다. 이는 이미 통제에 사용돼 왔으며, 비효율적인 통제에 사용됐을 가능성도 있다. 따라서 사이버 보안에 투자된 자금이 사이버 보안을 위한 기업 역량으로 전환되려면 오직 CISO가 독단적으로 결정이 아닌, 조직의 최고 경영진 사이의 협력적 의사결정 과정을 거쳐야 한다

기업 역량

이 모든 것은 사이버 보안 기능인 접근 제어, 데이터 보안, 사고 식별 및 경고를 통해 가능하다. 사이버 보안 통제는 무결성과 가용성을 보호하기 위해 임의로 조정될 수 있는 기능이 아니다. 사이버 보안에 주의를 기울이지 않는 것은 문자 그대로 바람직한 데이터 속성을 갖지 않음을 의미한다. 즉, 모든 기술 관리자는 데이터 무결성에 대한 책임감을 느끼는 범위 내에서 사이버 보안에 주의를 기울이고, 사이버 보안 관리자만 늘어남에 따라 직무 설명서에서 사이버 보안과 관련된 내용이 누락돼 기술 관리자의 책임이 줄어들게 된다.

이는 많은 조직에서 보편적으로 발생하고 있는 '사일로 효과silo effect' 문제에 해당한다. 개인이 종단 간 아키텍처에서 하나의 구성 요소에만 책임을 지는 경우 대규모 조직에서 전문 분야의 전문성에 익숙해지고, 전문성을 갖춘 부서를 만들고, 전문 분야와 관련한 부서를 독립적으로 발전시키는 경향이 의사 결정을 방해한다.[9] 특히 대형 은행은 사일로 효과로 인해 위험에 처해 있다. 그러한 조직에서 사이버 보안은 전문 분야이며, 다른 부서들은 조직적인 차원에서 사이버 보안 위

험을 식별하고 처리할 것이라 믿기 때문에 사이버 보안 위험으로부터 보호를 받을 것이라고 믿는다. 상품 관리자는 상품에 관해서만 신경을 쓰고 네트워크 관리자는 네트워크 성능에 대해서만 걱정하기 때문에 사이버 보안 그룹에 속한 사람들이 사이버 보안에 관심을 쏟아야 하는 담당자라고 생각한다. 그럼에도 CISO는 종종 이러한 보안 기능을 담당하지 않는 사람들에게 사이버 보안 프로그램의 중요한 부분을 위임한다. 예를 들어 상품 관리자에게 중요 데이터 식별을 의존하고 네트워크 관리자에게 방화벽 룰의 목적 파악을 의존한다. 따라서 상품 관리자가 특별히 중요한 데이터 요소를 식별하고 네트워크 관리자가 방화벽 룰의 목적을 파악하기 위한 감독이 없어지면, 가장 관리가 잘 이뤄지는 사이버 보안 프로그램에서도 취약점이 발생할 것이다.

해결책은 각 분야의 관리자가 각자의 환경에서 사이버 보안 사고에 대해 동등한 책임을 부여하는 것이다. 금융 상품 관리자는 범죄자들이 상품을 악용하는 방법을 잘 알고 있으며, 상품 비즈니스 요구 사항에서 상세한 위협 시나리오를 피하는 방법도 잘 알고 있어야 한다. 그런 다음 각 기술 구성 요소 소유자에게 환경 내의 통제가 해당 위협으로부터 상품을 방어하는 것을 포함해 전반적으로 종단 간 기능에 기여하는 방식을 명확하게 해야 한다. 엔지니어링 프로세스 및 이에 따른 유효성 검증 전략은 미국 국립표준기술연구소 시스템 보안 공학Systems Security Engineering을 위한 표준에 자세히 기술돼 있다.[10]

이러한 광범위한 협업이 금융 시스템을 확보하는 데 필요한 이유를 이해하기 위해 ATM에서 제공하는 일반적인 금융 거래 사례로 알아보자. ATM 기기는 보통 예금, 인출 및 잔액 보기 기능을 제공한다. 공유 산업 네트워크에 접속하고 산업 표준 서비스 제공 업체와 동일한 프로세스와 기술을 사용해 여러 은행의 고객에게 서비스를 제공할 수 있도록 충분히 표준화돼 있다. ATM 기기는 안전한 데이터 전송과 메시지 순서 무결성 기능을 갖춘 스위치에 연결된다. 텔러 애플리케이션은 ATM이 처음으로 사용되기 이전부터 설계됐으며, ATM을 통해 이용 가능한 모든 업무를 지원한다. 따라서 텔러 애플리케이션에서 사용할 수 있는 프로그래밍을 복사하는 대신 ATM 거래를 텔러 애플리케이션의 형식으로 변환한 다음, 게이트웨이 또는 화면 에뮬레이션 기술을 통해 기존에 사용 중인 텔러 애플리케이션에 입력했다. 즉, 이는 하나의 ATM 거래가 다수의 다른 기술 플랫폼을 통과할 수 있음을 의미한다.

ATM 기술이 보편화되면서 ATM 카드와 기계에 점점 더 많은 보안 계층이 추가됐다. 마그네틱 선을 대체 중인 EMV 칩은 사용자로 가장하기 위해 카드 정보를 무단으로 복사한 뒤 사기를 저지르는 스키밍skimming 공격을 어렵게 만들었다. 이에 대응해 ATM 공격은 금융업계의 네트워크로 이동했다. 멀웨어가 현금 인출기 또는 사기를 용이하게 하기 위해 ATM 네트워크에 직접 등장했다. 또한 은행 직원들이 ATM에서 현금, 카드, 또는 데이터를 도용하기 위해 서로 혹은 외부 사기꾼과 협력하는 사례가 있었다.[11] 그러나 대부분 사이버 보안 프로그램은 대부분 현금에 대한 디지털 통제의 감시를 포함하지 않는다. 따라서 이런 상황은 사이버 보안을 모두의 책임으로 생각하는 방식의 좋은 예다.

그림 7-6은 ATM 서비스에 기여하는 다양한 구성원에서 네트워크와 컴퓨터 간의 거래 흐름을 보여준다. 여러 조직이 ATM 거래를 가능하게 하는 기술 구성 요소를 구축하고 유지 관리하는 것을 쉽게 볼 수 있다. ATM을 보유한 은행은 은행 카드 발급 기관과 동일할 수 있지만, 발급 기관이 다른 경우가 일반적이다. 이러한 거래는 고객이 카드 자체의 정보를 사용해 ATM 기계에서 인증할 때 시작된다. 거래 요청은 잔액을 검색하거나 현금 인출 승인을 받기 위해 카드 발급 기관의 직불카드 처리기뿐만 아니라 은행 소유의 직불카드 처리기를 통과해야 한다. 또한 그림에 포함하지 않은 요금 정산 프로세스가 있다. 이는 다른 네트워크 연결을 통과할 가능성이 있기 때문에 포함하지 않았다.

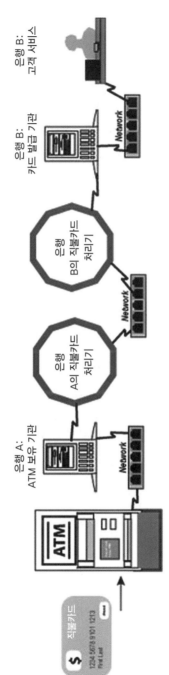

그림 7-6. ATM 일러스트

ATM 거래를 보호하려면 여러 조직이 종단 간 거래 흐름에서 각각의 역할을 이해하고 그에 맞게 운용해야 한다. 각 조직은 은행 운영의 핵심인 보안 관련 비즈니스 요구 사항을 명시하고, 논리적으로 소프트웨어에서 구현한다. 일반적으로 사이버 보안 프로그램에서 다루지 않는 소프트웨어 설계 결함 또는 버그로 인해 잔액, 신용 한도 및 현금 지급 확인의 무결성 오류가 발생한다. 그러나, 이러한 상황은 반복되는 ATM 금융 사기 피해의 근본적인 원인이었다. 규모가 작은 은행일지라도 사이버 보안 관점에서 모니터링하는 데 중요한 ATM 통제점을 유지하는 다수의 조직이 있을 수 있다. 그림 7-6의 왼쪽에서 오른쪽으로의 정보 흐름에서 ATM 카드 거래 처리 범위에 대응되는 시스템 보안 책임을 나열하면 다음과 같다.

- **카드 발급 상품 관리자**: 계정을 개설하고 재등록하는 과정에서 카드를 배포하고 신분 도용 취약점을 해결한다.

- **ATM 운영자**: 현금을 전달하고 디바이스의 물리적 및 논리적 보안을 설계, 유지 관리하며, 물리적 보안을 유지 및 모니터링하거나 외주에서 담당하는 ATM 운영 활동을 지정하고 감독한다.

- **부동산 시설 관리자**: ATM, 네트워크 연결, 은행 데이터 센터, 지점 및 데스크톱, 네트워크 디바이스 및 운송 중인 현금 등 물리적 보안 유지 관리를 한다.

- **네트워크 운영자**: 내부 시스템에 관한 무단 접속의 위험을 최소화하기 위해 기업, 확장 및 공개적으로 접속할 수 있는 네트워크 서비스의 접근을 적절하게 분리한다(예: 은행과 단절된 연결을 공격자가 탈취하지 않도록 검증).

- **은행 ATM 보유 기관**: 고객 기록 정보 및 승인을 요청하는 메시지와의 상호작용을 관리해 잔액을 적절히 업데이트한다.

- **은행 데이터베이스 관리자**: 데이터 및 데이터 처리 환경의 기밀성, 무결성 및 가용성을 구성한다.

- **은행 접근 관리자**: ATM 거래를 지원하는 네트워크, 데이터베이스 및 저장소 인프라에 대해 허가된 사용자만 접근 가능하도록 제한됐는지 확인한다.

- **은행 보안 운영자**: ATM 거래를 지원하는 네트워크, 데이터베이스 및 저장소 인프라의 기술 보안 통제의 경고, 경보 및 등 대응 절차가 일관되고 포괄적인 방법으로 구현, 운영되도록 보장한다.

- **은행 저장소 관리자**: ATM, ATM의 키 및 소프트웨어 전송 매체, ATM 거래를 지원하는 모든 플랫폼에서 고객 데이터에 저장 매체가 암호화돼 있는지 확인한다.

- **은행 기술 위험**: 애플리케이션, 기술 인프라, 시스템 개발 수명주기 및 운영 프로세스의 변경이 기술 위험 성향을 위반하지 않거나 기존 기술 통제의 효과성을 떨어지지 않도록 하자.

- **직불카드 처리기**: 참여 업체의 계약에 따라 메시징, 라우팅, 인증 프로토콜 및 수수료 계산을 운영한다.

- **은행 카드 발급 기관**: 고객 불만 사항을 해결하고 고객이 보고한 의심스러운 활동의 근본 원인을 파악하고 사기에 대한 책임을 이해하며 사기의 책임이 있는 은행과 거래 비중을 최소화한다.

- **ATM 채널 운영자**: 제공자를 모니터링해 ATM 유지 보수가 적절한지 확인한다. 위험 임곗값을 초과하지 않도록 반복적으로 빈도수와 이상 모니터링을 수행한다.

- **은행 인사 담당자**: 보안 역할과 책임을 모든 직원에게 직무 기능에 명시해 부여한다. 정책 및 절차는 보안 정책의 준수에 관한 책임을 부여하고, 준수하지 않을 경우 해고될 수 있는 조항을 포함시킨다.

- **은행 변호사**: 자산 보호 요구 사항이 오프 사이트에 보관된 자산을 취급하는 담당자와 현장 담당자에게 적용될 수 있도록 제삼자의 계약에 포함시켜야 한다. 요구 사항을 충족하고 보안 프로그램 요구 사항에서 식별되고

포함되도록 보장하기 위해 비즈니스에 적용되는 규정을 식별하고 이를 보안 통제에 통합시켜야 한다.

- **은행 회계사**: ATM 서비스 관련 재무 보고 관련 통제를 유지한다.

 마지막 몇 가지 역할은 ATM 서비스를 지원하기 위해 필요한 은행의 내부 통제 환경에 있어 중요하다. 시간 순서대로 그림 7-6의 왼쪽에서 오른쪽으로 위치한다. 금융기관이 지원하는 모든 가능한 거래에 대해 거래 아키텍처 예제를 적용해 보면 회사의 모든 관리자가 사이버 보안을 유지하는 데 중요한 역할을 하는 이유를 쉽게 파악할 수 있다. 또한 CIO와 개발 담당자는 개발 및 배포 책임이 분명히 있음을 유의하자.

대개 은행 직원은 "사이버 보안은 모두에게 책임이 있다"고 상기시켜주는 포스터에 이미 익숙하다. 이 포스터에는 컴퓨터 바이러스를 직접 실행하는 미숙한 직원이 있으며 "의심스러운 링크를 클릭하지 마십시오!"와 같이 전사적인 통제 지침을 담고 있다. "암호화 강도가 높은 암호를 선택하세요!"라는 지침을 담고 있기도 한다. 그러나 암호화 강도가 높은 암호는 전사적인 기능에 해당하지 않는다. 이 기능은 접근 제어 관리자에게 위임된 여러 가지 통제 중 한 가지 예다. 사이버 보안이 전사적인 기능으로 진지하게 간주되는 경우 모든 관리자는 자신의 책임 영역 내에서 사이버 보안 통제를 개발하고 유지하기 위해 할 수 있는 업무에 관해 자체적인 목록을 작성해야 한다. 즉, ATM 채널 담당자는 소프트웨어 보안을 평가 팀에 맡기지 않고 개발 팀에서 보안 소프트웨어 설계 및 코딩 표준을 활용하는 담당자를 고용하고, 최신 주요 인증 기술을 최대한 활용하는 새로운 보안 알고리즘 설계를 항상 염두에 둬야 한다. 이와는 대조적으로 실제로 많은 은행들이 ATM을 마그네틱 선에서 EMV 기술로 바꾼 데 따른 기본적인 비즈니스 요구 사항에 부주의해 마스터카드^{MasterCard}의 기한을 놓쳤으며 기술 업그레이드 비용보다 전자금융 사기로 인해 더 큰 손실을 입었다.

모니터링 및 보고

단기간에 금융업계는 전사적 차원의 사이버 보안 기능을 갖추기 위해 문화적인 개선이 필요하지만 미국 연방금융기관검사협의회FFIEC, Federal Financial Institutions Examination Council, 사이버 보안 평가 툴CAT, Cyber Security Assessment Tool과 같은 평가 또는 취약성 테스트에 의존하고 있다. 안타깝게도 이러한 갭 분석gap analysis 접근법은 기존 통제가 적절하게 설계돼 있으므로 열거할 필요가 있다는 사고방식을 촉진시킨다. 이러한 평가의 실행은 종종 비즈니스 또는 기술 운영에 익숙하지 않은 하위 직원에게 위임된다. 이러한 방법론은 이해관계자와의 인터뷰를 기반으로 수동적으로 이뤄지는 경우가 많다. 실제 금융 거래를 참고하지 않고 이러한 평가를 수행하는 경우, 사이버 보안 평가에 중요한 단계를 건너뛰고 적절하게 설계된 것처럼 보이는 통제 집합을 영구적으로 유지 및 관리한다. 즉, 설계된 대로 통제의 유효성effectiveness을 검증하는 것이다.[12]

통제 유효성을 당연한 것으로 간주할지라도, 이러한 전사적 평가 기능은 시스템이 시스템을 지원하는 방법을 이해하는 데 필요한 정도까지 사이버 보안 위협으로부터 위험에 처한 모든 프로세스가 포함될 경우에만 효과적이다. 각 프로세스를 지원하는 모든 시스템은 해당 시스템을 사용하는 비즈니스에 대한 위협과 관련해 사이버 보안 통제가 보호, 탐지 및 대응하는 것을 이해하기 위해 필요한 수준으로 정의해야 한다. 따라서 사이버 보안 프로그램의 효과를 검증하기 위한 유일한 출발점은 현재 상태에 관해 정확하게 파악하는 것이다.

프로세스 정의에 투자하지 않은 조직에서는 이러한 관점은 어려울 것이며 비즈니스 프로세스에서 모든 이해관계자가 동의하는 공유 가능한 표현을 만들기 위한 투자가 필요할 것이다. 프로세스 정의에 투자한 조직에서는 프로세스 흐름을 기본 기술에 연결해 이러한 견해를 취합할 수 있다. 물론 두 경우 모두 프로세스가 모든 기술 통제 지점을 파악할 정도로 상세하지 않을 수 있다. 이 경우 공식적인 업무 절차 정의를 채택한 조직조차도 이를 수행하는 데 사용되는 기술과 연결시키기 위해 필요한 세부 수준까지 가져오기 위한 별도 작업이 필요하다. 이러한 작업은 기술 구성 요소가 정립된 조직을 기반으로 기술을 간단하게 분류하는 것으로 시작될 것이다.

목록은 비즈니스 기술 연락 담당자(디바이스 또는 소프트웨어의 실제 사용자를 확인하기 위해 조사 수행)에게 회람되고, 수정이 이뤄지며, 반복적으로 조사하는 것이 업무 절차와 실제 기술 간의 연계를 위한 출발점이 된다.

기술자가 디바이스와 소프트웨어를 표현하기 위해 사용하거나, NIST 공식 CPE^Common Platform Enumeration 사전과 같이 산업 표준으로 발전하기 위해서 명명법을 유지하는 것은 비즈니스 기능에 기술을 할당하는 이번 단계에서 중요하다.[13] 즉, 금융기관은 기술을 데이터로 표현하는 방법에 관한 표준을 보유해야 한다. 이렇게 기술을 데이터로 표현하는 방식을 기술 메타데이터라고 한다.

기술 메타데이터를 사용하는 프로세스 정의에는 기술 구성 요소 열거, 체계적인 형식화 및 전사적인 의사소통에 대한 프레임워크 접근법이 필요하다. 프로세스 담당자, 기술 담당자 및 위험 관리 전문가 등이 연합해 기여할 필요가 있다. 이는 위험 식별의 구조적인 접근 방식을 촉진시킴과 동시에 기술 분야와 비기술 분야 역할의 구분 없이 모든 직원들의 기술 개발과 지속적인 성장이 필요할 수 있다. 여기에는 설치된 네트워크 및 애플리케이션과 같은 기관에 특화된 기술 주제의 교육과 개발뿐만 아니라 발생 가능한 위협의 성격과 기능에 관한 교육도 포함된다.

기업 전반에 거친 의사소통과 상관없이, 기술 관리자는 비즈니스와 기술을 연결시키기 위해 기술을 사용한다. 이는 주로 재정적인 이유로 공간, 기계 및 사람을 위한 예산을 정당화하기 위해 수행된다. 건물 위치, 하드웨어 일련번호, 소프트웨어 라이선스 및 기술 인력은 회계 비용 코드와 연관돼 있으며, 이는 사업 예산에 해당한다. 기술에 정통한 기업 경영자는 예산에 포함된 비용에 코드를 부여한 각 항목의 가치에 의문을 제기하고 각 항목이 비즈니스 기술 역량에 미치는 기여도를 파악하는 방법을 배웠다. 이러한 청구 데이터는 그들이 지원해야 하는 각각의 디바이스 또는 소프트웨어를 식별하는 데 사용할 수 있지만, 기업주는 기술 조직과의 접점에 투입되는 기업 내부 인원수를 고려할 수도 있다.

그러나 실제로 이러한 재무 회계 메타데이터를 신뢰할 수 없는 경우가 많다. 예를 들어 장비 구매를 기록하기 위해 사용하는 비용 코드는 비즈니스 애플리케이션이 공유 환경으로 이전되더라도 장비와 함께 유지된다. 이러한 공유 환경에서 다른 업무 절차에 적용되는 (의도하지 않은) 애플리케이션의 비용 부담을 감안하는 다른 비즈니스에서 구매했을 가능성도 있다. 마찬가지로, 원래 구매자에게 라이선스가 부여된 소프트웨어를 실제로 소프트웨어 사용 권한을 기반으로 사용자별로 비용을 지불하는 모델로 요금이 변경됐지만 여전히 목록에서 이전 비즈니스와 연관돼 있을 수 있다. 의도적인 메타데이터 설계가 없으면 업무 추진 과정에서 사용 과정까지 추적하는 것은 어려운 작업이 될 수 있다.

모든 기업 임원은 회사에 가치를 전달하도록 헌장과 책임이 있으며, 모든 사이버 보안 임원은 자신의 기술과 경험을 토대로 위협을 방지하기 위해 필요한 도구와 기술을 제공하는 부담을 짊어질 수 있다고 확신한다. 하지만 단지 사람들은 임금을 주는 사람을 위해 일한다. 매일 직장에서 일하는 모든 사람들은 그들이 수행할 업무를 결정해야 한다. 소프트웨어를 제공해 달라는 요청이 밀려 있을 경우, 기술을 활용한 금융 거래 방법을 설명한 메타데이터를 생성하고 유지하기 위한 모든 거버넌스 실무를 따르지 않고서는 달성할 수 없다면 결국 문제가 생길 것이다.

경영진의 인식이 없는 상황에서 규칙을 어길 수 없도록 조직을 설계하는 것은 굉장히 어렵다. 모든 사람이 규칙을 지키지 않는 것을 알고 있는 상황과 규칙을 어기는 것을 발견하고 확인하는 일은 다르다. 기업의 지침과 법률이 제 기능을 못하고 단 한 명의 직원도 위반에 대해 주의를 환기시킬 책임이 있다고 느끼지 않는 상황에서는 적발 사항을 기록한 기업의 기록물은 무더기로 쌓여만 있을 것이다.

예를 들어보겠다. 엔론Enron의 통신 엔지니어는 투자 안내서에 게시한 것처럼 대역폭을 높이는 기능을 갖춘 제품이 없다는 것을 알고 있었고, 아서 앤더슨Arthur Anderson 감사 팀의 회계사는 엔론의 재무 보고에 중대한 허위 진술이 있음을 알고 있었다.[14] 에퀴팩스사는 이미 널리 알려진 인터넷 사이버 보안 취약점을 패치하지 않았으며, 전 에퀴팩스 CEO의 증언에 따르면 사이버 운영 직원에 의한 절차 수행 과정 중 잘못된 점이 있었다.[15] 그러나 '패치 적용의 효율성을 보장하고 업무 과정 중 취약점의 문제를 제기할 수 있는 권한을 갖고 있으며, 회사의 정보 시스템의 무결성에 대해 이와 유사한 책임을 지는 경영진이 있지 않았을까?'하는 의문점이 남는다.[16]

"권한"이라는 단어가 중요하다는 점을 기억하자. 직원들을 기능적인 사일로로 분류하는 경우, 직원들은 직접적인 책임이 확고한 업무에만 착수할 기능성이 있다. 따라서 통제상의 문제점을 초래하는 사이버 보안 담당 경력이 부족한 사람들은 사이버 보안 프로그램의 결과물을 볼 수는 있지만, 설계 방법을 알지 못하면 동료 직원들에게 영향을 줄 수 없을 것이다. 한편, 사일로 효과는 프로그램이 불충분할 경우 낮은 수준에서 무시당하는 것을 막지 못하며 사이버 보안 정책이 일상적으로 무시되는 결과를 낳는다. 이러한 관찰은 단순히 사이버 보안 프로그램의 목표를 적극적으로 저지하려고 하는 관리자에게 어떤 식으로든 신뢰를 주기 위한 것은 아니다. 그러나 CISO와 같은 사이버 보안 담당자는 조직의 모든 거래와 기술 위험 및 통제의 달인이 될 것으로 기대를 받는다.

CIO와 마찬가지로 CISO는 모든 기술을 살펴보고 각 회사의 통제 기능의 강점과 약점을 파악해 회사 전반의 기밀성, 무결성 및 정보 가용성에 대한 전사적 관리 역할을 수행하기를 기대받는다. 규모가 작은 회사에서 보통 기술적인 통찰력을 얻기 위해 CISO를 임명한다.

대기업에서 재능이 뛰어나고 유능한 기술자로 구성된 대규모 그룹에서는 기술 구성에 관한 협상이 난제임을 인정하는 사례가 있는데, 이러한 경우 재직자들이 사회성을 기반으로 판단을 내릴 수 있기 때문이다. 이러한 상황은 충분한 보안 전문 지식을 갖고 통제 효과성을 유지할 책임이 있는 위원회의 대의원 사이의 독립성이 보장된 경우에는 적절할 수 있다.

업무 절차와 기술 구성 요소 사이에 명확한 연계가 있는 경우 비용뿐만 아니라 통제 책무성의 모든 측면을 피할 수 없다. 통제 포인트를 통해 기술이 프로세스를 지원하는 방법을 알고 있는 기업은 기술 통제의 성능을 모니터링할 수 있는 보고서와 경고를 요청할 수 있다. 기술 운영에 대해 책임이 명확하게 정의되면 수석 기술 관리자 사이의 사이버 보안 책임에 대한 인식을 높이고, 책임 영역 내에서 사이버 보안 위험을 관리하기 위한 역할 및 책임을 지정하도록 유도한다. 열악한 설계 또는 성능으로 인해 통제가 약하다는 공통된 의견이 있는 경우 비즈니스 인력과 기술 전문가는 위험을 허용 가능한 잔여 수준으로 줄이기 위한 업그레이드에 대해 의미 있는 대화를 나눌 수 있다. 이를 가능하게 하는 것은 메타데이터 아키텍처. 현재의 보안 상태를 공유할 수 있는 투명한 의사소통은 사일로 현상에 대한 최선의 해결책이다.

서로 다른 각도에서 동일한 것을 완전히 기술하려고 하는 자크만 프레임워크와 다르게, 메타데이터 접근 방식은 종단 간 처리를 완벽하게 기술한다. 국제시스템엔지니어링협회INCOSE, International Council on Systems Engineering의 정의에 따르면 금융 서비스를 시스템 관점에서 볼 때 "요소만으로는 얻을 수 없는 결과를 함께 만들어 내기 위한 다양한 요소의 구성 또는 집합"으로 시스템을 정의하고 있다.[17] 시스템 뷰는 사람, 프로세스 및 시스템 전체를 구성하는 기술을 포함해 구성 요소의 메타데이터를 사용해 설명한다. 시스템 뷰를 작성하려면 디지털 ID 저장소, 역할 기반 접근 제어^{RBAC, Role-Based Access Control}, 업무 절차 모델^{BPM, Business Process Model}, 기술 구성 관리 데이터베이스^{CMDB, Configuration Management Database} 및 자동화된 사고 관리 애플리케이션 등 모든 운영 데이터 소스를 결합한 작업을 설명하는 조정된 접근 방법이 필요하다. 그림 7-7은 운용 지원 애플리케이션의 예제 집합 내에서 생성되는 기본 데이터 요소와 다른 애플리케이션 전체로 데이터를 전달하는 방향을 나타낸 것이다. 각 애플리케이션에는 자체적인 요구 사항 프로세스 및 시스템 개발 수명주기가 필요한 것으로 예상되지만 보안 사고에 대한 적절한 대응을 위해서는 데이터 요소의 무결성을 유지하는 데 있어 긴밀한 조정이 필요하다. 사고 관리 시스템에서 탐지한 이벤트가 인력, 기술 및 업무 절차와 즉각적이고 정확하게 연관될 수 있도록 자원을 투입하지 않으면 사고 대응 프로세스에서 포렌식 비용의 형태로 비용이 지출될 것이다.

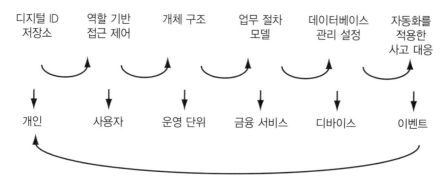

그림 7-7. 아키텍처 메타데이터

사이버 보안 프로그램에 관한 자원 할당은 일반적으로 CISO에 위임하지만 금융 서비스 조직의 각 중요 관리 개체는 시스템을 보호하고 사고를 탐지하고 대응하는 데 사용하는 메타데이터의 무결성을 유지하는 역할을 담당한다. 이러한 중요 이러한 중요 저장소에 있는 정보의 무결성에 대한 기여도에 비례하여 그림 7-8 앞에서 부터 나열했으며, 데이터 무결성 및 정확성의 책임을 질 것으로 예상되는 각 역할에서 메타데이터를 생성하는 애플리케이션을 식별했다. 또한 각 역할에서 담당자가 생산하는 데 도움이 됐는지에 관계없이 개인이 사용할 것으로 예상되는 세 가지 유형의 지표를 작성했다. 그림 7-8에서 사이버 보안 넘어서는 영역에서 데이터의 무결성을 위해 조직 내에서 상호 의존하는 것이 명확하게 드러난다. 이렇게 시스템이 특성을 공유하는 경우 이벤트 로그와 비즈니스 활동 데이터를 금융 서비스 운영, 성능, 프로젝트, 배포, 유지 관리, 교육, 테스트 및 폐기에 대한 지표를 제공하는 다양한 회사 정보와 연결할 수 있다. 이러한 맥락에서 모든 이해관계자는 사이버 보안 지표를 쉽게 이해할 수 있으므로 사이버 보안 위험 모니터링은 공유된 책임을 부여할 수 있다. 즉, 이러한 각 조직은 자동화된 사고 관리 애플리케이션에 전달되는 데이터가 사이버 보안을 위해 유용하게 활용될 수 있도록 자원을 할당해야 한다.

역할	ATM 채널 운영자	ATM 운영	은행 보안 운영
메타데이터 무결성 책임	역할 기반 접근 제어	설정 관리 데이터베이스	사고 대응 자동화
메타데이터 감독 책임	사고 대응 자동화	사고 관리 자동화	디지털 ID 저장소
ATM 지표 사용	프로젝트, 운영, 관리	배포, 유지 관리, 만료	운영, 테스팅, 유지 관리

그림 7-8. 공유 메타데이터를 기반으로 하는 지표의 출처와 용도

측정 기준

기업 아키텍처 평가에서 구성 요소 수준, 전체적인 수준 및 종단 간 거래 수준을 통해 사이버 보안의 수준을 측정할 수 있다. 지표 데이터의 메타데이터 구조는 사용자 지정 업무 절차 모델과 운영 단위 구조에 따라 다르겠지만, 기술 통제 자체는 기능 제어 성능으로 정의되며 이들을 제어하기 위해 사용하는 비즈니스와는 독립적으로 테스트할 수 있다. 통제 테스트에서 확인된 실패는 비즈니스 애플리케이션의 성능 지표가 유용성을 반영하는 것처럼 통제를 활용하는 업무 절차를 다시 한 번 확인하게끔 만든다.

사이버 보안은 EA의 자산이라는 통찰력의 핵심은 사이버 보안이 계획됐는지에 상관없이 사이버 보안이 EA의 자산으로 측정될 수 있다는 인식을 기반으로 한다. 즉, 외부 통제 전문가가 재무 프로세스를 생성하는 운영 프로세스와 시스템을 통해 금융 거래를 추적하고 이러한 과정의 특정 시점에서 관리 통제를 우회할 수 있는지 평가할 수 있다. 그들은 업무 절차로 시작해 기술을 사용하는 사람들을 인터뷰한 다음 기술을 지원하는 기술자를 찾고 비즈니스에서 사용하는 데이터와 이를 생성하는 애플리케이션을 조정한다. 거래를 프로세스 내에서 보호하는 방법에 대한 계획이 존재하고, 문서를 보유하고 있으며, 통제 전문가가 이 문서를 사용한다. 그렇지 않다면 시스템 보안을 고려할 때 시스템 보안을 이해하는 대로 문서화하게 된다. 경우에 따라 외부 감사인의 작업 보고서에는 회사 자체에서 사용되는 문서보다 훨씬 우수한 시스템 설명이 첨부되는 경우도 있다. 어느 쪽이든 시스템 설명이 적절히 구현된 경우 거래를 보안하기에 충분한 사이버 보안 통제가 포함돼 있기를 바라야 한다. 그렇지 않을 경우 전문 평가자가 통제상의 허점 control gap 을 보고할 것이다. 이러한 허점이 존재하는지에 관계없이 모든 통제가 설명대로 작동하는지 검증이 필요할 것이다.

사이버 보안 테스트를 위해 재무 또는 기타 업계에서 사용할 수 있는 가장 신뢰할 수 있는 평가 도구는 독립적인 감사다. 감사에는 컴플라이언스 감사와 실질 감사 이 두 가지 유형이 있다.[18] 컴플라이언스 감사는 보안 목표를 달성하기 위한 문서화된 프로세스로 시작해 예외 없이 프로세스가 구현됐는지 테스트한다. 실질적인 감사는 구성이 올바르게 구현됐는지 확인하기 위해 보안 시스템 구성 및 테스트에 대한 설명으로 시작된다. 컴플라이언스 감사는 체크리스트와 인터뷰를 기반으로 할 수 있지만, 실질적인 감사는 항상 주어진 기술적 평가 대상TTOA, Technical Target of Assessment이 기술 사양에 부합하는지 측정한다. 둘 다 검증 테스트이며 구성 파일의 변수를 가해자를 저지하기 위해 이전에 결정된 변숫값의 집합과 비교한다. 검증 테스트는 종종 시스템의 현재 동작을 기반으로 시스템의 향후 동작을 평가하기 위한 유효성 검증 테스트로 보완된다.

기술 사양의 준수를 측정하는 검증의 예로 PCI DSSPayment Card Industry Data Security Standard가 있다.[19] 표준의 범위는 신용카드 지불을 처리하는 데 사용되는 데이터다. 보안 속성의 기준은 보안 네트워크 구축에서 정보보안 정책 유지에 이르기까지 다양하다. 테스트는 다수의 TTOA의 샘플링 시스템 구성 요소부터 사고 대응 절차를 수행하는 시스템 운영자를 관찰하는 데 이르기까지 다양하게 수행한다. 테스트 결과는 평가자가 PCIS-DSS 표준 준수 여부를 나타내는 워크 시트다.

보안 동작을 예측하는 것으로 예상되는 유효성 검증의 예로 침투 테스트가 있다. 고용된 해커는 시스템 보안 제어를 우회하기 위해 범죄자와 스파이의 기법을 사용한다. 시스템 동작이 공격을 방해하면 행동 기반의 테스트를 통과한다. 반드시 실제 공격에서 생존할 것이라는 의미는 아니며, 테스트를 통과했다면 자동차를 운전할 자격이 있지만 테스트 환경에서 발생하지 않은 상황으로 인해 사고가 발생할 수 있다.

평가 대상 또는 기술적 평가 대상[TTOA, Technical Target of Assessment] 용어는 포함된 기술 구성 요소의 개수에 상관없이 구성되고 테스트를 수행한 시스템의 일반적인 라벨이다.[20] 그림 7-9의 일반적인 사이버 보안 통제에서 설명된 것처럼, TTOA 정의는 지원하도록 설계된 시스템과 독립적일 수 있다. 기술에 대한 관리 통제의 기본 지표 및 테스트는 유사한 운영체제, 데이터베이스 관리 시스템 및 기성 소프트웨어에서 동일하다. 그러나 오늘날의 맞춤형 비즈니스 애플리케이션 환경은 굉장히 다양해 모든 회사가 자체 시스템 수준의 보안 모델과 관련된 기능 집합 구성 및 내부 테스트 기준을 설계해야 한다. 내외부 감사인이 금융기관 자체 문서를 사용해 시스템 보안 모델을 이해하기는 하지만 자체 평가 테스트를 개발해 평가 대상이 업무 절차에서 요구하는 통제 목표를 충족하는지 확인하고 검증한다.

통제 전략	데이터	운영체제	애플리케이션	네트워크	워크스테이션
예방	DBMS 로그인, 키 기반의 애플리케이션 인증, 필드 암호화	중앙 집중식 인증과 접근 관리(IAM)	관리 역할의 분리	IAM, 세분화된 자격, 암호화 세션, 인증 처리, 세션 기반의 필터, 개인 암호화를 적용한 링크	IAM, 안티 바이러스, 침입 탐지
탐지	중앙 집중식 저장소의 로그	파일 무결성 확인	수상한 진행 탐지	비정상 모니터링	사기 탐지
복원	저장소 미러링	클러스터 기술	핫 스탠바이 (Hot standby)	중복 대체 라우팅	자동화 이미지 작업

그림 7-9. 일반 TTOA 사이버 보안 통제

보안 속성에 대한 측정의 적용을 복잡하게 만드는 문제 중 하나로 범위 문제가 있다. TTOA의 기술 테스트 및 지표는 시스템 전체보다는 구성 요소와 관련이 있다. 위험 관리자는 시스템 수준에서 보안을 요청할 때 일반적으로 TTOA 구성 요소 측정값을 집계한다. 그러나 측정된 TTOA가 좀 더 규모가 큰 시스템의 구성 요소인 경우 대상의 보안 내용이 시스템이 전체적으로 안전하다는 결론에 도달하는 방법에 대해서는 논란의 대상이 되는 경우가 많다. 이 논쟁은 오랫동안 계속되고 있으며 단기간에 해결될 조짐이 보이지 않는다.[21] 구성 요소 수준의 평가를 기반으로 업무 절차가 안전하다고 주장할 수 있는 방법에 대한 사용자 정의 근거를 마련하는 데 있어 현재까지 합의된 대안은 없다

TTOA 지표의 또 다른 문제는 시스템에 일반적으로 구성 변경을 수행할 수 있는 권한을 보유한 운영자를 포함시킨다는 점이다. 위협은 물론 구성이 자주 변경되는 환경에서 보안 정의와 관련해 콘텐츠 유효성을 평가하기 어렵다. 예를 들어 승인된 소프트웨어만 시스템에서 실행되도록 구성 변수를 설정할 수 있다. 그러나 인가받은 소프트웨어가 소프트웨어 업데이트 또는 새로운 위협으로 인한 실수나 버그로 인해 보안 버그 또는 결함을 가지고 있는 경우 콘텐츠 검증은 통과하지만 보안을 정확하게 측정하지는 못한다. 또한 한 조직이 다른 조직이 직면하지 않는 위협에 노출되는 상황이 있을 수 있다. 이러한 경우, TTOA 구성 지표는 내부적으로만 유효하다. 즉, 검토 중인 소프트웨어 샘플에서는 완전하게 적용 가능하지만 이러한 결론을 다른 환경에서 시스템 수준의 종단 간 거래 프로세스까지 합리적으로 확장시킬 수 없다.

그러나 모든 재무 운영 프로세스에 대한 관리 및 감독에 대한 산업 표준이 있으며, 이는 기술 통제 과정에 적용된다. 고급 측정 접근 방법에 대한 운영 위험을 위한 감독 지침으로 국제결제은행BIS, Bank of International Settlements 바젤위원회Basel Committee는 이 주제와 굉장히 관련이 있다.[22] 사이버 보안 팀은 일반적으로 내부 도구, 기법 및 사고 대응 절차에 대해 높은 신뢰를 보이고 있지만 사이버 보안 프로그램 자체가 부적절할 수 있는 실질적인 위험이 남아 있다. 따라서 바젤위원회가 검증 활동을 위한 명확하며 측정 가능한 목표를 명시하는 것은 놀라운 일이 아니다. 여기에는 검증 및 유효성 평가 자체가 고안된 프레임워크에 대한 비판적 분석이 포함된다. 예를 들어 프레임워크 설계는 검토자의 가용성과 전문성, 독립성을 보장해야 한다. 이들은 각 금융기관의 조직 특성, 이사회 영향력 그리고 고

위 경영진의 경험에 따라 높은 수준으로 맞춰져 있다. 임의의 프레임워크나 내부 통제를 테스트하는 방법에 대해 판매 중인 제품이나 인증은 없으며, 사이버 보안에서도 예외 아니다.

이상적으로는 회사의 사이버 보안 태세에 영향을 미치는 모든 의사 결정의 책임이 있는 모든 사람이 이러한 프레임워크에 참여할 것이다. 이상적으로 사이버 보안 팀은 회사의 운영 위험 관리 프레임워크Operational Risk Management Framework에 대한 연구를 수행해 필수적으로 통합을 촉진하고 지원할 수 있었다.

더 알아보기

7장에서는 사이버 보안 위험 관리 의사 결정이 전사적 아키텍처에 전반에 걸쳐 미치는 영향을 알아봤다. 아키텍처 관점은 향상된 사이버 보안 통제라는 이름으로 투자를 확장하는 위험 관리 결정에 관해 설명할 때 굉장히 유용할 수 있다. 그러나 관측된 위험을 막기 위해 아키텍처를 강화하면 관리자들은 아키텍처 구성 요소를 변경(예: 인력 및 기술 변경)하게 되면 사이버 보안 위협에 대해 준비 태세가 더 좋아졌는 것을 보여주는 지표에 신경써야 한다. 8장에서는 기업 기능의 개념을 살펴볼 것이다. 기업은 지속적으로 신기술과 인력에 투자한다. 그러나 8장에서 알 수 있듯이 경영진은 투자가 회사의 사이버 임무 수행 능력을 향상시키는지 고려해야 한다. 8장에서는 조직의 사이버 보안 기능의 성격을 분석하고 아키텍처 투자의 최대 가치를 실현하고자 기업이 사이버 보안 역량을 효과적으로 구축할 수 있는 방법을 알아볼 것이다.

참고 문헌

1. CISO Role Still in Flux: Despite Small Gains, CISOs Face an Uphill Battle in the C-Suite. 2017.10, 다음에서 발췌했다. https://www.threattrack.com/getmedia/5d310c4c-aed6-4633-929f-0b5903d2bc79/CISO-Role-Still-in- Flux.aspx

2. Federal Deposit Insurance Corporation, FDIC, Information Technology Strategic Plan:2017-202, p.6. 자세한 내용은 다음을 참고하자.
   https://www.fdic.gov/about/strategic/it_ plan/fdic_information_technology_ strategic_ plan_2017-2020.pdf 과 https://www.fdic.gov/ about/strategic/it_plan/appendixaglossary.html.
   FDIC에서 가트너로부터 이러한 정의를 채택한 점에 주목하자. 링크는 다음과 같다. http://www.gartner.com/it- glossary/enterprise-architecture-ea/.

3. Federal Financial Institutions Examination Council(2015). FFIEC IT Examination Handbook- IT Management Booklet, p.9.

4. 위와 같다.

5. Zachman, John, "A Framework for Information Systems Architecture," IBM Systems Journal, Vol. 26 No. 3, 1987.

6. The Open Group. 2018. TOGAF Architecture Development Method. http://www.opengroup.org/subjectareas/enterprise/togaf

7. Sherwood, John, Andrew Clark, and David Lynas, Enterprise Security Architecture, (San Francisco, CA:CMP Books, 2005).

8. Bayuk, Jennifer, Enterprise Security for the Executive, Setting the Tone from the Top, (Westport, CT: Praeger, 2010), p.122.

9. Tett, Gillian, The Silo Effect, The Peril of Expertise and the Promise of Breaking Down Barriers, (New York: Simon & Schuster, 2015).

10. Ross, R., McEvilley, M. and Oren, J., Systems Security Engineering, Considerations for a Multidisciplinary Approach in the Engineering of Trustworthy Secure Systems, US National Institute of Standard and Technology, 2016, 다음의 링크에서 확인 가능하다. https://doi.org/10.6028/NIST.SP.800-160.

11. A11. ATM Marketplace, "ATM Future Trends Report," Network Media Group, 2017, pg54, 자세한 내용은 다음 링크를 참조하자. https://www.atmmarketplace.com

12. Rohmeyer, Ben-Zvi, Lombardi, Maltz (2017). Capability Effectiveness Testing for Architectural Resiliency in Financial Systems. PICMET 2017. Conference Session-Resilience of Systems. Stevens Institute of Technology.

13. https://nvd.nist.gov/products/cpe

14. McLean, Bethany and Peter Elkind, The Smartest Guys in the Room: The Amazing Rise and Scandalous Fall of Enron, (New York, NY: Portfolio Trade, 2003).

15. Shepardson, Dave, Oct. 2, 2017, "Equifax failed to patch security vulnerability in March: former CEO, https://www.reuters.com/article/us-equifax-breach/equifax-failed-to-patch-security-vulnerability-in-march-former-ceo-idUSKCN1C71VY

16. Office of Senator Elizabeth Warren "Bad Credit: Uncovering Equifax's Failure to Protect Americans' Personal Information," February 2018. https://www.documentcloud.org/documents/4368610-Equifax-Report-Interactive-FINAL.html

17. Definition of the International Council on Systems Engineering (INCOSE), 다음 링크에 게시돼 있다. http://www.incose.org/AboutSE/WhatIsSE, retrieved December 1, 2017.

18. Bayuk, J., Stepping Through the IS Audit, A Guide for Information Systems Managers, Second Edition. 2005: Information Systems Audit and Control Association.

19. Payment Card Industry (PCI) Security Standards Council, Payment Card Industry (PCI) Data Security Standard, Version 3.2. 2016.

20. Common Criteria Recognition Agreement. Common Criteria for Information Technology Security Evaluation Version 3.1. 2009.

21. Schneider, F.B., ed. Trust in Cyberspace. 1999, National Research Council, National Academy Press. Neumann, P.G., Principled Assuredly Trustworthy Composable Architectures. 2004, SRI International.

22. Basel Committee on Banking Supervision, Operational Risk-Supervisory Guidelines for the Advanced Measurement Approaches, 2011, www.bis.org

8장

역량을 향상시키는 방법이 있을까?

사이버 보안에 대한 논의는 주로 관찰된 위험 영역이나 발견된 위험에 대응하기 위해 고안한 통제 전략에 중점을 둔다. 그러나 기업 사이버 보안 위험 경감을 최적화하는 것은 사이버 보안 위험을 최소화하기 위해 필수적인 일반 역량이다. 맥킨지&컴퍼니^{McKinsey and Company}는 조직의 역량을 "의미 있는 비즈니스 성과를 이끌어내는 모든 요소"라고 설명했다. 이상적으로 볼 때 사이버 보안 위험 감소와 같은 공인된 전략적 우선순위는 조직 역량과 전략적 우선순위와 연계된 역량을 키우고 지속적으로 개발하기 위한 적절한 조치가 뒷받침돼야 한다. 맥킨지와 같은 독립적인 관찰자는 이러한 연계 과정이 부족한 것을 파악하기 위한 귀중한 조언을 제공해준다.[1] 7장에서 설명한 것처럼 조직과 조직의 목표를 일치시키는 기업 사이버 보안 결정의 조정 과정은 포괄적이며 하향식 접근 방식으로 설명하는 아키텍처 관점을 통해 달성할 수 있다. 아키텍처 관점은 전략에 관한 의사소통을 강화하고 원하는 역량을 구축하기 위한 프로젝트의 선별 및 실행과 관련된 "올바른" 선택을 할 수 있도록 도와준다. 성공적인 프로젝트 수행을 통해서 보안 조치 계획을 달성했음을 확인할 수 있지만, 보안 아키텍처가 보안 목표를 달성한 것을 확인하기 위한 실질적 검증의 필요성이 대두되고 있다.

© Paul Rohmeyer, Jennifer L. Bayuk 2019
P. Rohmeyer and J. L. Bayuk, Financial Cybersecurity Risk Management,
https://doi.org/10.1007/978-1-4842-4194-3_8

NIST는 이러한 구분을 정확성distinction 대 효과성effectiveness으로 특징지었다.[2] 아키텍처 관점에서 볼 때 검증은 시스템이 "올바르게 구축됐다"는 판단이며, 유효성 확인은 "올바른 시스템이 구축됐음"을 판단하는 것이다.[3] 최종 아키텍처가 의도한 기능을 수행하고 있다는 결정을 내리는 것을 돕기 위해 검증 질문을 할 수 있다. 다시 말하자면 여러분의 역량이 실제로 위험을 감소시키기 위한 목표를 달성되었는지 파악하는 방식이 있느냐의 문제이다. 이는 바로 조직에서 의미 있는 결과를 이끌어내는 방법이다. 지속적으로 개선하고 새롭게 떠오르는 위협에 대처할 수 있는 역량을 지속적으로 모니터링 및 개발하는 방식이다. 요컨대 계획뿐만 아니라 실행에서도 "현실적으로" "실재"해야 한다. 사이버 보안은 프로젝트 계획에 따른 이론에만 속하는 분야가 아닌, 실제 상황에서 기업의 역량을 발휘했을 때만 의미가 있다.

학습 조직 구축

기업의 지식 개발은 지속적으로 학습하는 개인의 헌신을 통해서만 추진될 수 있다. 경험이 풍부하고 성공한 전문가들조차 끊임없이 기술의 변화에 발맞춰야 한다는 좌절감을 표출하는 것을 보았을 것이다. 그러나 사이버 보안은 복잡하고 빠르게 변화하며, 영향력이 큰 사건을 유발할 가능성이 있는 영역에 해당한다. 따라서 지속적인 평생 학습을 위한 신중한 평가와 헌신이 필요하다. 지식 관리KM, Knowledge Management 영역은 기업의 변화와 혁신을 주도할 수 있는 지속적인 학습 문화를 육성하는 조직을 구축하는 데 중요한 지침을 제공한다.

"지식 근로자"의 지적 역량에 의존하는 조직은 이를 지원하기 위한 아키텍처 구축에 투자해야 한다. 이러한 지원에는 효과적인 조직 설계를 채택하고, 지원 지향적인 리더십을 강화하고, 지속적인 학습 활동을 촉진시키는 분위기를 조성하는 것이 해당된다.[4]

고전적 저서인 지식 창조 기업The Knowledge-Creating Company에서 저자 노나카Nonaka 교수와 타케우치Takeuchi 교수는 지식 관리 영역에 광범위하게 영향을 미치는 조직 학습 이론을 제시했다.[5] 이론적 구성(예: 모델)와 실제 경험의 상호작용이 기업 지식 창출의 순환 과정을 작동시키는 방법을 설명했다. 저자들은 개인의 지식이 기업을 통해 사회화socialization를 통해 전파되는 방법을 보여주었고, 사회화 과정을 통해 더 많은 사람들을 통해 추후의 지식 변환 주기를 주도하는 많은 사람들에게 중요한 피드백을 제공한다.

이러한 지식 창조knowledge creation 과정은 개인의 내재된 지식을 조직 전체에서 공유하도록 외부로 표출시키고, 집단의 노출을 통해 개선을 이끌어내 경쟁 우위의 확보를 촉진시킨다. 사회화 과정에 속한 개인은 새로운 지식을 다시 내면화해 새로운 잠재적인 혁신을 창출할 수 있게 된다. 사이버 보안 영역에 적용되는 조직 학습 주기는 팀 구성원의 지적 능력(개별 지식)을 기업 전체에서 공유할 수 있는 방법을 제공한다. 노나카 교수와 타케우치 교수는 지식 창조의 5단계를 다음과 같이 규정했다.

1. 암묵지Tacit Knowledge 공유
2. 개념 창조
3. 개념 정당화
4. 원형의 창조
5. 지식의 확산

각 단계에서 지식 창조는 4가지 필수 모드를 통해 수행된다.

A. 사회화Socialization
B. 외재화Externalization

C. 결합^{Combination} 결합-Combination

D. 내재화^{Internalization} 내재화Internalization

이 이론을 실제 사이버 보안 분야에서 실제로 적용함으로써, 지속적인 학습을 촉진하는 사이버 보안 문화를 구축할 수 있는 잠재적인 가능성을 확인할 수 있다. 다음의 고려 사항은 학습 문화 구축의 가능성과 현재의 한계를 설명하는 데 도움이 될 수 있다.

- **조직 사일로를 파괴하라**: 사이버 보안은 다양한 분야를 다루기 때문에 다방면의 업무를 하는 팀이 위의 4가지 지식 창조 모드를 통과할 수 있는 기회를 만들어야 한다.

- **지식 공유를 보장하라**: 위협 인텔리전스와 기타 데이터의 제공과 관련된 조직 투자는 지식 생성 단계와 이러한 분위기가 활성화되도록 보장함으로써 효과를 극대화할 수 있다. 마찬가지로 기술 분야의 스캔, 로그 파일 및 기타 센서 등을 통해 생성된 실제 데이터는 공유, 연구 및 다수에 공개하는 과정을 거쳐야 기업 학습에 기여할 수 있다. 이러한 과정은 경영진의 지원과 지도가 없다면 간단히 활성화되지 않을 것이다.

- **이론과 실습을 병행하라**: 노나카와 타케우치가 제시한 모델은 강의실이나 교과서를 통한 지식 전달과 실제 응용의 기회를 결합시킨 학습 제공의 필요성을 보여준다. 초보 침투 테스터를 훈련시키는 좋은 방법은 화이트 해커 훈련 과정에 참여시키고, 과정을 수료한 이후 직접 상급 직원이 관찰하고, 토론하고, 스스로 학습할 수 있도록 실제 테스트를 수행하도록 하는 것이다.

- **조직 경계를 넘어서서 일하라**: 단일 기업의 제약을 넘어서 조직의 학습 개념을 적용할 수 있는 기회가 있을 수도 있다. 현재의 사이버 정보 공유 기업이 현재 어떻게 조직돼 있고, 실효성이 없다는 인식을 받는지 고려해보자. 지식 창조 요건을 파악하면 정보 공유 및 분석 센터^{ISAC, Information Sharing and} 센터ISAC, Information Sharing and

Analysis Center6는 참여를 통해 가치를 높이고, 비즈니스 파트너십 전반에 거쳐 공동의 이해관계를 발전시키기 위한 중요한 기반을 마련할 수 있다.

위험 평가의 품질 향상

사이버 보안 위험은 전략 계획, 규정 준수 활동 및 운영 경험 과정 중 일상적으로 파악할 수 있다. 소프트웨어 기반의 사이버 보안 평가 도구를 사용하면 조직에서 사이버 보안 프로그램을 표준, 규정 및 모범 사례와 비교하는 것이 상대적으로 쉬워진다. 자동 구성 관리 시스템 및 패치 관리 도구를 사용하면 관리자가 공개적으로 알려진 취약점을 손쉽게 파악할 수 있다. 사내 평가 과정이 없는 사람들을 위해 독립적인 사이버 보안 평가 서비스 제공자가 급증해 고객에게 상황 인식을 제공하기 위해서 이러한 소프트웨어를 전략적으로 사용하고 있다. 수십 년 동안 거버넌스 위험 및 통제GRC, Governance Risk and Control 도구가 사용돼 왔으며 애플리케이션과 인프라 사이버 보안 지표를 사용해 사이버 보안 평가를 통합시키기 위해 다양한 도구들이 추가됐다.

이러한 사이버 보안 문제를 체계적으로 포착하는 것은 굉장히 중요하지만 영향을 받을 수 있는 업무 추진 과정에 대한 설명이 없을 경우 이러한 문제 목록은 유용하지 않을 수 있다. 문제가 허용할 수 없는 위험을 나타내는지, 또는 하나의 시스템이 다른 시스템보다 더 많은 위험이 존재하는지에 상관없이 위험 성향, 수용 및 임곗값 측정의 맥락에서만 결정될 수 있다. 금융기관은 내재된 위험을 파악할 때 업무 절차를 기반으로 시작하는 것이 중요하며, 일반 사이버 보안 표준보다는 비즈니스 및 고객에 대한 프로세스 가치에 내재된 위험 영향 매개변수를 기반으로 하는 것이 중요하다.

일반적으로 기관의 수익에 중요한 업무 절차는 다른 프로세스보다 더 높은 고유한 위험을 갖는 것으로 가정하고 있다. 많은 금융기관은 다수의 비즈니스 시스템을 보유하고 있기 때문에, 위험도가 높은 업무 절차의 중요도를 기반으로 하는 높은 위험의 시스템을 대상으로 상세한 위험 예측을 집중하는 것이 일반적이다. 안타깝게도 '고위험' 애플리케이션을 분류하기 위한 기준은 종종 업무 절차 접근성에 대한 모호한 참조를 넘어서 명확하게 명시되지 않는다. 이러한 방법론은 실제로 위험 분석에 앞서서 업무 절차와 긴밀하게 통합된 시스템은 전반적인 사이버 보안 잔여 위험의 수준을 수용 가능한 수준까지 개선이 필요하다고 가정하고 있다.

예를 들어 일부 금융기관에서는 모든 애플리케이션이 다양한 유형의 평가를 받아야 하며, 평가 영역에 따라 '위험' 등급이 달라진다. 평가 이름과 등급 척도는 조직마다 크게 다르지만, 그림 8-1은 정보 분류, 정보 취약점 및 복원력 평가 등급 척도의 전형적인 예제를 보여주고 있다. 각 평가 유형의 결과는 일반적으로 평가와 관련된 척도를 기반으로 하는 순서 기반의 측정값에 해당한다.

그림 8-1. 순위 가치 평가 결과

이 예에서 정보 분류 척도로 5가지 등급(공개, 내부, 독점, 개인 식별 정보, 극비)을 갖는다. 정보 취약점 검토 척도로는 4가지 값(낮음, 중간, 높음, 심각)이 있다. 복원력 평가 척도에는 3가지 값(비중요, 중요, 핵심 업무)이 있다. 기관은 이러한 값을 할당하기 위한 자체 라벨과 내부 기준을 갖추고 있을 수 있지만, 일반적으로 기술에 부여된 고유의 위험 등급의 기초가 되는 수치이므로, 일부 추가 평가가 필요하다. 통상 측정 단위는 비즈니스 애플리케이션이며, 모든 기술을 비즈니스 애플리케이션과 연결하고 비즈니스 애플리케이션을 대상으로 평가를 진행하기 위해서는 상당한 실사가 필요하다.

그림 8-2는 애플리케이션의 평가 결과와 결합해 고유 위험 등급을 산출하는 일반적인 방법을 보여준다. 애플리케이션이 일반적으로 위험 등급을 얻으려면 다양한 평가 결과에 가중치를 할당하고 결합된 평가 결과가 가장 높은 값을 갖는 애플리케이션에게 '고위험$^{high\ risk}$' 라벨을 할당하는 방법이 있다. 비즈니스에 가장 중요한 애플리케이션이 반드시 사이버 보안 위험이 가장 높은 애플리케이션이 아니기 때문에 이러한 접근 방법은 종종 오해를 불러일으킨다. 예를 들어 '핵심 업무'를 금전적 가치로 환산하면, 분석 담당자가 상대적으로 시장 가치가 떨어지고 소수의 자산으로 구성된 시스템을 '핵심 업무'가 아닌 것으로 판단할 수 있다. 이는 일부 금융 서비스 회사가 금융 서비스 상품이 아니고, 비용이 적게 들고, 시장 가치가 낮기 때문에 회사의 각 부서에 제공하는 사무용 부동산 시스템을 "핵심적인" 비즈니스 시스템으로 간주하지 않게 만들 것이다. 이는 비즈니스 중요성에 초점을 둔 사이버 보안 영향 평가에서 난방, 냉각, 보안, 조명 및 경보 시스템을 간과하는 결과를 초래한다.

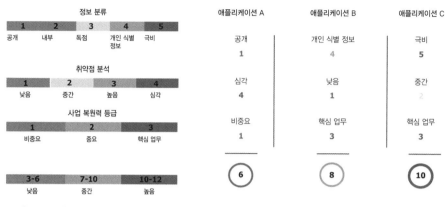

그림 8-2. 위험 등급 계산

이러한 감독은 시스템을 통해서 데이터 센터를 지원할 때 특히 맹목적이다. 그림 8-2의 애플리케이션 A에 할당된 값과 지금의 사례가 유사한 것에 주목하자. 이 애플리케이션은 심각한 취약점이 있지만, 낮은 위험도를 갖는 시스템으로 평가된다. 시간과 자원의 제약으로 인해 많은 기관에서 위험도가 낮은 것으로 판단되는 시스템을 대상으로 취약점 평가를 전혀 실시하지 않으므로, 고유의 위험 등급에서도 취약점이 나타나지 않을 것이다. 또한 "심각한" 취약점이 있는 시스템은 조직의 취약한 연결 고리로 간주해야 하며, 따라서 내부 네트워크의 잠재적 공격의 시작점으로서 위험도가 높은 것으로 고려해야 한다는 주장이 있다. 그림 8-2는 시스템이 공개적으로 이용할 수 있고 비즈니스 관점에서 중요하지 않은 정보만을 갖고 있는 경우 고위험으로 분류되지 않는 것을 보여준다. 따라서 이 조직의 사이버 보안 위험 전문가는 어떠한 시스템을 '고위험' 라벨로 분류할지 정확히 지정하기가 어렵다.

또한 그림 8-2에서 복원력의 관점에서 "개인적으로 식별 가능한 정보"이고 "중요하지 않은" 애플리케이션은 "고위험"으로 분류할 수 없다는 사실을 확인할 수 있다.

현재의 디지털 발전 단계에서, 대부분의 금융기관은 위험 평가에 대한 이러한 추상적 접근 방법을 사용하고 있다. 이러한 접근 방법을 비판하는 사람들은 "순위 ordinal 값을 사용한 산술"이라고 일축하지만 불확실한 결과를 산출하는 것으로 유명한 경영 컨설팅의 접근법이다.[7] 위험과 관련된 의사 결정 관점에서, 이는 1순위 도전 과제이기 때문에 어떠한 기본 위험이 식별돼 있으며 위험 처리에 우선순위를 정할 때 이용할 수 있는 정보를 최대한 활용할 수 있어야 한다. 사이버 보안 위험 평가에 대해 성숙한 시나리오 중심 접근 방식을 사용하는 경우, 기관에서는 라벨 기반 평가 결과에 적용되는 수학적 알고리즘보다 비즈니스 위험 분석을 우위에 세워야 한다.

일부 순수 분류체계가 잠재적인 사이버 보안 침해 부정적 영향의 가능성을 무시할 수 있는 근거를 마련해줄 확률은 낮으며, 사이버 공격의 이벤트에서 일부 시스템이 다른 시스템보다 중요도가 떨어진다는 결론을 내리기 이전에 고 수준의 추상화를 통한 모든 시스템의 실행을 통해 사이버 보안 위험 이벤트 시나리오 분석을 하는 것이 최선이다. 시스템과 기술만이 아닌 사람과 프로세스를 포함시켜 3장과 4장에서 설명한 것과 같이 모든 업무 절차를 대상으로 철저하게 시나리오 분석을 수행해야 한다. 취약점과 함께 직면하고 있는 위협을 대응해야 수용 범위를 넘어서는 위험으로 인식할 수 있으며, 이러한 위험을 수용 가능한 잔여 위험 수준으로 경감시키는 것을 촉진하기 위해 상세한 위험 처리를 공식화할수 있다. 개별 업무 추진 과정에 고유한 것으로 식별된 사이버 보안 위험 모두를 총체적으로 사이버 보안 프로그램의 수용 가능한 수준까지 최소화시켜야 한다. 이전에 알려지지 않은 취약점을 부각시키는 하나의 이슈가 나타나면 사이버 보안 프로그램 개선을 위한 목록에서 우선순위가 낮은 위험을 지닌 업무 절차의 우선순위를 상승시킬 수 있기 때문이다.

사이버 보안 운영에 가장 중점을 둔 사이버 보안 산업 표준인 NIST 사이버 보안 프레임워크도 업무 절차의 고유성을 인정하면서 사이버 보안 위험 식별에 대한 논의를 시작한다.

사이버 보안 위험을 관리하려면 조직의 비즈니스 동인과 기술 사용과 관련된 보안 고려 사항을 명확하게 이해해야 한다. 각 조직의 위험, 우선순위 및 시스템은 기술의 활용에 따라 고유한 특성이 있어서 프레임워크에서 명시한 결과를 달성할 때 활용하는 도구와 방법은 다양하다. 자체 평가 및 측정을 통해 투자 우선순위에 관한 의사 결정을 개선해야 한다.[8]

위험 관리 표준의 품질과 깊이를 향상시키기 위한 노력은 계속되고 있으며, 조직에서 지속적으로 이러한 전반적인 모습의 변화를 지속적으로 모니터링하는 것이 좋을 것이다. 일례로 정보위험요인분석FAIR, Factor Aalysis of Information Risk연구소는 "위험 관리 전문가는 비즈니스 파트너와 협력해 조직 보호와 비즈니스 운영 간에 올바른 균형을 이루도록 하는 정보 위험 관리 우수 사례를 수립하고 추진해야 한다"는 임무를 명시했다.[9] 비즈니스 조정 목표를 달성하려면 일반적 산업 환경, 일관성 있는 위험 용어 및 위험 개념에 대한 공통된 이해가 필요하며, 이는 앞서 설명한 지식 생성 메커니즘을 통해 개발할 수 있다. 위험 정량화 기술에 대한 향상된 지침, FAIR에서 제시한 상세한 목표는 비즈니스-사이버 보안 사이의 소통, 이해 그리고 이에 따른 내부의 인식을 개선하는 데 도움이 될 것이다.

조직 지식 활용

그림 8-2의 고유한 위험 라벨의 분류는 가능한 최저값 3에서 최고값 12까지 가능한 값이 전체적으로 균등하게 분할되지 않는다는 점에 유의하자. 이들 값에는 3방향 분할이 없으며, 값의 대부분(3에서 6까지의 4단위 간격)은 위험도가 낮은 것으로 분류된다. 이러한 유형의 조정 가능한 수치에 대해서는 의심해야 한다. 사이

버 보안 관리자는 특정 위험 등급을 갖는 애플리케이션에 보안 정책과 표준이 지정돼 있다는 요구 사항에 대해 위험 등급 사이에 중단점breakpoint을 설정하는 것이 일반적이다. 즉, 보안 표준에서 모든 중간 및 고위험 애플리케이션을 운영 환경으로 배포하기 이전에 소프트웨어 취약점 검사를 실시하는 것은 굉장히 일반적이다.

자원상 제한된 취약점 진단 팀을 갖춘 CISO는 이러한 요구 사항에 따라 팀의 규모를 확장하고 싶은 유혹을 받을 수 있다. 사이버 보안 프로그램이 완벽에 가까운 관리 지원과 무제한의 예산을 보유한 경우에도 이러한 상황이 나타날 수 있다. 전 세계적으로 숙련된 사이버 보안 전문가는 많지 않고, 중요 애플리케이션을 완벽하게 스캔 가능한 최신 취약점 스캐닝 도구도 금융 산업의 요구 사항을 충족할 수 있을 정도로 완벽하게 스캔하기에 효율성이 떨어진다. CISO는 (비즈니스 요구에 반해) 제공 능력을 기반으로 통제 권한을 할당하기 위해 지속적인 판단을 내리고 있다.

현재의 정책과 표준을 수행할 수 있는 능력을 기반으로 위험을 측정하고 싶은 유혹은 비즈니스 거래의 종단 간 보안의 통제를 강조하기 위한 정책과 표준을 변경하려는 유혹보다 훨씬 강력하다. 새로운 보안 취약점의 개선 및 장기간 아키텍처의 개선과 장기간의 아키텍처보다는 단기적인 (손쉽게 해결할 수 있는) 상황 개선에 초점을 맞추는 CISO는 항상 있을 것이다. 이러한 현상은 사이버 보안이나 금융 산업에만 국한되지 않는다. 연구에 따르면 사람들은 결과에 대해 책임을 질 수 있는 것을 과소평가하고 단기적인 결정을 내리는 경우가 종종 있다.[10] 기술 업계에서 수년에 한 번씩 직장을 옮기는 현실은 이러한 상황을 더욱 악화시킨다.

대형 글로벌 금융기관에서 관리자는 실제로 '직무 순환'을 권장한다. 즉, 일상적인 업무 수행에서 중요한 활동은 현재의 업무 수행보다 다음 업무에서 요구되는 능력을 습득하고 이를 미리 해볼 때 사용된다. 이러한 직무 순환은 개인이 굉장히 단기적인 시야를 갖게 만들고, 다음 성과 평가 및 보너스 주기보다 장기적으로 기업의 안정성에 영향을 주기 위해 격려시키거나 금전적 동기를 부여하지 못하며, 개인적으로 수년 전에 내린 결정에 대해 지지하거나 방어하도록 요청을 받지 않을 것을 알고 있다.

사이버 보안 개선의 동기를 부여하려면 장기적인 개선을 통해 성공을 측정하는 문화를 조성해야 한다. 취약점 스캐닝 측정 지표를 조치 완료로 처리하는 단기적인 대응은 규제 검사에서 문제가 없는 것을 달성하기 위한 목표의 첫 단계에 해당하며, 위험 분석 분야의 의사 결정자는 반드시 이러한 목표를 달성하기 위한 결정이 타당함을 보여줘야 한다. 사이버 보안 프로그램의 결정이 잘못된 것으로 판명되면 성과 보너스 환수와 같은 조치가 있어야 한다. 거래자가 판매될 때까지만 주식을 모으려는 경우와 같이 금융 공동체 전반에 걸친 다양한 상황에서 보너스 환수 관행이 사용되고 있지만, 아직 운영 위험 관리에 적용할 수 있는 분위기가 형성되지 않은 점에 유의하자. 물론, 관리자가 혼란스러운 상황 상태에서 인수인계를 받았다면 이를 충분히 반영해줄 수 있으며, 단기적으로 인정받아 자유 시간이 생길 수 있다.

정보보안 정책과 컴플라이언스의 형식적인 입증을 7장에서 비교하며 논의한 내용을 떠올려보자. 다수의 사이버 보안 임원은 규제 당국이 처음으로 사이버 보안에 관해 질문을 시작할 때 이와 같은 접근 방식을 사용했다. 동일한 규제 기관이 자체 검사를 수행할 수 있을 정도로 정교해짐에 따라, 이러한 서류 기반의 컴플라이언스 입증은 철저한 통제 과정의 지원을 받지 못한다는 것이 분명해졌다. 경영진의 주의와 즉각적인 관리가 요구되는 사항에 대한 규제 기관의 정보가 금융기관으로 흘러 들어가기 시작했다. 당시 대부분의 사이버 보안 임원은 전임자의 판단을 비판할 수 있었고, 논리적으로 사이버 보안 프로그램이 기술적으로 준수하지 않더라도 사이버 보안 프로그램을 준수하고 있다고 언급할 수 있었다. 이는 논리적으로나 기술적으로 동일한 것이 아니라는 규제 당국과의 합의에 따른 것이다. 즉, 규정을 준수하기 위한 조직의 기술 계획은 일반적으로 몇 년 이내에 수립되며, 이는 사이버 보안 임원이 다음 직무로 이동하기 전에 충분한 기간이자 후임자에게 완전한 준수하지 못한 사유를 설명하기에 충분한 시간이다. 기능을 향상시키기 위한 실제 계획은 전체적인 계획 과정의 일부로서 검증을 위한 기준 criteria과 테스트를 고려해야 한다.

위험 평가를 기반으로 한 조치

 NIST 사이버 보안 프레임워크의 용어를 채택하기 위한 조직의 사이버 보안 태세는 현재as-is와 목표to-be 2가지 영역이다. 그림 8-3에서 볼 수 있듯이 보안 구성 요소를 추가하고 취약한 시스템의 개선을 통해 잔여 위험을 최소로 만들 수 있다. 사이버 보안 개선은 시스템이 사람, 프로세스 및 기술로 구성된 것으로 이해하고 평가 중인 시스템의 공격 지점을 줄이는 데 중점을 둬야 한다.

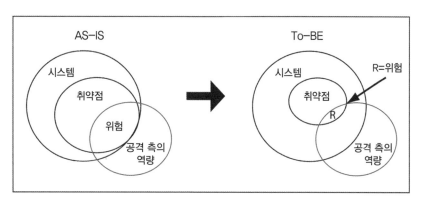

그림 8-3. 사이버 보안 평가 결과

기술 발전에 따라 성숙한 사이버 보안 프로그램은 항상 개선되고 있기 때문에, 현재as-is와 미래to-be를 구분하는 일련의 문제들이 항상 있는 것으로 가정된다. 자체 평가와 함께 상황 인식을 적절하게 활용하기 위한 핵심은 주어진 환경의 사업 목표를 고려할 때, 가능한 신속하고 효과적으로 취약점을 줄이기 위해 사이버 역량을 최대한으로 활용하는 것이다. 이는 항상 사이버 보안 기술의 도입을 의미하지 않는다. 그럼에도 취약점을 제거하기 위한 일반적인 비용과 기술 노력 수준이 소프트웨어 엔지니어 또는 개발자가 작업을 수행하는 것보다 낮을 경우 CISO는 사이버 보안 프로그램 탐지 및 대응 능력을 과시하고 싶은 유혹을 받을 수 있다.

2011년에는 RSA 시큐리티^{RSA Security} 회사의 주력 제품인 시큐어 ID^{SecurID} 카드에 사용된 고객 키가 벤더^{vendor}의 네트워크에서 도용됐다.[11] 시큐어 ID 카드는 수천 명의 계약자 중 록히드 마틴^{Lockheed Martin}과 노스롭 그루먼^{Northrop Grumman} 두 회사 간 계약자의 원격 접속에 사용됐다.

1. 록히드의 사이버 보안 그룹은 시큐어 ID 카드의 오용을 확인하기 위한 내부 감시 프로그램을 시작했다. 팀은 도난당한 RSA 데이터를 사용해 침입자가 내부 사용자를 가장해 록히드 네트워크의 접근 권한을 부여받은 사실을 확인했다.

2. 노스롭 그루먼의 사이버 보안 그룹은 즉시 다른 카드 벤더를 선정하고 취약한 RSA 시큐어 ID 카드를 나른 벤더의 기술로 대체했다. 일부 사이버 보안 전문가들은 록히드의 접근 방법이 보안 팀이 목표를 성취하기에 더 정교하고 기술적으로 어렵다고 주장했다.

그러나 노스롭 그루먼은 도난당한 데이터를 악용한 공격을 받지 않았으며 록히드 마틴은 피해가 없다고 주장했지만 기술적으로 알려진 취약점으로 인해 예방적 보안이 뚫렸기 때문에 평판에 악영향을 끼쳤다. 다시 말해 사이버 보안 커뮤니티에서 포렌식 수사 분야에서 최고가 되는 것을 통해 명성을 얻을 수 없다. 공격을 당하지 않는 것이 훨씬 낫기 때문이다.

마찬가지로 2017년 아파치 스트럿츠 취약점의 경우, 일부 금융기관은 사이버 보안 운영 중심의 접근 방법을 채택했다. 해당 기관은 취약점을 공격하려는 시도를 차단하기 위해 정교한 침입 탐지와 대응의 자동화를 수립했다. 이와 대조적으로 정교한 소프트웨어 배포 조직을 갖춘 금융기관은 짧은 시간 안에 적합한 테스트를 수행하고 신속하게 인터넷 서비스를 패치할 수 있는 민첩함을 갖추고 있어 (지속적) 공격을 막기 위한 광범위한 탐지와 자동화를 활용해서 대응할 필요가 없었다.

상황 인식 구축

위험의 우선순위를 정하고 사이버 보안 프로그램을 정당화하기 위해 사용되는 정보의 출처를 완전히 이해하는 것이 상황 인식의 첫 단계이다. 이는 사이버 보안 위험을 실제로 관리할 수 있도록 돕는다. 모든 영역에서 품질을 추구하는 기업은 품질 측정 방법을 신중하게 선택해야 하며 사이버 보안도 예외는 아니다. 측정된 것만 관리할 수 있다. ITIL^Information Technology Infrastructure Library은 기술 관리의 전문적 실무에 대한 사실상 참고 자료de facto reference가 됐다.[12] 이 접근 방법은 서비스 중심의 기술은 IT 서비스 관리ITSM, IT service management에 대한 상세한 실무의 집합이며, 실무를 기반으로 서비스 수준을 관리한다. 사건incident은 관리할 항목이다. 문제는 현재 해결 방법이 없는 사건이다. ITIL의 기본 개념은 서비스 매개 변수를 식별하고, 측정하며, 결함을 줄이는 것이다. ITIL을 사이버 보안의 지침으로 사용할 때의 주의 사항으로는 보안이 서비스로 표현될 때 서비스를 수행하는 사람들이 서비스 수준 계약 내에서 운영하는 것이 중요해진다는 것이다. ITIL 보안 서비스를 시스템의 접근 요구 사항으로 설명하는 경향이 있다. 이것은 "접근 통제"가 아니라, 실제 "접근"이다. 보안 관리는 사람들에게 접근 권한을 부여하는 것이라는 사고방식을 받아들이면 이러한 문화에서는 접근이 필요한 이유를 조사하는 것을 반대할 수 있다. 따라서 조사해야 할 문제를 제시해야 하는 서비스 요청(예:

이 사용자가 접근이 필요한 이유는 무엇일까?)은 즉각적으로 해결해야 하는 사건으로 취급받는다(예: 요청이 접수된 이후 1일 이내에 접근이 가능해야 한다). 그럼에도 이러한 충돌을 해결할 수 있다고 가정하고 실제 통제에 측정 가능한 특성(예: 보안 패치의 최신 시스템 인벤토리에 있는 시스템 수)이 있는 경우, 서비스 품질에 대한 ITIL 접근 방식을 따르는 것이 지원하는 금융 서비스의 품질 요소로서 보안의 품질을 측정하기 쉬운 방법이다.

ITIL 서비스 목표는 제조 품질에 대한 결함이 거의 나타나지 않아 인도된 제품 측정 단위의 결함 비율이 0.000001% 미만이 되지 않는 식스 시그마$^{Six Sigma}$ 접근 방법과 유사하다.[13] 두 가지 경우 모두 경영진이 품질에 몰입을 하며, 품질에 대한 고객 만족을 달성하기 위해 결함 비율의 소수점 자리까지 목표를 설정한다. 사이버 보안 통제 또한 일반적으로 실패에 대한 0 이하의 허용 오차로 측정되며 실제적으로 패치와 같은 단순한 보안 통제는 제품 결함에 대한 내성이 즉각적으로 수익과 재정적 손실을 초래하는 기술의 제조 품질과 동일한 것으로 종종 묘사되기 때문에 식스 시그마를 채택한다.

식스 시그마는 지표를 분석하기 위헤 "5 Whys" 기법을 사용한다. 이 아이디어는 문제가 발생한 이유를 묻고, 해답을 제시할 때 질문의 답변으로 충분한지 다시 물어보는 것이다. 결과를 정량화하기 위해 결정을 내릴 것으로 예상되는 모든 사람들에게 명확하게 이해할 수 있을 때까지 반복적으로 질문하는 방법론이다. 지표가 양호한 것과는 상관없이, 위험 관리 담당자와 사이버 보안 프로그램 감독 담당자는 현재의 관리 상황에서 의미가 있는 이유를 질문해야 하며, 이에 대응해 행동하는 것이 기업의 안전성과 건전성을 향상시킬 것을 기대하는 이유에 관해 질문해야 한다. 많은 기업에서 상황을 탐색하기 위한 투명성을 만들기 위해 5개 이상의 질문을 하고 있지만, 이는 일반적으로 기술 통제 환경의 고유한 복잡성으로 인한 것이다.

"왜"를 통해 해결되지 않은 사이버 보안 문제가 드러날 때, 경영진은 금융 서비스 운영에서 품질 문제와 직면한다. 이러한 경우, 확실하게 선택해야 하는 것으로 보이는 도구와 기법이 있다. 하나는 문제가 되는 서비스에 대한 데이터를 수집하고 이를 분석해 기대를 만족시키지 못하는 결과를 초래하는 패턴을 찾는 것이다. 실제 사이버 보안 지표를 사용하는 위험 평가 시스템 또는 GRC 시스템은 품질 분석을 위한 잠재적 데이터 출처로 간주해야 한다. 사이버 보안 준비 태세에서 예상치 못한 패턴이 발견될 수 있다. 이러한 데이터는 사이버 보안 시스템에서 가장 중요한 자원 중 하나이며 자주 간과된다. 위험 분석 담당자뿐만 아니라 방어선 관리에서도 간과되는 경우가 많기 때문에, 금융 서비스의 감사 결과 GRC 지표를 수집하는 인벤토리에서 컴퓨터가 누락되는 경우가 많다.

상위 수준의 값을 평가하고, 사이버 보안 프로그램에 대한 질문을 생각해보고, 수집하고, 측정해보고, 이러한 질문에 답을 줄 수 있는지 알아보자. 지표를 고안할 때 "어떻게 알 수 있습니까?"라는 질문을 사용해 5가지 질문 방법을 사용하면 도움이 된다.

데이터 센터 지원 벤더의 시스템 중 하나를 통해 진입한 공격자에 의해 소매 공급망이 공격을 받은 경우를 생각해보자.[14] 공격 대상을 해킹한 이후, 회사에서 해킹에 사용된 공격에 취약한지 확인하고 싶어 한다고 가정해보자. CISO에게 예 또는 아니오가 정해진 질문을 하기보다, "표적 공격의 취약점을 측정하는 방법이 있습니까?"라고 물어보자. 이 질문에 대한 첫 번째 대답은 회사가 제삼자 시스템과의 네트워크 연결을 나타내는 기록이 있는지에 달려 있다.

두 번째 질문은 "해당 연결이 네트워크를 통한 침투에 악용될 수 없는 것을 확인할 수 있는 방법이 있습니까?" 이를 위해서는 네트워크 방화벽과 트래픽 분리 필터를 조사해 벤더가 유지 관리하는 시스템에 대한 접근을 제한하는지 확인해야 한다.

세 번째 질문은 "해당 시스템이 데이터의 기밀성, 무결성 또는 가용성에 해를 끼치지 못하다는 것을 어떻게 알 수 있습니까?" 이렇게 하면 접근할 수 있는 시스템에서 샌드박스 통제를 측정할 수 있다. 모든 질문은 중요하며 이러한 체계적인 방식으로 표적 공격이 발생하기 이전에 통제를 측정하지 않았음을 대부분 확인할 수 있다. 이러한 질문에 답하기 시작한 많은 사람들은 신뢰할 수 있는 반복 가능한 방식으로 답하기 이전에 보안 프로그램에 몇 가지 지표를 추가했다.

그림 8-4. 보안 팀

현실적인 훈련, 테스트 및 게임 수행

앞에서 언급했듯이, 사이버 보안은 순수한 이론의 영역이 아니며, 실제 환경에 적용될 수 있을 때에만 관련이 있다. 중요한 IT 대응 기능을 시연하고 테스트하기 위해 대응 및 복구 전술을 수행하는 것이 일반적이다. 금융업계에서는 규제 기관에서도 이러한 연습을 요구한다. 테스트 시나리오가 다른 회사에서 발생한 실제 사건과 굉장히 유사하고, 중요 시스템에서 가상의 취약점을 공격하는 경우 비즈니스 연속성 훈련과 침투 테스트를 실행에 필요한 투자가 극대화된다. 이러한 시나리오 선정 목표는 상식처럼 보일 수 있지만, (1) 비용에 대한 민감성, (2) 잠재적 혼란에 대한 우려, (3) 기술 아키텍처, 비즈니스 데이터 흐름, 위기 상황에서의 상호작용을 포함해 시험 평가에 필수적인 상황을 충분히 설명할 수 없게 만드는 3가지 요소가 있다.

비용 민감성은 합법적인 관심사이며 다른 모든 잠재적인 사이버 보안 투자와 균형을 이룰 필요가 있다. 따라서 항상 예산이 제한적일 것으로 예상할 수 있으므로, 자금 지원 요청은 반드시 조직의 예산 관행을 따라야 한다. 따라서 각 기업은 "테스트 가치가 어느 정도일까?"의 질문에 답해야 한다. 예산 결정 시 고려해야 할 테스트와 관련된 강조 사항 및 지출 증가의 지원은 이 절의 뒷부분에 다룬다.

테스트 중 잠재적으로 다가올 수 있는 부정적 위험을 반드시 고려해야 하기 때문에 혼란에 대한 우려가 테스트 접근 방법에 영향을 미치는 경우가 많다. 그러나 이는 회피와 같은 표준 위험 처리 옵션을 통해 위험을 최소화할 수 있다. 즉, 민감한 아키텍처 또는 작업을 테스트 범위에서 제외할 수 있다. 업무 외 시간 또는 관련 기술 전문가 직접 감독하에 테스트를 수행해 위험을 감소시킬 수 있다. 사업 파트너 또는 고객과의 테스트 협업으로 위험 요소를 공유할 수 있다. 그리고 위험 처리 옵션은 항상 부정적인 결과의 가능성을 받아들이는 것을 포함하지만 정치적이 아닌 운영상의 난제로 인한 위험 수용을 입증할 수 있다.

실제 상황을 완전히 동일한 환경을 구성하는 것은 어려운 일이다. 최근 대규모의 분산된 다양한 기술 아키텍처를 활용하는 흐름을 반영하기에는 실무적으로 불가능에 가깝다. 복잡하고 분산된 환경에서 비즈니스 데이터의 흐름은 증가하고 있다. 예를 들어 이상적으로 거래 데스크 또는 지원 부서의 운영 테스트에서 "운영" 환경의 속도와 양으로 테스트 트랜잭션을 전송하는 것을 포함시켜야 한다.

이러한 문제는 극복할 수 있지만, 도전적인 문제이며 시뮬레이션 비용이 많이 소요될 수 있다. 사이버 공격으로 인한 사업 중단 시 사람들 사이의 상호작용을 고려하면 새로운 난제가 발생한다. 내부 직원, 신뢰하는 사업 파트너 및 고객이 의심스러운 사건 또는 실제 서비스 중단 시 어떻게 대응할 것인지 쉽게 예측할 수 없다. 우려할 만한 합법적인 이유가 분명히 있으며, 훈련 및 시험 계획 및 실행에 적절한 주의를 기울여야 한다.

조직에 적합하지 않은 테스트와 훈련을 강행하도록 하는 잠재적인 요인이 있다. 시간, 돈, 노력 및 혼란에 대한 두려움과 관련된 우려사항이 여기에 해당한다. 기관 차원에서 자원의 확대가 필요한 사항을 피하려는 것은 충분히 이해할 수 있으며, 책임감 있는 기업주는 기입에 실제 피해를 줄 수 있는 것으로 판단되는 테스트와 훈련을 허용해서는 안 된다. 그러나 실제로 테스트에서 잠재적인 혼란에 대한 두려움–불확실성 및 의심(일반적으로 FUD^fear-uncertainty-and-doubt라고 한다)이 일부 기업 내에서 살아 있으며 기술적 테스트를 감당할 수 있음을 실제로 보여줬다. 결함이 발견될 경우 내부 평판이 나빠지는 것을 피하기 위해 일부 직원은 테스트의 범위를 좁히는 것을 선호할 가능성을 고려해야 한다. 마찬가지로 관리자들은 예산을 두고 치열한 경쟁을 벌이고 있으며, 기업은 경쟁 우위를 만들 수 있는 잠재적인 비즈니스 혁신이 아닌 사이버 프로젝트에 더 많은 자금을 투입하기 원하지 않을 수도 있다. 사이버 보안 테스트 기획 담당자는 이러한 고려 사항들이 테스트 범위 및 참여 규칙^ROE, rules of engagement의 개발에 영향을 미칠 것을 예상해야 한다.

테스트 범위와 ROE가 결합되면 테스트 팀의 운영상 제약 조건이 된다. 일반적으로 테스트 일자와 시간 승인과 스캐너와 같은 기술적 테스트 도구 또한 제약을 받지만, 아키텍처의 모든 부분을 "테스트 금지"하도록 결정한 것과 같은 제약 사항이 있을 수 있다. 이러한 광범위한 제약 조건은 테스트 체제의 엄격함과 정당성에 대한 의문을 갖도록 만들 수 있다. 중대한 취약점을 알고 있는 내부 직원이 테스트 팀이 문제가 있는 영역에 접근하지 못하게 하고 ROE에 제약을 둬 취약점을 발견하지 못하도록 했을 가능성을 고려하는 것이 합리적이다. 마찬가지로 제약 조건은 잠재적가 발생할 수 있는 지점에서 주의를 끌기 분산시키기 문제가 없는 알려진 영역으로 테스트의 초점을 맞추도록 설계할 수 있다. 따라서 테스트 기획자는 과도하게 제한을 두는 테스트 제약 사항으로 어려움을 느낄 수 있기 때문에, 운영 직원과 독립성을 보장해야 한다. 또한 기획자는 모든 제약 사항의 논거를 문서화할 수 있기 때문에 결정된 범위를 작업 보고서에 기록해, 최종 보고서에서 관련 내용을 기록할 수 있다.

이러한 요인들로 효과적인 사이버 보안 테스트를 계획하기 위해 중요한 세 가지 고려 사항이 있다. 첫째, 조직은 현실감 있는 테스트를 만들기 위해 노력해야 한다. 여기에는 특수 아키텍처를 사용해 최대한 운영 중인 환경 그대로 테스트 시스템과 사이버 테스트 범위를 옮겨와야 한다. 경우에 따라 조직은 운영 중인 아키텍처의 모든 요소를 테스트하는 것이 유일한 테스트 방법인 것을 파악할 수도 있다. ROE에서 흔히 볼 수 있는 제약 조건을 완화시킴으로써 공격자의 행위를 따라 할 수 있다. 둘째, 조직은 일반적이고 기본적으로 인식되는 통제 설계 및 테스트의 원칙을 고려해야 한다. 여기에는 테스트 수행 팀의 독립성을 보장하는 것을 포함해야 하며, 따라서 고의적이거나 다른 유형의 간섭 또는 부정 조작으로부터 자유로워야 한다. 셋째, 이전에 논의된 지식 창출 목표를 지원하기 위해 결과를 효과적으로 사회화할 수 있도록 테스트 실행 전반에 거쳐 피드백 메커니즘을 구축하는 것이 중요하다.

기술 테스트 설계

사이버 보안 테스트는 설계 기준 위협^{DBT, Design-Basis-Threat}이라는 물리적 보안 개념에 뿌리를 두고 있다. DBT를 활용해 강력하고 혁신적으로 공격자의 특성을 설명할 수 있다. 뉴욕에서는 정교한 통신 및 폭발 장치를 장착한 테러리스트 조직일 것이다. 아이다호에서는 오토바이에 기관총을 메고 다니는 무장 괴한들일 것이다. 보안에 대한 DBT 접근 방법은 시스템에서 필요한 보안 보호의 강도를 공격당할 가능성이 있는 방법의 기술적 규격과 관련된 계산할 것을 지시한다. 물리적 보안에서, 이러한 과정은 간단하다. DBT가 특정 유형의 폭발물에 접근할 수 있는 20명의 인력이라면, 무단 진입에 대한 물리적 장벽의 강도는 이 20명의 사람들이 무기를 사용해 물리적으로 시스템 접촉해 가할 수 있는 힘의 양을 견뎌내야 한다. 방호 보호 자료가 명시되고, 위협 지연 및 대응 시스템이 설계되고, 이에 따라 검증 테스트가 수행된다. 사이버 보안에서 잠재적인 공격은 일반적으로 지금까지 공개된 모든 사이버 공격의 집합으로 간주하며, 여기에는 금융 산업 표준 침투 테스트의 기준을 넘어서는 위협이 포함된다. 실제로 이전에 설명한 대로 금융 산업 침투 테스터는 범위를 넘어서는 테스트를 수행하는 경우가 종종 있다.

또 다른 난제는 업계 표준 소프트웨어 배포 과정 중 특정 기간 내에 가장 수준 높은 외부의 공격 팀 또한 합리적으로 적절한 테스트의 범위를 산정할 수 없다는 것이다. 현재 알려진 모든 취약점 집합에 대한 업계 표준 저장소는 NVD^{National Vulnerability Database}의 CVE^{Common Vulnerabilities and Exposures} 집합이다.[17] 이러한 취약점 자동 검사는 악의적인 공격자의 행동을 모방하도록 설계됐으며, 시스템이 공격을 견딜 수 있는 방법을 예측할 수 있는 성능을 근거로 테스트의 유효성을 측정한다. 검사 결과에 따라 취약점 테스트 점수가 결정된다. 이러한 취약점을 테스트하는 보안 소프트웨어는 일반적으로 시스템을 대상으로 관리적인 접근 권한을 획득하기 위해 악용할 수 있는 취약점이 있는 경우 시스템이 빨간색으로 표시되고, 악의적 접근이 허용되면 노란색으로 표시되고, 스캔을 통해서 발견된 취약점이 없을 경우에는 시스템이 녹색으로 표시되는 신호등 지표를 사용한다. 그러나 일부 취약점 검색 절차는 취약점 공동 평가 시스템^{CVSS, Common Vulnerability Scoring System}과 같은 정교한 점수 산정 방법을 사용한다. CVSS 평가는 취약점을 악용해 공격자가 상당한 피해를 입히는 것이 얼마나 쉬운지를 나타낸 점수를 포함하고 있다. 점수가 높은 시스템은 쉽게 악용될 수 있는 취약점이 있으며, 해당 취약점을 악용해 전체 시스템이 피해를 받을 수 있다. 채점 방식에 관계없이 각 취약점은 독립적으로 점수가 매겨지며, 특정 시스템에서 어떤 취약점을 테스트할 것인지 사전에 결정해야 한다. 이 글을 쓰는 시점에서 NVD에는 115,746개의 취약점이 있다. 또한 자체적인 CVE가 아닌 일반적인 취약점을 만드는 일반적인 잘못된 구성 및 알려진 소프트웨어 취약점을 포함한다. 알려진 모든 취약점을 대상으로 시스템을 테스트할 수 없다. 금융기관의 시스템에 적용할 수 있는 시스템을 식별하고, 해당 시스템을 적용할 수 있는지 검증할 수 있는 실용적인 방법이 있더라도, 여러 환경에서 다양한 소프트웨어 도구를 사용해 테스트를 설계하고 실행하기 어렵기 때문에 취약점 테스트는 오탐^{false-positive}과 미탐^{false-negative} 투성이라는 연구 결과가 있다.[19]

취약점 검색만을 기반으로 하는 테스트를 고려하고 알려진 취약점을 테스트하는 것이 중요하다. 그러나 이전에 알려지지 않은 위협을 발견하는 것은 굉장히 일상적이어서 2장에서 제로 데이 위협에 설명한 것처럼, 보안 전문가들 제로 데이 용어를 사용하는 것이 일반적이다.[20] 잠재적인 소프트웨어 취약점의 수 또는 심각도와 사이버 공격이 발생할 확률의 관계를 입증할 수 있는 연관성이 없다. 오히려 연구 결과에 따르면 공격 생명 주기 동안 보안 결함을 발견할 수 있는 공격자의 역량은 코드의 본질적 품질에 의해 좌우되고, 이를 숙지하는 데 오랜 시간이 걸린다는 것이 연구를 통해 밝혀졌다.[21] 그래서 내부적으로 소프트웨어 취약점을 확인하는 것이 중요하지만, 설계에 익숙하지 않은 사람이 아니라 코드에 완전히 익숙한 내부 사람이 수행하는 게 효율적이고 효과적이다.

따라서 공격 확률을 계산하는 방법은 두 가지 척도로 평가해야 한다. 공격받을 확률과 공격자가 목표를 달성할 확률로 서로 다른 값이다. 공격받은 단일 취약점은 공격에 성공한 것으로 해석할 수 있지만, 기관, 고객 또는 금융 시스템의 기밀성, 무결성 또는 가용성에 손상이 없을 경우 침입자는 어떠한 목표도 달성하지 못한 것으로 해석될 수 있다. 테스트가 비생산 환경에서 수행되거나 조기에 중단되는 경우, 두 번째 확률 계산 방법은 보안에 대한 잘못된 인식을 제공할 수 있다.

통제 기반 사고에서 역량 기반 사고로 이동하기

"통제"의 동의어는 "힘", "규칙", "억제" 및 "제한"이다. 통제 지향적인 직업에 시간을 투자하지 않은 사람들은 당연히 그런 활동을 경계하며, 일부 직무에서 통제의 개념은 독재와도 같다. 통제는 일반적으로 장애물, 생산성의 속도 저하, 혁신의 장벽으로 간주된다.

사이버 위험 식별, 취약점 감소 및 위험 측정과 같은 분야에서 개인 및 사이버 보안 팀의 전문성 개발(즉, 지식 창출)은 순수하게 기술적인 배경지식을 보유하고 업무를 담당하는 직원들에게 사이버 보안 위험을 좀 더 명확하게 전달하는 데 도움될 수 있다. 조직 내부에서는 사이버 보안 팀이 금융 서비스 위험 관리의 전문가 커뮤니티의 존경을 받은 구성원이라는 점을 홍보해야 한다. IT나 위험 그룹을 넘어서 사이버 보안 교육이 폭넓게 제공되는 경우, 상대적으로 규모가 작은 사이버 보안 전문가 집단 이외의 사람들이 사이버 보안 문제를 더욱 명확하게 식별할 수 있다. 이러한 인식은 핵심 사이버 보안 그룹 외부의 비즈니스와 기술 운영 내에서 문제 소유권에 대한 책임을 부여할 수 있다.

이 밖에 개념 훈련 외에도 사이버 보안 실무의 참여를 통해 교육적인 혜택을 얻을 수 있음을 언급해왔다. 이러한 실무에는, 앞서 설명한 테스트 시나리오에 참여하고 프로세스 개선을 지원하기 위한 패치, 모니터링 및 데이터 분석과 같은 프로세스 작업의 참여도 포함된다. 예를 들어 사이버 보안 평가 활동을 통해 사이버 보안 및 기술 인력을 순환시키는 것은 이러한 실무의 한 가지 형태다. 실제 기술 및 비즈니스 환경과 유사하게 모델링하는 계정 탈취, 서비스 거부, 데이터 도용 및 기타 자주 발생하는 금융 산업 사이버 공격과 같은 현실적인 훈련, 테스트 및 기타 모든 경험은 사이버 보안 프로그램을 실행할 때 전반적인 역량과 효율성을 측정하는 좋은 방법이다. 이러한 훈련과 실무는 경험을 본능으로 바꿔주고 위압적인 과정과 절차의 가치에 대해 직원들이 이해하도록 도와준다.

금융 산업에서 사이버 보안 기능과 관련된 규제 요건과 특정 IT 자산의 보호에서 금융 거래의 무결성에 이르기까지 통제의 의도된 장점에 집중하는 것이 중요하다. 사이버 보안의 노력은 이러한 목적을 위한 근간이 돼야 한다. 이는 CISO가 정보보안 프로그램을 구축하고 운영하기 위한 단순한 관리 지원과 다르다는 점에 유의하자. 이는 여러 가지 방식으로 발전할 수 있으며, 그중 일부는 역효과를 낳을 수 있다. 예를 들어 판매 지역에 침투하기 위해 잘 정의된 마케팅 방법을 제공하는 경우 굉장히 효과적인 "실행 후 망각fire-and-forget" 관리 방식이 있는데, 이 방식은 성공했을 때만 주목을 받는다. 이러한 관리 방식은 통제 지향적인 기능에서는 제대로 작동하지 못한다. 기업주는 재정적인 성공과 관계없이 사이버 보안 프로그램이 특정 임원의 권력으로 이어지지 않도록 주의를 기울여야 한다. 대신 경영진과 지속적으로 소통해 사이버 공격으로부터 기업을 보호할 수 있는 능력을 향상시킬 것으로 판단되는 통제 아키텍처를 수립하자. 재정적으로 성공하더라도 단일 임원의 힘으로 전체 경영진과 지속적으로 소통해 사이버 공격으로부터 기업을 보호하는 역량을 향상시킬 통제 아키텍처를 수립할 수 있다.

사이버 보안 프로그램을 충분히 이해하고 존중한다면, 인식 전환 훈련awareness training과 같은 사이버 보안의 노력을 진지하게 받아들일 것이다. 대부분의 금융 서비스의 관련 법령에서 사이버 보안과 개인정보 보호 교육의 규제 요건이 있지만, 이러한 프로그램은 상대적으로 수준이 높으며, 여기서 설명한 학습 목표를 지원하기 위한 전문성 개발보다는 쟁점 사항을 윗선에 보고하는 등의 절차에 중점을 두는 경향이 있다.

8장에서 설명한 모든 활동은 사이버 보안을 위한 내부 지식 창출 과정을 돕는다. 사이버 보안 문제를 공유하는 많은 전문 산업 조직을 비롯한 외부의 정보 출처도 있으며, 전문적인 우수 사례 지식이 정보 공유 및 산업 사회화를 통해 지속적으로 변경 및 수정되고 있다.[22] 따라서 사이버 보안과 비사이버 보안 직원 모두가 공개 또는 비공개 사이버 보안 파트너십에 참여하도록 장려해야 한다. 사이버 공간을 보호하기 확실한 책임감과 관심이 있는 커뮤니티에 소속돼 있다는 소속감은 사이버 보안 프로그램을 지속적으로 학습하고 향상시키기 위한 강력한 동기가 될 수 있다.

더 알아보기

효과적인 사이버 보안 역량을 구축하는 과정은 지식 공유와 조직 학습을 기반으로 할 수 있다. 이는 위험 평가를 통해 파악할 수 있지만, 현실적인 의사 결정 고려 사항의 예를 제공하는 가상 시나리오를 통해 사이버 보안 운영 및 관리를 위한 현실적인 훈련 및 테스트와 같은 팀 활동이 필요하다. 그 결과 기술, 인식 및 전반적인 준비 상태를 지속적으로 향상시킬 수 있다.

9장에서는 계획된 훈련 및 테스트 활동을 활용하는 것 외에도 기업이 자체 조직이나 다른 회사에서 발생한 것과 상관없이 실제 사이버 보안 이벤트를 경험함으로써 중요한 통찰력을 얻을 수 있다는 점을 설명할 것이다. 실제 손실로 인해 얻는 교훈은 상당한 가치가 있을 것이다.

참고 문헌

1. McKinsey & Company (2010) Building organizational capabilities: McKinsey Global Survey results. https://www.mckinsey.com/usiness-functions/organization/our-insights/building-organizational-capabilities-mckinsey-global-survey-results

2. Jansen, W., Directions in Security Metrics Research. 2009, National Institute of Standards and Technology Interagency Report.

3. Buede, Dennis M., The Engineering Design of Systems, Models and Methods. Hoboken, NJ: Wiley, 2009).

4. Morabito, Joseph, Sack, Ira, Bhate, Anilkumar. Designing Knowledge Organizations: A Pathway to Innovation Leadership. (Hoboken, NJ: Wiley, 2017).

5. Nonaka, Ikujiro and Takeuchi, Hirotaka. The Knowledge-Creating Company. (Oxford, UK: Oxford University Press, 1995).

6. 다음의 금융 서비스 정보 공유 및 분석 센터(FS-ISAC)를 참고하자. https://www.fsisac.com/

7. Hubbard, Douglas, The Failure of Risk Management, (Hoboken, NJ: Wiley, 2009).

8. National Institute of Standards and Technology (NIST), Framework for Improving Critical Infrastructure Cybersecurity, US Department of Commerce, 2014, page 3. 이 주제는 최신 초안 개정판에서 상당히 확대됐다.

9. Factor Analysis of Information Risk (FAIR) Institute (2018) What is FAIR?. http://www.fairinstitute.org/what-is-fair, Retrieved 18/11/3.

10. Hershfield, H.E., Cohen, T.R, & Thompson, L, "Short horizons and tempting situation: Lack of continuity to our future selves leads to unethical decision making and behavior, ." Organizational Behavior and Human Decision Processes 117(2): March, 2012, 298-310.

11. Drew, Christopher, "Stolen Data is Tracked to Hacking at Lockheed" The New York Times, June 3, 2011.

12. https://www.axelos.com/best-practicesolutions/itil을 참고하자.

13. Pande, Peter, et al., The Six Sigma Way, (New York: McGraw-Hill, 2001).

14. Krebs, Brian, "Target Hackers Broke in Via HVAC Company," in Krebs on Security, https://krebsonsecurity.com/2014/02/target-hackers-broke-in-via-hvac-company/

15. Garcia, Mary Lynn, The Design and Analysis of Physical Protection Systems. (Oxford, UK: Butterworth-Heinemann, 2008).

16. CVE is a registered trademark of The Mitre Corporation, 자세한 내용은 https://cve.mitre.org/를 참고하자.

17. MITRE.National Vulnerability Database. http://nvd.nist.gov/를 참고하자.

18. Mell, P., K. Scarfone, and S. Romanosky, A Complete Guide to the Common Vulnerability Scoring System Version 2.0. 2007, Forum of Incident Response and Security Teams (FIRST).

19. Fernandez, E.B. and N. Delessy. Using Patterns to Understand and Compare Web Services Security Products and Standards. in Proceedings of the Advanced International Conference on Telecommunications and International Conference on Internet and Web Applications and Services (AICT/ICIW 2006). 2006: IEEE.

20. Acohido, Byron and Swartz, Jon. Zero Day Threat. (New York: Sterling Publishing Co., Inc, 2008).

21. Clark, S., et al. (2014). Moving Targets: Security and Rapid-Release in Firefox. Proceedings of the 2014 ACM SIGSAC Conference on Computer and Communications Security. Scottsdale, Arizona, USA, ACM: 1256-1266.

22. www.isaca.org, www.isc2.org 및 www.cisecurity.org를 참고하자.

9장

손실로부터 무엇을 배울 수 있을까?

지혜는 고난을 통해 얻어진다.

> – 아이스킬로스(Aeschylus), 그리스 비극 작가

고난당한 것이 내게 유익이라 이로 인해 내가 주의 율례를 배우게 됐나이다.

> – 시편 119:71

인간은 고통 없이 스스로를 고쳐 나갈 수 없다. 대리석이자 조각가이기 때문이다.

> – 알렉시 카렐(Alexis Carrel), 노벨상 수상 과학자

당신을 죽이지 않을 정도의 고통은 당신을 더욱 강하게 만든다.

> – 켈리 클락슨(Kelly Clarkson), "Stronger"(2011)

이는 그리스 고전, 성경, 노벨상 수상자, 팝 스타의 생각을 연결한 최초의 사이버 보안 글일 수도 있다. 공통된 맥락은 매우 간단하다. 기본적인 경험이 부족할 때 경험적인 배움을 위해서는 고난이 필요하다는 인식이 오래전부터 있어 왔다.

표준을 바꾸게 만드는 침해

위험 처리의 설계는 활용할 수 있는 표준과 일반적인 관행으로 확실하게 결정을 내릴 수 있다. 하지만 특정한 실제 침해 사고 시나리오의 상황을 고려하지 않는 이 접근 방법은 적절하지 않을 수 있다. 마찬가지로 상황을 고려하지 않고 사이버 보안 기술을 통합하면 일반적인 예방 및 탐지 기능을 제공할 수 있지만, 이전의 실제 침해에서 발견된 고유한 요소를 고려하지 않게 된다. 그렇다면 사이버 보안 경영진은 실제 부정적인 사건을 활용해 진정한 조직 학습을 유도할 수 있고 결과적으로 더 나은 통제를 설계할 수 있는 좋은 기회를 간과하는 것일까?

저명한 경제학자 존 케인스^{John Maynard Keynes}로부터 한 가지 단서는 얻을 수 있다. "장기적으로 우리 모두는 죽는다."[1] 사이버 보안의 맥락에서 이 말은 다소 가혹할 수 있지만, 여기서의 교훈은 굉장히 중요하다. 학습은 시간과 노력이 필요하지만 때로는 개인적, 단기적 목표를 달성해야 하는 압박이 생길 수 있다. 현재 학습은 미래에 장점으로 실현될 수 없는 경우가 많으며, 실제로 그 어떠한 관리자도 부정적인 사건에 대한 대응을 통해서 수익을 낼 것을 기대하지 않는다. 게다가 조직 내부의 권력, 정치, 때로는 경력 보전을 위한 수단으로서 의사 결정이 이뤄지기 때문에 조직내에서 경영진은 단기적인 사고를 하게 될 수 있다. 그럼에도 지속적인 분석, 연구 및 조직 학습 과정과 함께 표준 및 사용 가능한 기술을 활용하는 연계된 접근 방법은 위협 환경의 지속적인 발전에 맞춰 발전할 수 있다. 표준, 상업용 소프트웨어 및 일반적인 관행은 알려진 문제에 대해 적용된 지식을 반영하며 확실한 단기적인 혜택을 제공할 수 있다. 그러나 실무적인 조직 내 학습은 혁신을 필요로 하는 역동적이고 복잡한 변화를 분석할 수 있는 보완 기능을 제공할 수 있다. 혁신은 새롭게 떠오르는 위협에 대응하기 위한 사이버 보안 복원력의 핵심 요소다.

기술 중심의 복원력은 시작에 불과하다

복원력이라는 용어는 사이버 보안과 관련해 최근 인기를 얻고 있다. 복원력은 일반적으로 부정적인 사건으로부터 되돌리거나 복원할 수 있는 기능을 뜻한다. 이 개념은 사이버 보안 분야에 자연스럽게 들어맞는다. 정보 기술 기획자와 감사관은 수년 동안 백업 및 복구의 필요성에 집착해왔고, 이는 이전의 기술적 한계 때문에 당연한 일이었다. 좀 더 자연스럽고 유연하며 강력한 기술 아키텍처의 출현으로 인해 클라우드, 가상화, 효율적인 데이터 미러링 등과 같은 고급 기능을 활용해 기본적인 백업/복원 기능에서 포괄적인 아키텍처 복원력으로의 진보가 이루어졌다.

운영 복원력을 지원하는 기술의 발전은 일반적으로 경제성과 성능에 초점을 맞추고 있었다. 예를 들어 완전한 미러링되고 클라우드 호스팅된 애플리케이션 데이터를 유지하면 백업 실행 및 미디어 관리를 위해 직원의 적극적인 개입이 필요하지 않으므로 장애 시간을 더 줄일 수 있다. 이는 확실히 운영상의 이점을 제공하지만 또한 발생할 수 있는 일반적인 위협에 대한 전략적인 회복력에 중점을 둠을 보여준다. 미러링된 환경에서 데이터 손상이 발생하면 이전의 기술보다 더 빠르게 백업 플랫폼으로 손상을 입은 데이터를 전송하면 된다. 개별 구성 요소의 기술적 실패를 넘어 사이버 보안 시나리오를 포함하도록 복원력 연구의 범위를 확대하면 조직이 좀 더 혁신적인 기업 관점을 취하도록 이끌 수 있다.

학습 조직 재검토

8장에서는 기술, 절차 및 인력 차원을 포함하는 전반적인 역량 관점에서 사이버 보안을 검토했다. 기술적 복원력이 조직의 공동 목표가 된 것처럼 보이기 때문에 절차와 인력 측면은 상대적으로 관심이 떨어지는 것으로 보일 수 있다. 이 책의 학습 조직의 개념을 고려하면, 기업에서 지식의 외재화, 결합, 내재화 및 사회화

주기를 활용해 새로운 조직 지식을 개발하고 혁신할 수 있는 역량을 갖출 수 있다. 지식 창조 과정은 널리 알려진 위협에 대응하는 것뿐만 아니라 기업 역량의 발전과 진화를 이끌어내는 데 중요한 역할을 한다. 위험 평가, 상황 인식 및 사이버 보안 테스트를 포함해 여러 측면에서 학습 조직의 특성을 지원할 수 있는 기회가 많다.

조직적 학습 과정은 기업의 고유한 특성에 영향을 줄 수 있는 위협과 취약성을 정확하게 인식하는 것을 포함해 개선된 위험 평가를 유도할 수 있다. 더욱 중요한 것은, 학습 조직은 위험 평가의 결과를 조치하기에 더 나은 위치에 있을 수 있다는 것이다. 지식의 적용을 통해 더 나은 의사 결정을 하기 위한 상황 인식 situational awareness은 특정 시나리오와 환경에 대한 조사와 분석을 수반하며, 학습 조직은 의사 결정자가 관련 지식을 습득할 기회를 높여 줄 수 있다. 마찬가지로, 사이버 보안 테스트 기획자가 지식을 향상시켰을 때 더 큰 창의력과 혁신을 발휘할 가능성이 높아진다. 피해가 심각했던 사건을 포함해 실제 발생한 침해 사건 연구를 통해 역량을 지속적으로 향상시킬 수 있다. 여기에는 유사한 운영 특성을 지닌 다른 조직의 사고뿐만 아니라 기업 전반에 피해를 준 침해 사고도 포함된다. 즉, 위협에 대한 부정적인 사례를 활용해 위협과 취약점에 심층적인 연구를 수행함으로써 조직의 사이버 보안 지식을 향상시키고 사이버 보안 아키텍처 전반에 걸쳐 혁신을 주도할 수 있다.

말보다 실천하기 어렵다

> 고통이 지혜를 가져다주는 것이라면, 나는 현명해지지 않기를 바랄 것이다.
>
> – 윌리엄 버틀러 예이츠(William Butler Yeats), 시인

나쁜 경험으로부터 배우는 것이 항상 즐겁지 않으며 또한 쉽지 않다. 『The Up Side of Down: Why Failing Well Is the Key to Success(왜 실패는 성공의 열쇠인

가)』의 저자 메간 맥아들Megan McArdle은 실패에 대한 반응과 개인의 태도와 관련된 심리적 차원을 설명한다.[2] 똑똑하고, 성공하고, 존경받는 것에 대한 우리의 인식은 실패로부터 배울 수 있다는 사고방식을 적용하는 데 큰 장벽이 될 수 있다. 사이버 보안 침해 사건으로 인해 명성에 "실패"라는 딱지가 붙더라도 우리는 실패로부터 배워야만 한다. 사이버 위험은 물리적 범죄 위험과 마찬가지로 결코 사라지지 않을 것이며, 최상의 대비 중인 조직일지라도 침해 사고를 경험할 수 있다. 하지만 기회를 통해서 배울 수 있다. 그래야만 부정적인 사건으로부터 어떻게라도 이익을 얻을 수 있다.

내부 사건을 객관적인 관점으로 바라보는 것은 굉장히 힘들다. 그리고 이해도를 최상으로 올리기 위해 해당 이벤트를 모델링한다. 통제 설계(그리고 통제 테스트)에서 의사 결정을 유도하는 모델의 기초로서 특정 침해 사건을 사용하는 것은 확실히 도움이 되지만 불완전할 수 있다. 나심 탈레브는 그의 책 『블랙 스완(The Black Swan)』(동녘사이언스, 2008)에서 '루딕 오류ludic fallacy'의 개념을 설명했다. 탈레브는 과거 사건을 이용해 현실 세계의 문제를 모델링하려는 시도에 대해 설명했으며, 과거의 사건에 대한 완전한 정보는 얻기 어려우며, 게임 시나리오는 본질적으로 제한돼 있기 때문에 게임은 항상 불완전할 것이라고 말했다. 또한 복잡한 시나리오를 모델링하려는 시도에서 작은 변수에도 상당한 문제를 일으킬 수 있다는 점에 주목했다. 이는 결과 모델이 실제 사건이 발생할 때 일어날 수 있는 잠재적인 문제들을 포함하지 않는다는 것을 의미한다.[3]

따라서 과거의 사이버 사건을 템플릿으로 사용하면 통제 설계 및 테스트를 향상시킬 수 있지만, 의미 있는 무언가를 놓칠 가능성이 있음을 이해해야 한다. 예를 들어 인터넷 접속 애플리케이션을 대상으로 하는 사이버 게임에서 동일한 공격 시나리오를 재현하려 할 때, 적이 공격을 준비하는 환경에 존재하는 모든 특징과 조건을 완벽하게 복제할 수는 없다. 또한 탈레브는 게임은 대상이 제한(즉, 게임 규칙)되는 반면 실제 세계에는 그러한 제한이 없다고 지적했다. 이외에도 오늘날의 사이버 보안 교육 시스템에서 사이버 게임의 보급은 가능한 정보를 사용해 유용한 사이버 보안 게임(테스트)을 구축할 수 있다는 가정을 반영한다. 이러한 게임이 유용한 교육 도구인 것은 의심할 여지가 없지만, 모든 모델은 잘못될 수 있다는 사실을 알고 있어야 하고 시스템 환경에 대한 지식이 있다면 불완전하지만 유익한 게임을 개발하는 데 도움이 될 것이다.[4]

안티프래질

탈레브는 『블랙 스완』 이후 『안티프래질』이라는 현재의 사이버 보안 상태와 관련된 또 다른 책을 집필했다. 『안티프래질』에서 그는 과잉 반응, 스트레스 요인을 정보로 사용하는 것, 새에게 비행하는 법을 가르치는 등의 불쾌한 사건에 대한 일반적인 반응을 나열했다. 불편한 상황에 대해 과잉 반응을 보이는 자연스러운 성향은 혁신을 촉진시킨다. 탈레브는 편안함을 "낭비하는 길"로 지목한 로마 상원 의원 키도^{Cato}를 상기하면서, 미국연방항공청^{FAA}이 항공기가 자동화의 확대로 조종사의 기술이 퇴보시킬 수 있음을 파악한 방법을 설명했다.[5] 마찬가지로 사이버 보안에도 부정적인 영향을 미칠 수 있다는 사실을 고려해야 하는 것도 이제 얼마 남지 않았다. 기업들이 점점 더 정교한 사이버 도구에 투자하고 있어 사이버 운영자들은 침해의 가능성을 심도 있게 살펴볼 기회가 줄어들고 동기부여도 줄어들 수 있기 때문이다. 경우에 따라서는 과도한 대응으로 인해 중복된 통제를 할 수도 있다. 탈레브는 자연에서 이러한 유형의 중복을 관찰했다. 반면에 사이버 도구에 대한 투자가 상대적으로 적은 기업의 운영자는 발생한 사건을 해결하고 문제를 극복하기 위해 고군분투하면서 자연적으로 흥분된 상태에서 침해 사고에 대응하는 경험을 가질 수 있다. 이러한 경험은 집중적인 학습을 유도하기 위한 동기부여를 해줄 수 있다.

이것은 안전지대 밖에서 우리에게 메시지를 전달하는 관측치나 지표가 최소한 조사할 가치가 있는 신호라는 것을 강조한다. 탈레브가 말한 정보로서의 스트레스 요인 개념은 경보, 이벤트 보고서, 위협 정보, 다른 조직의 침해 보고서, 예기치 않은 시스템 성능, 물리적 환경의 변화(사이버 물리적 시스템이 해당) 그리고 실질적으로 장애를 암시하는 다른 모든 것들은 사이버 보안 맥락과 연관 지을 수 있다.[6] 사이버 보안 경영진들에게 조사를 촉구할 수 있는 지표는 바로 이런 종류의 지표들이다. 기술과 경영을 조사 및 분석으로 끌어내는 것은 고통/장애/혼란의 불편한 특성들이다. 그러므로 잠재적인 스트레스 요인을 발견하는 메커니즘은 부정적인 세력과 사건으로부터 무언가를 얻기 위해 필수적이라 할 수 있다. 정보는 더 큰 맥락을 고려할 수 있도록 도와주기 때문에, 이상적으로 의사 결정을 위한 정보를 제공해야 하며, 궁극적으로는 새로운 시스템과 프로세스에 계층을 추가시키는 것보다 기존 시스템과 프로세스의 변화를 이끌어내는 것이 상대적으로 풍부한 지표가 될 수 있다.

이 책에서 제시된 대부분의 개념과 예제는 거의 전적으로 사이버 보안 위험 관리의 전문적인 실무에서 파생되거나 발전한 점임을 기억하는 것이 중요하다. 이 분야는 신생 분야이기 때문에 실용적인 사이버 보안 도구와 기술의 효과에 대한 가치 있는 연구를 전혀 찾을 수 없었다. 탈레브는 과학 이론 구축의 흐름이 학계에서 응용 분야로 그리고 결국에는 일반적인 실무로 이동한다고 설명했다. 냉소적인 유머로서, 그는 벡터 수학에서 조류학의 항법 이론 발달에 이르는 과정의 예를 제시하고 결국 새들이 날고 있다는 결론을 이끌어냈다. 탈레브가 말한 새들은 자신들이 어떻게 날 수 있는지에 대해 설명할 수 없으며, 그 대신 "무작위로 어설프게 손보기random tinkering"라는 경험적 접근heuristics으로 시작되어 기술이 개발되고 궁극적으로는 실용적인 응용으로 이어지는 문제 해결 과정의 흐름을 제시했다.[7]

『In The Coming Storm』에서 마이클 루이스^{Michael Lewis}는 일기예보가 가장 필요 시점인 제1차, 2차세계대전 시기에 오히려 굉장히 수준이 떨어졌다고 설명했다. 그는 일기예보가 잘못된 것보다 일기예보에 대한 수요가 지나치게 높아 수준이 떨어지는 정보를 제공하게 됐다고 설명했다.[8] 이를 사이버 보안에 비유하면, 사이버 보안 위험 감소라는 목적을 이루기 위해 의심스러운 것들을 닥치는 대로 알려주는 제품들로 가득하기 때문일 것이다. 그러나 탈레브가 기술한 대로 궁극적으로는 실용적으로 적용할 수도 있을 것이라는 낙관론도 있다.

물론 이러한 과정은 학습 조직에 대한 8장의 연구와 일치한다. 사이버 보안 분석은 실제 손실 사고(예를 들어 부자유와 손상)가 지속적으로 발생하지 않는다면 시간이 지남에 따라 대체로 이론적이고 적절하지 않다. 따라서 실제 경험에서 나오는 피드백은 학습 과정에서 필수적이다

학습, 연구 실수 및 재학습

시이버 보안 문제의 관찰자는 복잡하고 역동적이며 동시다발적으로 발생하는 수많은 결과들로 인해 환경이 지속적으로 변하는 것을 힘겨워한다. 때로는 이러한 상황을 탈출구가 없는 "러닝 머신" 또는 "쳇바퀴"로 언급하기도 한다.[9] 고통스러운 침해 사고를 경험하고 조사와 분석을 거쳐 발견의 주기를 반복하면 궁극적으로 더 많은 문제가 뒤따르는 교정 조치를 진행하게 된다. 금융업계에서는 새로운 사이버 사고 대응 조직이 사이버 보안 사건에 대해 사과를 하는 경우는 드문 일이 아니다. 불행하게도 이는 때때로 기업이 정상적이고 지속적인 운영을 계속할 것인지를 적절하게 고려하지 않았을 때 발생한다.

그러나 다른 조직의 프로세스에서도 마찬가지다. 시장에서 경쟁자들은 경쟁사의 신뢰를 깎아내리고 고객을 빼앗아 오기 위해 새로운 방법을 끊임없이 궁리(혁신)

하고 있다. 이러한 스트레스 요인은 사이버 보안에서도 매우 유사하다. 정보는 침해 또는 매출 감소에 대한 보고서인지 상관없이 스트레스를 유발하는 요인이며, 이는 혁신을 이끌어낸다. 그렇다면 사이버 보안과 비즈니스 문제를 다르게 접근하게 만드는 차이점은 무엇일까? 왜 경영진에서는 사이버 보안을 우선적으로 고려하지 않을까? 여기에는 몇 가지 가능성이 있는 요인들이 있다. 첫째, 사이버 보안은 대부분의 조직에서 핵심 사업이 아니므로 사이버 보안에 대한 논의는 조직 전략과 동일한 수준으로 접근하지 않을 것이다. 둘째, 일반적으로 사이버 보안의 역동성은 비교적 비기술 분야의 경영진에게 부담이 될 만큼 기술적 복잡성을 수반한다. 셋째, 사이버 보안 위험 관리라는 이름으로 적용된 통제가 의도하지 않게 조직의 유연성과 혁신을 저해할 수 있다는 일반적인 의구심이 있다.

더 알아보기

이 책 전반에 걸쳐 설명한 바와 같이, 기업은 개인 및 조직이 개선을 위해 지속적인 학습을 할 수 있도록 지원하지 않는다면 사이버 보안에서 효과를 거둘 수 없으며, 이러한 바를 이루기 위해서는 촉발될 현실적인 계기가 필요하다. 부정적인 경험은 위험 평가, 감사 및 과도하게 제한된 침투 테스트의 점진적인 피드백보다 중요하다. DAT(결함 분석 팀)를 통해 전체 품질 관리의 연혁 또는 식스 시그마의 DMAIC(정의, 측정, 분석, 개선 및 통제)에서 형식을 증가시키는 것과 같이 감독 기능의 오류에 더 많은 초점을 맞춰 이러한 비전을 실천할 수 있다.[10] 심지어 근본적인 원인에 대한 기본적인 논의를 하는 것만으로도 발생한 침해 사고의 핵심을 학습할 수 있는 장을 마련할 수 있다. 공격자의 기술, 방법 및 증거와 같이 침해 사고에서 발견할 수 있는 특징들은 조직이 자신의 통제 절차에 의문을 제기하고 통제 테스트 전략을 적보다 철저하게 만들기 위한 중요한 단서가 될 수 있다.

그러나 새로운 DAT 또는 DMAIC 프로세스를 구현하기 전에 경영진은 몇 가지 기본적인 질문을 통해 취약점을 줄이는 과정을 시작하는 것이 가장 좋다. 최신 침해 사고에 대한 뉴스가 언론에 보도될 때, CISO, CRO 및 CAO가 기존 통제 환경이 공격받은 조직과 똑같은 운명을 겪지 않도록, 이론적으로 어떻게 보완할 수 있는지 생각하자.

그런 다음 조직에 그것을 증명할 증거가 있는지 생각해보자. 10장과 마지막 장에서는 이러한 요인들이 내외부 환경에 미치는 영향에 관해 알아볼 것이다. 산업계에서 변화가 빠르게 지속될 때 새롭고 혁신적인 기술은 새로운 기술적 취약점을 만들게 될 것이고, 이를 악용하는 새로운 공격자에게 대응하기 위해 기업 학습의 중요성은 커질 수밖에 없다.

참고 문헌

1. Keynes, John Maynard. A Tract on Monetary Reform. ch. 3. p. 80. (London Macmillan and Co.,1923). The Richest Man in Babylon, ISBN-13: 978-1607960812

2. McArdle, Megan. The Up Side of Down: Why Failing Well Is the Key to Success. (London: Penguin Books, 2014). ISBN-13: 978-0143126362

3. Taleb, Nassim Nicholas. The Black Swan: The Impact of the Highly Improbable. (New York: Random House, 2007). ISBN-13: 978-0812973815

4. Box, George, (1976), "Science and Statistics" (PDF), Journal of the American Statistical Association, 71: 791-799.

5. Taleb, Nassim Nicholas. Antifragile-Things That Gain From Disorder. (New York: Random House, 2012). ISBN-13: 978-0812979688. pp. 41-45.

6. Taleb, Nassim Nicholas. Antifragile-Things That Gain From Disorder. (New York: Random House, 2012). ISBN-13: 978-0812979688. pp. 56-59.

7. Taleb, Nassim Nicholas. Antifragile-Things That Gain From Disorder. (New York: Random House, 2012). ISBN-13: 978-0812979688. pp. 194-197.

8.   Lewis, Michael, The Coming Storm, Audible.com, July 31, 2018.

9.   Jaquith, Andrew, Security Metrics, (London: Pearson Education, 2007), p. 3.

10. DMAIC in Six Sigma. Villanova University. Retrieved from https://www.villanovau.com/
     resources/six-sigma/six-sigma-methodology-dmaic/#.WuSFri-ZPWU

10장 ___

그렇다면 다음은 무엇일까?

지난 세기 동안 각 세대는 이전 세대의 공상과학소설에만 존재했던 새로운 기술을 만들어냈다. 이러한 신기술은 혁신이 계속됨에 따라 곧 당연시된다. 비록 급변하는 환경에서 미래를 예측하는 것은 쉽지 않지만, 오늘날의 전반적인 모습을 변화시키는 진보의 흐름이 우리를 어디로 이끌고 있는지 쉽게 알 수 있도록 도와주는 업계의 지도자가 있다. 금융 시스템의 진화 흐름에는 금융 서비스의 발전과 금융 서비스 기술의 발전이라는 두 가지 중요한 영역이 있다.

복잡성과 상호 연관성

금융 산업의 성장은 2008년 미국 금융 위기 이후 상대적으로 조용했다. 조사와 새로운 안전 및 건전성 규칙에 관해 이야기되는 동안, 미국 규제 당국은 새로운 은행 설립에 대해 비공식적으로 유예해왔다. 이는 2017년에 바뀌었으며 일부 새로운 신청서가 승인됐다. 이러한 추세는 금융 기술 기업Fintech이 수년 내에 기술 혁신을 경쟁 차별화 요소로 내세우는 것처럼 금융 서비스가 발전할 수 있는 길을 열어 줄 가능성이 있다. 하지만 외국의 은행에서는 혁신적인 핀테크 서비스를 제공하기 위한 더 많은 진전이 있었다.

© Paul Rohmeyer, Jennifer L. Bayuk 2019
P. Rohmeyer and JL Bayuk, Financial Cybersecurity Risk Management,
https://doi.org/10.1007/978-1-4842-4194-3_10

핀테크는 금융 서비스를 제공하는 데 사용되는 새로운 기술 범주에 속하지만 적어도 미국에서는 특정 규제 또는 자격 요구 사항을 적용받지 않을 수 있다. 핀테크 거래의 기초가 되는 통화는 종종 신용카드며 이러한 핀테크 서비스에는 대개 종단 간 peer-to-peer 결제를 포함한다. 이들은 일반적으로 개인이 자신의 신용카드로 다른 개인의 온라인 또는 모바일 계좌로 금액을 이체할 수 있는 온라인 또는 모바일 소프트웨어 애플리케이션을 통해 제공된다. 그런 다음 자동 청산소Automated Clearing House 송금을 통해 해당 핀테크 계좌에서 은행 계좌로 이체할 수 있다. 다른 핀테크 서비스들은 은행이나 중개 서비스와 직접 협력해 유사한 성향을 지닌 고객 집단을 만들고 사용자 경험을 향상시키고 사회적인 네트워크를 만든다.

점점 더 많은 수의 핀테크가 기존의 은행 자산에서 완전히 벗어나 하나 이상의 암호화폐에 기반을 두는 거래를 한다. 암호화폐 핀테크는 미국의 인가된 은행 시스템에서는 가치가 없는 디지털 방식으로 표현한 돈으로 기존의 금융 시스템에 대한 대안을 제공한다.[1] 이들은 일반적으로 디지털로 표현된 통화의 일정량으로 시작하는 원장ledger 과, 사람들이 기존의 통화로 암호화폐에 투자하고 온라인 거래를 가능하도록 시장에 참여할 수 있게 해주는 거래transaction로 구현된다. 암호화폐 소유권에 대한 기록은 중앙에서 관리되거나 소유사에게 배포될 수 있는 분산 원장 시스템을 통해 모든 시장 참가자가 사용할 수 있다. 대부분의 경우, 소유권 기록을 개인용 컴퓨터에서 잠금 해제하고 잔고 또는 암호 키를 유지하는 몇 가지 방법이 있다. 암호화폐 핀테크는 다른 디지털 통화 보유자와 공유되는 원장으로 기존의 통화와 교환할 것을 제안한다. 통화가 시장에 참여하는 사람들의 인식과는 별개로 암호화폐가 가치를 보유하고 있다고 국가적인 차원에서 보장해주지 않는다.

암호화폐(또는 암호 코인)의 단어 중 "crypto"는 코인의 원장 무결성을 확인하기 위해 사용하는 블록체인이나 다른 암호화 알고리즘에 관한 것이다. 암호화폐의 일반적인 필수 속성은 잘 정의된 알고리즘이 디지털 원장의 출처에 대한 무결성을 검증하는 방법을 제공한다는 점이다. 이들은 원장 엔트리가 디지털 통화의 원본 "시드seed" 값에 기초한 연산의 부분적인 결과물인 것을 검증한다. 암호화 알고리즘은 소유권을 임의의 사용자에서 다른 사용자로 이전하는 것을 문서화하는 데 사용하기 때문에 언제든지 거래 체인을 다시 계산해 코인이 진짜인지 검증할 수 있다.

신용카드로 운영되는 핀테크 서비스는 여전히 신용카드 거래를 위해 가맹점이 수수료를 지불하거나 ACH 송금을 통해 서비스되기 때문에 기존의 은행은 여전히 핀테크 거래로 수익을 올릴 수 있다. 따라서 어떤 면에서는 핀테크 기업들은 은행의 경쟁자가 아니다. 오히려 새로운 유형의 은행 고객 거래의 귀중한 원천이 될 수 있다. 기존의 은행들의 도전 과제는 고객이 기대하기 시작하는 디지털 핀테크 금융 서비스를 따라잡는 것이다. 디지털 뱅킹의 새로운 시대에서는 자연스럽게 온라인 금융 서비스의 새롭게 떠오르는 세계로 깊이 있게 뛰어들 것으로 기대된다.[2]

이러한 도전은 사기로 인해 상인들이 부담하는 높은 사기 비용을 해결해주고 은행 서비스를 이용하지 못하는 사람들에게 서비스를 제공하는 등 기존의 은행 시스템의 부족한 부분을 해결하기 위한 기술 혁신을 요구해온 미 연방준비제도이사회US Federal Reserve와 다른 기관들에 의해 이러한 도전들은 되풀이됐다. 예를 들어 미 연방준비제도이사회는 10년 이내 결제 시스템에 도움이 될 수 있는 5가지의 "바람직한 결과"를 제시했다.[3]

1. 속도, 편재성ubiquity, 저비용 청산clearing 및 결제settlement

2. 새롭게 떠오르는 위협에 대응하기 위해 고안된 보안

3. 자동화를 통한 효율성의 증가

4. 시의적절하고 편리하며 비용 효율적인 국제 결제 서비스

5. 처음 4가지 결과에 대한 실질적 진보를 달성하기 위해 함께 일하는 은행과 상인을 포함한 다양한 결제 참여자 간의 협업

미 연방준비제도이사회는 금융업계가 고속 네트워크, 모바일 기술 및 개인과 기업 간의 실시간 거래를 채택할 필요성에 관해 구체적으로 언급해왔다. 또한 모바일 디바이스를 통해 실시간 지급payment이 이뤄지기를 기대한다. 또한 연방준비제도이사회에서 보유한 마스터 계정을 통해 금융기관이 기업과 거래를 교환하고 결제할 수 있게 하는 국가 청산 서비스National Settlement Service 확장의 가능성을 확인했다. 이런 특성에서 가장 중요한 것은, 정교한 서비스와 고객의 기대가 결합돼 은행 시스템의 발전을 보상한나는 것이다. 2000년대 초 증권업계의 스마트 결제 라우팅 혁신과 마찬가지로 어디서나 접할 수 있는 결제 기술은 은행이 고객을 위해 가장 낮은 비용으로 주어진 거래를 자동으로 식별하고 실행할 수 있도록 발전할 것으로 기대된다. 고객은 보상 포인트 발행 우선 또는 수취인의 빠른 자금 접근과 같이 최저 비용을 대체하는 결제 선호도를 설정할 수 있어야 한다. 이러한 혁신은 경쟁 결제 네트워크 간에 투명성을 만들어낼 것으로 기대되는데, 분별력을 지닌 고객은 자신들의 이익을 우선시하는 결제 라우팅 시스템의 가치를 이해할 수 있을 것이다.

새로운 금융 서비스 기능은 결제자^{payer}의 이익을 우선으로 생각할 뿐만 아니라 계좌, 거래, 지급^{payment} 및 제삼자 통합 전략을 고객 중심의 디지털 거래 구조의 다각적인 차원에서 고려할 것으로 기대된다. 이러한 복잡성은 점차 디지털화가 이뤄지는 디지털 소비자의 관점에서 매끄러워질 것으로 기대된다. 여기에는 무료로 제공되는 간단한 은행 업무 서비스보다 더 많은 권한을 가진 계정에 대한 월 사용료를 지불하는, 은행 서비스에 소외된 젊은 사람들이 포함된다. 새로운 서비스는 월 정액 회비를 피하기 위해 거래당 비용을 지불할 것으로 예상된다. 이러한 소비자들은 오늘날 결제 비용의 일부에서 효율적인 기술 아키텍처가 제공하는 새로운 저비용 결제를 활용하고 금융 서비스에 대해 얼마나 많은 돈을 지불하고 있는지 쉽게 이해할 수 있는 개인 원장을 이용할 수 있을 것으로 예상된다. 이러한 거래 기반 서비스 제공은 높은 진입 비용으로 인해 현재 종단 간 지급결제 시스템에 참여하지 않는 지역 은행^{community bank}에도 도움을 줄 것으로 예상된다.

거래 데이터로의 접근은 은행과 신용카드 거래를 하는 가맹점까지 확대될 것으로 예상된다. 가까운 미래에 소매업자들은 집계된 고객 거래 패턴을 검토해 경쟁력 있는 P2P 네트워크에 직접 참여하는 비용을 추정할 수 있어야 한다. 즉, 새로운 금융 서비스 기술은 오늘날의 곳곳에 산재하는 신용카드 서비스를 사용하는 비교적 익명의 상호작용이 잔존해 있는 수동적 참가자가 아닌 소비자와 판매자가 서로 직접적인 관계를 수립할 수 있는 경쟁 우위를 만들어낸다(그림 10-1).

그림10-1. 미래를 내다보기

잠재적 사이버 보안의 영향

사이버 보안의 미래를 예측하는 것은 다양한 의견이 있다. 일부는 미래의 위협 스펙트럼에 대한 예측에 중점을 둔다. 이는 현재 사이버 보안 사건의 수가 증가할 것으로 예상되는 것[4]과 아직 활용되지 않은 알려진 취약점[5]에 대한 현재 지식을 바탕으로 연구된다. 위협의 관점으로 세상을 바라보는 사람들은 사이버 공간에서의 규제가 부족한 것을 더욱 불안해하고 있다. 1900년대 초반 활동가들이 산업 혁명이 하천에 미치는 영향에 대해 점점 더 관심을 갖게 된 것과 마찬가지다.[6] 일부는 사이버 범죄로 인한 피해 비용 증가와 사이버 공격 목표의 편재성 증가와 같은 위협적인 통계량 증가에 대한 잠재적인 기술 산업 반응에 중점을 두고 있다. 이러한 우려는 일반적으로 사이버 보안 도구 및 고용 시장 성장에 대한 예측으로 이어진다.[7] 냉소적으로 말하자면, 사이버 보안 지출 증가로 인한 이익을 얻을 수 있는 사이버 보안업계 관계자가 이러한 예측을 하는 경우가 많다. 그럼에도 사이버 보안 지출은 1900년대 초반 수질 테스트에 대한 지출 증가와 마찬가지로 확실하게 늘었다.[8]

사이버 보안의 의식이 필요하다면 금융 산업에 미치는 영향은 분명하다. 하지만 정확히 어떤 점이 개선되는지는 명확하지 않다. 금융 시스템 환경의 규모와 범위가 확대됨에 따라 제기되는 문제점에는 여러 유형의 이해관계자 간의 연결성이 계속 확장됨으로 인한 계정 취득, 내부자 사기 그리고 랜섬웨어 공격 등이 포함될 수 있다. 성공적인 기업이 미래에 진입하고 금융 시스템 인프라를 강화해 소비사 및 비즈니스에 좀 더 유용하게 활용하면 이러한 발전은 사이버 보안의 큰 혁신을 필요로 할 것이다. 이러한 혁신 중 일부는 현재 시험 모드에 있을 수 있지만 새로운 패러다임의 위치에 도달한 업체는 없다. 새로운 제조 공장의 계획 중 물리적 환경 영향의 연구가 핵심 고려 사항인 것처럼, 새로운 기술에 대한 사이버 보안 보증을 제공하기 위해서는 유사한 관점이 필요하다.

지난 10년 동안 끊임없이 발생했던 사이버 공격은 모든 산업에서 자동화에 대한 의존도가 증가하면서 미국 기업이사협회[NACD]에서 NIST에 이르기까지 거버넌스를 다루는 모든 조직의 관심을 끌었다. NACD는 사이버 보안에 관한 독립 이사회 의제 항목이 널리 알려져 있지만 적합하지 않으며, 전체 이사회 전략 토론에 사이버 보안을 통합할 것을 요구한다.[9] NIST에서 지금까지 사이버 보안 관리를 주로 운영하고 있으며, 이러한 프로그램이 효과를 발휘하기 위해서는 사이버 보안이 기업 위험 고려 사항에 포함되도록 관리해야 한다고 강조한다.[10] 사이버 보안에 대한 모든 거버넌스 조언은 사이버 보안 통제가 기업의 위험을 줄이기 위해 필수적이며, 거버넌스 문제는 사이버 보안 통제가 붕괴됐을 때의 임무에 대한 잠재적 영향에 중점을 둬야 한다고 강조한다. 이러한 발전이 기술 통제로 확대됨에 따라 금융 서비스 및 기타 산업은 위험 관리 프로세스 자체를 지원하기 위해 데이터 및 전산 무결성 통제에 점점 더 의존하게 된다.[11]

최근 거래 처리 기술 및 사이버 보안에 대한 투자는 위험 완화에 중요하지만 일반적으로 자동화가 증가할수록 높은 빈도의 심각도가 낮은 손실이 낮은 빈도의 심각도가 높은 손실로 바뀔 가능성이 높아질 수 있다. 국제결제은행에 따르면 자동화가 중요 위험에 포함돼 있을 필요는 없지만 외부 사건으로 인한 서비스의 손실이나 장기간의 중단과 관련이 있을 수 있다.[12] 예를 들어 통신업체에 대한 사이버 공격은 금융 산업의 통제를 넘어서지만, 해저케이블은 금융 서비스의 다른 산업에 대한 의존성을 보여주며, 이러한 의존성으로 인해 취약해질 수 있다.[13] 금융기관들은 내부 및 외부 사이버 보안 사건이 거래를 정상적으로 처리할 수 없게 만들 수 있음을 인식해야 한다.

상호 연결성이 점점 더 보편화됨에 따라, 고객은 내부 고객 디렉터리 조회, 연결된 결제 네트워크의 고객 또는 고객에 해당하는 전자메일 주소, 은행 라우팅 및 계좌 번호, 근거리 통신[NFC] 또는 QR코드를 사용하는 결제 시스템 서비스를 통한 판매자 식별자, 비자[VISA]/마스터카드[MasterCard]/아멕스[Amex] 또는 기타 신용카드 번호, 핀테크 계좌 또는 다른 금융기관의 종단 간[P2P] 결제 서비스에 의해 식별될 수 있다. 이러한 출처는 결제 라우팅을 위한 신뢰할 수 있는 출처가 되므로 식별 자체가 좀 더 경쟁력 있는 서비스가 될 수 있다. 예를 들어 전자메일 서비스 공급자는 전자메일 암호 재설정 기술을 통한 계정 취득을 방지하는 사이버 보안 기능을 기반으로 소비자를 위해 은행과 협력해야 할 수도 있다.

떠오르는 기준

금융기관의 기업 기능은 상대방, 공급업체 및 서비스 제공자와 통신하기 위해 의심할 여지없이 인터넷 접속을 계속 요구할 것이다. 그러나 이러한 인터넷 연결은 사이버 위협에 대응하기 위해 인터넷 접속을 특정 거래 관련 기능으로 제한하는 샌드박스 기술에 의해 좁혀진 필터를 통해 제공될 것이다. 핀테크와 같은 많은 새로운 서비스가 사이버 보안을 기본적으로 고려해 설계되므로 은행이 새로운 지급 결제 시스템 및 기타 새로운 금융 서비스 플랫폼을 운영할 때에도 금융기관의 핵심 지원 기능과 별도로 독립적으로 운영될 수 있다. 데이터에 대한 고객 서비스 접근이 제한되고 모니터링돼 내부자에 의한 데이터 유출 사건도 줄어들 것으로 예상된다. 금융 서비스 운영 측면에서는 승인을 받은 암호화를 적용한 통신만을 허용하는 엄격하게 구성된 프로토콜을 통해서만 고객 및 제삼자 은행 서비스 공급자와 통신할 것으로 예상된다. 데이터 흐름은 각 거래 상대방에 맞게 사용자 정의될 것이며 시스템 간에는 합의된 작은 데이터 레코드 집합만 전달할 수 있다.

이러한 공동 작업은 부분적으로 ".bank"로 끝나는 금융 최상위 인터넷 도메인에 대해 설정된 보안 기준에 기반할 수 있다. ".bank" 최상위 도메인은 최근 금융 서비스 도메인을 모방한 사이버 공격의 위험을 줄이기 위해 인터넷 등록소에 추가된 것이다. 금융 서비스업계 컨소시엄인 fTLD^{financial Top Level Domain} 등록 서비스가 제시한 모든 보안 기준을 충족하는 은행만이 이 도메인에 포함될 수 있다.[14] 이 기준에는 독립적인 보안 검토, 이메일 인증, 은행의 등록 정보 변경을 위한 다중 인증이 포함된다.

은행 기술 시스템에 최적화된 핀테크 모델에 기준 금융 사이버 보안 조치가 적용되면 새로운 데이터 구조는 다른 금융기관과 쉽게 통합될 수 있도록 설계될 것으로 예상된다. 이것은 "US 안전 피난처^{Sheltered Harbour}"의 핵심 요구 사항이다. 고객 데이터가 안전한 데이터 저장소에 보관되며, 자격을 갖춘 복원 서비스 공급자가 복구 및 서비스할 수 있는 변하지 않는 기준 데이터 형식으로 유지된다.[15] 사이버 공격 시도가 증가함에 따라 이에 영향을 받는 참가자와 복원 공급자로서 더 많은 은행들이 "안전 피난처"에 가입해야 한다는 압박을 느낄 것이다.

비교적 최근의 또 다른 발전은 주요 금융기관의 사이버 보안 지원 시스템이 미국토안보부 안전법에 명시된 공인된 테러 방지 기술[QATT, Qualified Anti-Terrorism Technology]에 대한 사양을 충족해야 한다는 것이다.[16] QATT의 설계 목표는 원래 사이버 보안 시스템이 정책, 절차, 기술 및 서비스를 원활하게 통합할 수 있게 하고자 작성됐다. 공인된 QATT 기준을 준수하면 판매자의 QATT의 성능 문제 또는 불이행으로 인해 발생하는 테러 행위와 관련한 문제에 대해 보호를 받을 수 있다는 이점이 있다. 이로 인해 미국은행은 핵심 인프라 보호 및 보안 서비스를 QATT로 간주할 것을 제안했다. 미국은행 QATT는 "정책, 절차, 서비스 및 구성 요소 시스템으로 구성된 통합 보안 시스템으로, 변화하는 위협 조건 및 은행의 기업에 위협이 될 수 있는 활동을 평가하고 이러한 위험을 완화하고 대처하기 위한 조치를 취할 수 있는 중앙집중식 기능을 제공한다"고 설명한다.[17] 또한 미국은행의 보호 서비스 그룹 및 보안 운영 분석 및 지휘 센터[SOACC, Security Operations/Analysis Command Center]가 수행하는 서비스도 포함한다. 이 제안은 수락됐으며 2013년 3월부터 미국은행의 기술은 QATT 목록에 올라와 있다. 다른 은행들도 이 예를 따를 것으로 예상된다. 그 결과 금융 서비스 및 고객 운영과 자산에 위협이 될 수 있는 사이버 공격을 지속적으로 평가하고 대응할 수 있는 검증 가능한 기능이 제공된다.

당연히 QATT 목록에는 여러 가지 사이버 보안 위험 평가 시스템도 포함돼 있다. 이들은 자동화된 침투 테스트와 같은 순수한 사이버 보안 도구에서부터 감시에 대한 기존의 "점검 목록" 지원에 이르는 "거버넌스, 위험, 통제[GRC, Governance, Risk, Compliance]" 시스템이라고 하는 광범위한 기술이다. 점점 더 많은 업체들이 규제 준수 체크리스트를 이러한 툴에 통합하고 있으며, GRC의 "C"는 내부 정책 및 외부 규제 및 산업 기준 모두를 "준수"하는 것을 의미한다. 내부 정책을 사이버 보안 기준 혹은 규정과 일치시키거나 매핑해 업계 기준으로 빠르게 자리매김하고 있으므로 내부 통제 절차의 변경 사항을 규제 관점에서 사이버 보안 성숙도에 대한 긍정적 혹은 부정적 영향을 쉽게 검토할 수 있다. 이러한 도구와 기술은 점점 더 많은 기준을 통합하고 사이버 공격을 저지하는 일련의 통제를 통해 모범 사례에 대한 수렴을 촉진할 것으로 예상된다.

통합의 필요성은 사이버 보안 위험 관리 도구가 성숙해지면서 사이버 보안 팀 툴킷과 기존의 위험 관리 도구가 유사해지면서 더욱 분명해질 것이다. 예를 들어 사이버 보안 관리자는 오랫동안 "탁상 훈련"을 지지해왔지만 기존의 금융 서비스 위험 관리자는 "시나리오 분석"을 지지한다. 이들은 가상 상황에서의 연습이며, 자동화를 통해 동일한 유형의 데이터 구조 및 인터페이스는 쉽게 통합될 수 있다. 차이점은 금융 위험 관리 도구는 실제재무제표와 신용 포트폴리오를 사용해 모델의 무결성을 입증-업계 용어로 "규제가 요구되는regulatory-required"-하는 반면 정보 기술 위험 평가는 주관적이라는 것이다. 미래에는 금융 서비스를 운영하는 모든 시스템이 전체 기술 수명주기 동안 사이버 보안 기준을 준수할 수 있도록 기술 관리 플랫폼 및 침입 방지 시스템과 상호작용하는 매우 복잡한 사이버 보안 측정 도구를 볼 수 있을 것이다.

이는 사이버 보안 평가 과정에서 현재의 평가 절차 관습을 깨고, 종이 연습이나 설문지로 된 평가의 수를 줄일 것이다. 사이버 보안 조직은 설문을 통해 평가가 잘 수행됐는지 확인하지만 실제로 설문지를 작성하는 개인은 기술적 이해도가 높지 않으며 사이버 보안 운영자들에게 공격적이지 않기 때문에 설문지 방법은 정확도가 떨어진다. 그들은 또한 평가를 받는 통제 절차의 담당자이기도하며 다른 부서의 사이버 보안 관리자보다 훨씬 후배일 때도 있다. 따라서 평가 설문지에 인용된 통제의 정확성과 유효성을 식별하고 측정하는 방법을 모색하기보다는 종종 이를 운영하는 사이버 보안 전문가와 인터뷰하고 응답을 기록한다. 질문을 비즈니스 환경에 정확히 맞추기 어려우며 일반적으로 평가자의 책임이기 때문에 관습이 돼 사이버 보안 전문가가 부정확하게 평가할 때 그럴듯한 핑계거리를 제공해준다.

사이버 보안 평가 도구가 성숙해가면서, 금융 서비스 기술에 대한 감독 기관과 거버넌스 위원회 이사회 사이에서 사이버 보안 문제에 대해 부인할 수 있는 가능성이 점점 더 줄어들 것이다. 규제 준수 문제가 도처에 있는 소프트웨어를 통해 체계적으로 보고될 경우, 사이버 보안 통제와 관련해 과실에 대해 더 심각하게 여겨질 수 있다. 금융 서비스업계의 사이버 보안 위험 관리가 심사받는 감사는 증가할 것으로 예상된다. 물론 은행 업무와 완전히 통합된 사이버 보안 프로그램은 이러한 조사에 견뎌낼 것으로 예상되며, 개별 기관과 업계를 보호하는 제삼자 서비스 제공자가 경계를 넘나드는 체계적인 운영이 점차 증가하고 있다. 물론 사베인스 옥슬리법^{Sarbanes Oxley} 이후 기업들은 이미 잘 정의되고 측정 가능한 프로세스와 기술을 통해 사이버 보안 프로그램이 효과적이라는 것을 입증할 수 있을 것으로 기대했지만, 추가로 보안 요구 사항을 제시하는 거래 상대의 수가 증가하고 있다. 세계 최대의 보안 금융 메시징 서비스 제공자인 스위프트^{SWIFT}는 스위프트 참여사(고객)가 필수적으로 준수해야 할 "고객 보안 제어 프레임워크"를 포함한 고객 보안 프로그램을 수립했다.[18] 스위프트 네트워크의 대부분의 참여사는 이러한 통제가 제대로 이뤄지고 있음을 입증해야 한다.

요약하면, 금융 서비스 사이버 보안 통제 메커니즘의 투명성을 높여야 하며, 사이버 보안에 대한 고객 및 규제 기관의 기대가 적절하게 충족된다는 확신을 보여야 한다. 그리고 사이버 보안에 대한 기대치가 충족되지 않는다면 이러한 투명성의 증대는 적어도 금융 서비스 산업이 (1) 변화하는 위협 환경에 대한 상황 인식 개선에 전념하고 (2) 보호 메커니즘의 대응을 진화시키고 (3) 공격 대응을 더 강화해야 한다. 어떤 은행도 섬이 아니며, 사이버 보안 공격의 종소리가 울릴 때, 그것은 모두에게 울린다.[19]

참고 문헌

1. That is, except that gains are considered taxableincome. For an overview of country policy with respect to cryptocurrencies, 다음 링크를 참고하자. https://www.investopedia.com/articles/forex/041515/countries-where-bitcoin-legal-illegal.asp

2. Skinner, Chris, Digital Bank, Strategies to Launchor become a Digital Bank, Marshall Cavedish, 2014,pp. 227-228.

3. Federal Reserve System, "Strategies forImproving the US Payments System (2015)" and"Federal Reserve Next Steps in the PaymentsImprovement Journey (2017)," 다음 링크를 참고하자. http://fedpaymentsimprovement.org

4. 예를 들어: Goodman, Marc, Future Crimes, (New York: Anchor, 2015, reprinted 2016).

5. 예를 들어: P.W. Singer and August Cole, GhostFleet, (Boston: Eamon Dolan/Mariner Books, 2015, reprinted 2016).

6. See Carlson, Rachel, Silent Spring, (New York:Houghton Mifflin, 1962).7. Morgan, Steve, "Top 5 cybersecurity facts,figures and statistics for 2017." CSO Online-www.csoonline.com, October 19, 2017

7. Morgan, Steve, "Top 5 cybersecurity facts, figures and statistics for 2017." CSO Online -www.csoonline.com, October 19, 2017

8. Bradley, Tony, "Gartner Predicts InformationSecurity Spending To Reach $93 Billion In 2018." Forbes, August 17, 2017.

9. Clinton, Larry, Cyber-Risk Oversight, Director'sHandbook Series, National Association of CorporateDirectors, 2017, p. 10.

10. National Institute of Standards and Technology, Framework for Improving Critical Infrastructure Cybersecurity, US Department of Commerce, draftupdate 2016, section 4.

11. Bayuk, Jennifer, "Technology's Role in Enterprise Risk Management." ISACA Journal, Volume 2, 2018.

12. Basel Committee on Banking Supervision(2003) Sound Practices for the Management andSupervision of Operational Risk. p.11.

13. US Department of Homeland Security, Threats to Undersea Cable Dependency, September 28, 2017,https://www.dni.gov/files/PE/Documents/1---2017-AEP-Threats-to-Undersea-Cable-Communications.pdf, retrieved 8/16/2018.

14. https://www.ftld.com

15. https://shelteredharbor.org/

16. https://www.safetyact.gov/

17. entry for Bank of America on the "Approved Technologies" list at: https://www.
    safetyact.gov/lit/at/aa

18. SWIFT Customer Security Controls Framework, 참고 https://www.swift.com/myswift/
    customer-security-programme-csp_/security-controls/2019, retrieved 8/16/2018.

19. 유추로 참조했다: "No man is an island", Devotions upon Emergent Occasions, John
    Donne, 1624.

찾아보기

에이콘출판의 기틀을 마련하신 故 정완재 선생님 (1935-2004)

금융 사이버 보안 리스크 관리

금융기관의 사이버 보안 취약점 이해와 분석 관리

발   행 | 2019년 10월 24일

지은이 | 폴 로마이어 · 제니퍼 바유크
옮긴이 | 이 진 호 · 박 모 현 · 김 현 민

펴낸이 | 권 성 준
편집장 | 황 영 주
편   집 | 조 유 나
디자인 | 박 주 란

에이콘출판주식회사
서울특별시 양천구 국회대로 287 (목동)
전화 02-2653-7600, 팩스 02-2653-0433
www.acornpub.co.kr / editor@acornpub.co.kr

한국어판 © 에이콘출판주식회사, 2019, Printed in Korea.
ISBN 979-11-6175-358-4
http://www.acornpub.co.kr/book/financial-cybersecurity-risk

이 도서의 국립중앙도서관 출판시도서목록(CIP)은 서지정보유통지원시스템 홈페이지(http://seoji.nl.go.kr)와
국가자료공동목록시스템(http://www.nl.go.kr/kolisnet)에서 이용하실 수 있습니다.(CIP제어번호: CIP2019040853)

책값은 뒤표지에 있습니다.